PROGRAMME

D'UN

Cours de Droit Romain,

3e LIVRAISON DE LA 2e PARTIE,

CONTENANT

L'EXPOSÉ HISTORIQUE DES PRINCIPALES RÈGLES DU DROIT ROMAIN,

RELATIVES

AUX SOURCES DES OBLIGATIONS;

MATIÈRES TRAITÉES D'APRÈS LES TITRES XIV ET SUIVANS DU 3e LIVRE,

ET LES PREMIERS TITRES DU 4e LIVRE DES INSTITUTES DE JUSTINIEN

ET PLUS SPÉCIALEMENT D'APRÈS LE COMMENTAIRE 3 DES INSTITUTES DE GAIUS.

PAR M. BENECH,

AVOCAT A LA COUR ROYALE, PROFESSEUR DE DROIT ROMAIN
A LA FACULTÉ DE DROIT DE TOULOUSE.

TOULOUSE.

IMPRIMERIE DE Phe MONTAUBIN,

PETITE RUE SAINT-ROME, No 1.

1837.

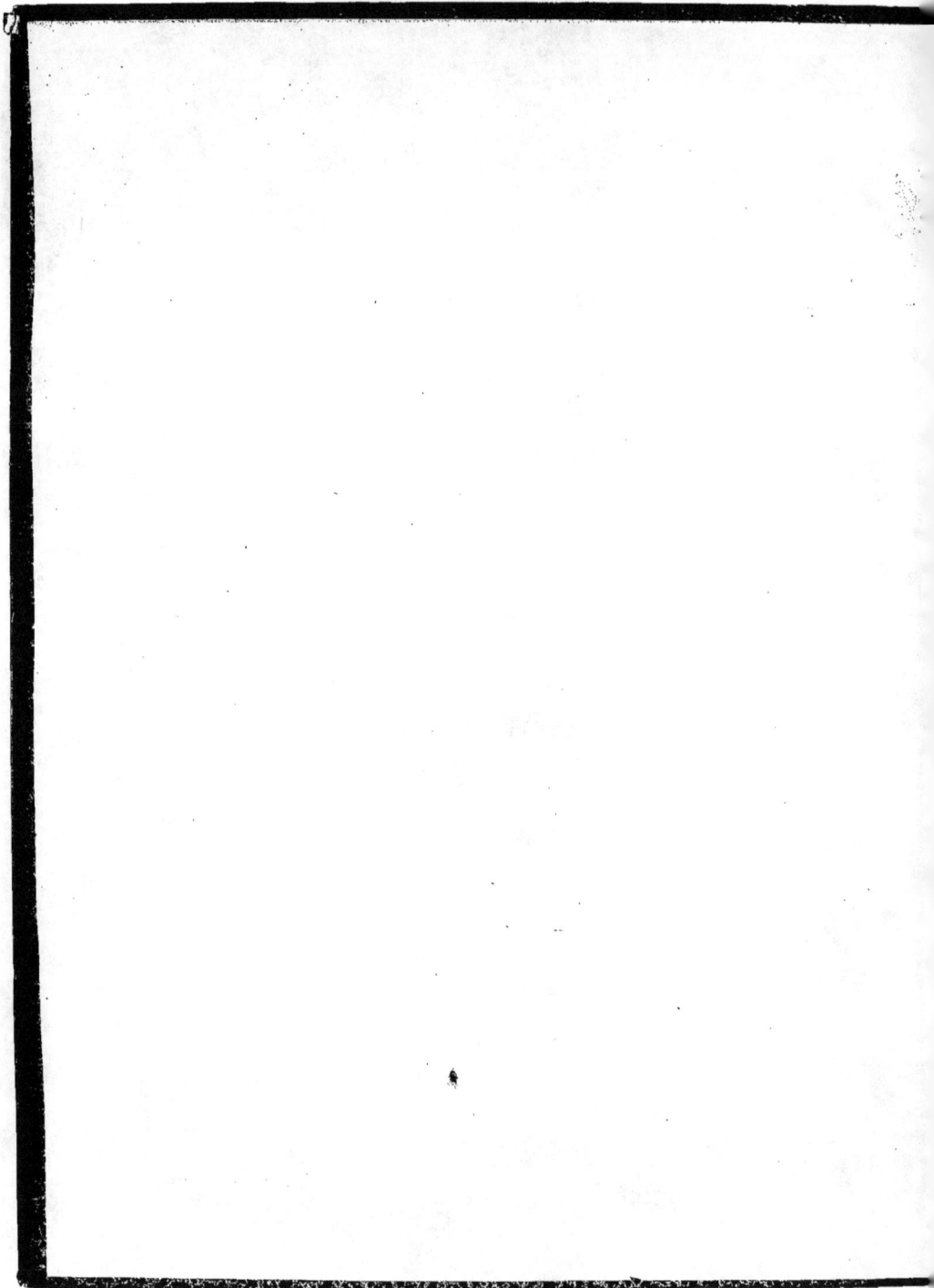

PROGRAMME

D'UN

Cours de Droit Romain,

3ᵉ LIVRAISON DE LA 2ᵉ PARTIE,

CONTENANT

L'EXPOSÉ HISTORIQUE DES PRINCIPALES RÈGLES DU DROIT ROMAIN

RELATIVES

AUX SOURCES DES OBLIGATIONS;

MATIÈRES TRAITÉES D'APRÈS LES TITRES XIV ET SUIVANS DU 3ᵉ LIVRE,

ET LES PREMIERS TITRES DU 4ᵉ LIVRE DES INSTITUTES DE JUSTINIEN

ET PLUS SPÉCIALEMENT D'APRÈS LE COMMENTAIRE 3 DES INSTITUTES DE GAIUS.

PAR M. BÉNECH,

AVOCAT A LA COUR ROYALE, PROFESSEUR DE DROIT ROMAIN
A 'LA FACULTÉ DE DROIT DE TOULOUSE.

TOULOUSE.

IMPRIMERIE DE Pʰᵉ MONTAUBIN,

PETITE RUE SAINT-ROME, Nº 1.

—

1837.

OBSERVATIONS PRÉLIMINAIRES.

Fidèles à l'engagement que nous avions contracté vis-à-vis de nos Auditeurs dès les premiers jours de cette année, nous sommes heureux de pouvoir leur offrir la troisième livraison de la seconde partie de notre Cours.

Pour mieux en faire connaître l'objet, nous rappellerons sommairement le sujet des trois livraisons qui ont déjà paru.

D'après l'économie générale de notre plan, calqué sur les idées dominantes des Institutes de Justinien, nous avons considéré dans une première division principale le droit relatif aux personnes; c'est le sujet du premier livre des Institutes et de notre première livraison. — Dans une seconde division nous devions traiter du droit relatif aux choses; c'est le sujet des trois autres livres.

Cette seconde division a été subdivisée à son tour en deux branches.

La première enveloppe tout ce qui a trait au droit de propriété proprement dit (*jus in re*); nous lui avons consacré la première et la deuxième livraison de la seconde partie du Cours.

La seconde branche doit embrasser tout ce qui se réfère au droit à la propriété (*jus ad rem*) c'est-à-dire aux obligations et aux actions. Nous en ferons le sujet de cette livraison.

Toutefois, avant de crayonner la charpente de cette dernière partie de notre travail, nous avons hâte d'expliquer le sens précis que nous attachons à ces locutions : droit de propriété, *jus in re* ; droit à la propriété, *jus ad rem*.

Lorsque pour la première fois ces expressions s'échappaient de notre plume esquissant à grands traits les cadres de notre Programme , nous ne nous dissimulions pas le discrédit sous le poids duquel l'École rénovatrice les avait placées.

Pourquoi ne pas le confesser ? nulle part on ne les rencontre, ni dans les fragmens des jurisconsultes de l'âge d'or de la jurisprudence , ni dans les Constitutions impériales.

Aux yeux des Romains , en effet , les obligations ne conféraient directement ou immédiatement aucun droit à la propriété des choses ; tous leurs effets se bornaient à produire des actions contre les personnes enveloppées dans les nœuds de ces obligations.

Paul généralisant cette pensée avec la netteté qui lui est familière , écrivait : *obligationum substantia non in eo consistit ut aliquod corpus nostrum , aut servitutem nostram faciat , sed ut alium nobis obstringat ad dandum aliquid , vel faciendum , vel præstandum* (loi 3 , ff. *de obligat. et actionib.*).

Cependant , bien que nous devions accepter les inductions si formelles de ce fragment , nous ne pouvons d'un autre côté ne pas reconnaître que l'obligation établit du moins entre la personne et la chose des rapports indirects et médiats , puisque , en vertu des liens dérivant de l'obligation , la partie obligée transportera sur une autre tête ou la propriété de cette chose, ou un démembrement de cette popriété. Sous ce point de vue , le seul que l'on puisse proposer , les locutions prémentionnées ne sont pas inadmissibles.

Quoi qu'il en soit , les tendances modernes , de jour en jour plus exigeantes , inclinent vers la complète suppression de cette distinction n'aguère si généralement répandue , et nousmême , dociles à cette impulsion en harmonie avec nos convictions personnelles , la ferons entièrement disparaître dans la prochaine refonte de notre travail.

Il est temps d'exposer la méthode qui a présidé à celui que nous venons soumettre aux méditations des jeunes amis de la jurisprudence romaine.

INTRODUCTION

A LA TROISIÈME LIVRAISON DE LA DEUXIÈME PARTIE DU COURS.

Nous l'avions déjà fait pressentir en donnant un aperçu rapide de la marche à suivre pour l'étude des deux derniers livres des Institutes ; à notre avis il n'est pas convenable de séparer l'examen des obligations de celui des actions.

L'action n'est-elle pas à l'obligation ce que l'effet est à la cause, ce que la fille est par rapport à la mère ?

Considérez d'ailleurs dans quelles voies nous aurait engagés la disjonction de ces matières ! Il aurait fallu nécessairement suivre pas à pas la méthode de Tribonien et parler d'après lui, 1° avec les titres 14 et suivans du troisième livre, des deux premières sources des obligations, c'est-à-dire des engagemens qui se forment par des contrats et comme par des contrats ; 2° déserter bientôt après cette nomenclature pour expliquer comment les obligations s'éteignent (*Ibid.*, titre 29, *quibus modis tollitur obligatio*) ; 3° la reprendre ensuite pour continuer l'exploration des deux autres sources des obligations, c'est-à-dire l'examen des engagemens qui se forment par des délits et comme par des délits (liv. 4, titre 1er et suivans) ; et 4° enfin couronner ce travail par l'exposé de la théorie des actions (*Ibid.*, tit. 6 et suivans).

Est-ce donc là un ordre que l'on puisse convenablement maintenir ? Est-il permis ainsi de bouleverser la génération naturelle de toutes les idées, de disserter sur les conséquences quand on suppose que le principe est déjà détruit, c'est-à-dire de traiter des actions quand on s'est déjà occupé de l'extinction des obligations ?

Nous le comprenons aisément ; cette méthode inexacte et vicieuse a pu sortir inaperçue des mains des compilateurs qui, préoccupés du besoin de faire vite plutôt que du désir de bien faire, se bornèrent trop souvent à réunir à la hâte quelques lambeaux détachés de fragmens empruntés à tant d'autorités diverses. * Nous la comprendrions encore (sans toutefois la justifier), si elle devait servir de guide à des travaux destinés à des esprits déjà versés dans la science ; mais dans des ouvrages consacrés à la jeunesse des écoles, nous la déclarons essentiellement dangereuse et faite pour égarer les premiers pas de ceux qui entrent dans la carrière.

Nous n'avons donc pu lui donner notre assentiment, malgré les exemples nombreux qui sembleraient devoir la légitimer.

Accorder à l'enchaînement rationnel des principes une prépondérance exclusive, telle est la base sur laquelle repose tout notre enseignement.

Dans ces matières nous avons cru reconnaître encore et plus que partout ailleurs les avantages de ce système, et dès-lors, sous l'influence de ses inspirations, nous avons adopté le plan qui suit pour l'étude des obligations et des actions ;

Explorer dans une *première partie* les causes efficientes ou les sources des obligations ;

Dans une *seconde partie*, les effets des obligations, c'est-à-dire des actions,

Et dans une *troisième et dernière partie*, parler de l'extinction des obligations.

Ainsi, selon nous, l'obligation naît et se développe ; elle devient féconde à son tour ; elle produit l'action et s'éteint. — Ce plan est évidemment l'expression la plus simple et par cela même la plus vraie de la filiation des idées, l'application à ces théories de la destinée commune à la plupart des choses et des institutions humaines.

Ce n'est pas qu'en nous arrêtant à cette économie, nous ayons eu l'intention de prétendre que la progression dont elle se compose se réalise toujours dans la pratique de la vie civile des Romains.

En effet, l'obligation n'est pas toujours fécondée ; elle s'éteint, dans plusieurs circonstances, sans avoir produit une action, notamment toutes les fois que le débiteur satis-

---

* Les Institutes sont néanmoins l'élément le moins imparfait de la Codification de Justinien. — Nous l'expliquons par cette considération, que Tribonien et ses collaborateurs suivaient presque toujours d'une manière servile, les erremens de Gaius. — Toutefois cette circonstance ne justifie pas le désordre que nous reprochons ici à Tribonien, avec d'autant plus de raison que la méthode de Gaius était en somme moins défectueuse en cette partie que celle des compilateurs de Justinien.

fait à ses engagemens sans attendre les poursuites de son créancier. — Nous ne devions cependant pas nous laisser influencer par ces considérations accessoires pour la théorie , alors qu'il n'était question pour nous que d'atteindre un seul but , c'est-à-dire de renverser la série des titres des Instituts mal coordonnés et de les reconstruire sur des proportions plus faciles pour l'intelligence et pour la mémoire.

On pourrait , nous ne l'ignorons pas , censurer vivement notre méthode par ce motif que toutes les actions ne dérivent pas des obligations. — Cette observation ne serait pas inexacte ; les actions qui ont trait à la revendication directe de la propriété d'un corps certain et déterminé ou d'un droit réel quelconque ont une autre source que les obligations proprement dites.

Que faut-il induire de là ? que nos cadres ne sont pas complets, en ce sens qu'ils n'embrassent pas toutes les parties du droit romain ; mais cette extension n'était pas possible dans un travail qui doit se rapporter exclusivement aux Instituts de Justinien. — D'ailleurs les obligations , on ne saurait le contester , sont la source la plus abondante des actions. Celui qui traite des premières, traite par cela même des secondes , dit Théophile, l'un des collaborateurs de Tribonien : *qui de obligationibus disserit, tacitè et de actionibus disserit*; *matres enim actionum sunt obligationes.* *

On peut dire enfin avec Doneau que dans les actions réelles caractérisées et définies par les textes des §§ 1 et 2 du tit. 6 du 4ᵉ livre des Instituts *de actionibus* , le défendeur est obligé vis-à-vis du demandeur comme par un contrat , par cela seul qu'il détient l'objet appartenant à autrui. **

Ainsi tombent tour à tour les diverses objections qui s'étaient d'abord présentées à notre esprit , lorsque nous avons eu à nous prononcer sur le choix de la méthode à laquelle nous nous sommes , en dernière analyse , attachés avec d'autant plus de confiance qu'elle a présidé à la rédaction du titre vii du liv. xliv du Digeste *de obligat. et actionib.* , obtenu les suffrages de Cujas et servi de base aux élucubrations les plus récentes des jurisconsultes d'outre-Rhin.

Personne ne méconnaît les causes qui rendent ces élucubrations si précieuses pour nous , surtout lorsqu'il s'agit des matières que nous devons traiter ; c'est qu'elles ont été élaborées à la lueur des principes révélés par la découverte des Instituts de Gaius.

* Paraphrase des Institutes , *Edition de Reitz*, tome. 2 , page 613.

** M. Blondeau a reproduit cette opinion dans la Thémis , tome 4, page 143.

Avant cette découverte, les docteurs les plus estimés, ceux-là même en qui l'École aimera long-temps à reconnaître des guides, n'avaient eu sur les actions que des notions peu exactes. Il est facile de s'en convaincre si on médite les idées des jurisconsultes les plus habiles du seizième siècle. On les voit le plus souvent obligés de hasarder des conjectures toujours plus ou moins éloignées des théories modernes, et marchant comme par tâtonnement dans une voie incertaine. — Qui ne sait que tout récemment encore, des légistes d'un mérite peu ordinaire ont émis sur quelques parties des actions, des opinions dont la fausseté est maintenant palpable? Gaius seul nous offre des documens exacts et des notions précises sur tout ce qui a trait, par exemple, et aux *legis actiones* qui furent en vigueur jusqu'aux lois *Æbutia* et *Julia*, et à la procédure *formulaire* qui succédant aux *legis actiones* fut suivie jusqu'au 4ᵉ siècle de l'ère chrétienne, pour faire place à son tour aux *judicia extraordinaria* devenus le droit commun du Bas-Empire.

On comprend dès-lors que sous tous ces points de vue les Institutes de l'empereur Justinien ne présentent plus pour nous qu'un intérêt secondaire, et que nous devons persévérer dans le vœu par nous émis * de voir le Palimpseste de Vérone substitué, pour l'enseignement du Droit à ces Institutes.

---

* *Vid.* la deuxième Édition de notre première Livraison, publiée en Novembre dernier. — Nous sommes heureux que cette opinion ait reçu l'approbation de M. le Doyen de la Faculté de Droit de Paris, qui exprime un vœu semblable dans le discours qu'il a prononcé le 10 janvier dernier, en sa qualité de président du concours ouvert devant cette Faculté.

Institutes de Justinien.

LIVRE TROISIÈME,

TITRE XIV ET SUIVANS,

ET LIVRE 4 EN ENTIER.

DEUXIÈME SUBDIVISION DE LA SECONDE PARTIE DU COURS.

DES OBLIGATIONS ET DES ACTIONS.

PREMIÈRE PARTIE.

SOURCES DES OBLIGATIONS.

*Prolégomènes. — Subdivision de cette première
Partie.*

Le mot *Obligation* (*ob ligare*) paraît avoir été long-temps
inconnu aux Romains. M. Hugo fait remarquer [*] qu'on ne le
trouve pas mentionné une seule fois dans les monumens de
l'ancienne jurisprudence, et notamment dans la loi des Douze
Tables. — Une locution encore plus énergique, *nexus*,
était probablement seule usitée pour indiquer le lien qui
attachait le débiteur à son créancier : *si quis* NEXUM
faciet... , uti lingua nuncupassit , ita jus esto , disaient les
Décemvirs, dont le langage était aussi inflexible que l'airain
sur lequel il s'immobilisa. — *L'obligation* est devenue un
terme technique sous la plume des jurisconsultes du beau
siècle de la jurisprudence.

[*] Histoire du Droit Romain, tom. 1er , pag. 176 et suivantes.

Le jurisconsulte Paul, on le sait, nous a donné une idée exacte des obligations lorsqu'il a écrit : *Obligationum substantia non in eo consistit ut aliquod corpus nostrum, aut servitutem nostram faciat ; sed ut alium nobis obstringat ad dandum aliquid, vel faciendum, vel præstandum* (loi 3, ff., *de obligat. et actionib.*).

Il n'est donc pas dans la nature des obligations de nous investir par leur propre force de la propriété d'un objet ou d'un droit réel quelconque. Impuissantes pour produire cet effet d'une manière directe et immédiate, elles n'ont d'autre objet et d'autre résultat que d'établir entre les personnes des rapports, des liens de droit (*vinculum juris*) dont l'effet médiat sera ou la translation de la propriété (*dandum aliquid*) ou la réalisation d'un fait (*faciendum*) ou la prestation d'une chose ou d'un fait (*præstandum*).

Tribonien reproduit les mêmes idées, lorsqu'il a défini l'*obligation* : *Juris vinculum, quo necessitate adstringimur, alicujus rei solvendæ secundum nostræ civitatis jura* (Inst. liv. 3, tit. XIV, *de obligat. ad præm.*)

Ce lien formé, dès l'origine, par le concours des volontés ne peut plus tard se dissoudre (*solvitur*) que par ce même concours, ou par l'exécution de l'engagement qui en résulte, exécution (*solutio*) qui présente d'ailleurs des nuances aussi multiples que les engagemens ; SOLUTIONIS *verbum pertinet ad omnem liberationem quoquo modo factam*, disait le jurisconsulte Paul, (loi 54, ff. *de solut. et liberat.*).

Le moyen légal accordé à celui en faveur duquel l'obligation existe pour contraindre l'autre à l'exécuter, consiste dans une *action* que le jurisconsulte Celsus, et après lui Tribonien, ont définie: *Jus persequendi in judicio quod sibi debetur.* (Inst. liv. 4, tit. VI, *de actionibus ad præmium*).

L'action est donc la sanction de l'obligation ; nous l'avons déjà dit, il y a entr'elles la corrélation qui unit la cause et l'effet.

Toutes les obligations ne produisaient cependant pas une action, car d'après le texte même qui les définit, il ne peut y avoir de lien obligatoire formé que par celles qui sont établies conformément au droit civil des Romains.... *secundum nostræ civitatis jura.* — Mais après l'institution des Préteurs, le droit civil, on l'a vu lors de l'examen des sources du droit, se subdivisa en droit civil proprement dit et en droit honoraire, et dès-lors par une conséquence naturelle de l'autorité dont leurs édits furent revêtus et des innovations qu'ils introduisirent, on distingua à côté des obligations *civiles*, des obligations *Prétoriennes* ou honoraires , selon qu'elles reposaient sur l'une ou l'autre de ces deux grandes branches du droit. ═ Telle est la division la plus large que nous offre Tribonien d'après Modestinus , dans le § 1ᵉʳ du titre précité : *Omnium autem obligationum summa divisio in duo genera deducitur; namque aut* CIVILES *sunt aut* PRÆTORIÆ.

Avant d'examiner la manière dont se forment ces diverses obligations , ou plutôt les sources d'où elles dérivent, il importe de noter une autre division des obligations dont Tribonien ne parle pas , et qui n'en est pas moins digne d'intérêt. C'est la division tripartite en obligations purement *civiles* , obligations *naturelles* , et obligations *mixtes*.

Le droit national des Romains était très-rigoureux en matière d'engagemens. — Dès que les parties avaient la capacité de s'obliger, si d'ailleurs elles avaient prononcé les paroles sacramentelles dont nous parlerons bientôt , l'obligation était valable ; sanctionnée par la lettre des lois , elle devait être religieusement exécutée. Cependant si l'équité répugnait à cette exécution, si le débiteur avait été victime du dol , de la crainte , de la violence , le droit prétorien venait à son secours, et lui offrait une exception de nature à rendre inefficace l'action qui avait été injustement dirigée contre lui. (Inst. liv. 4 , tit. xiii , § 1ᵉʳ et 2). — Tel était le caractère de l'obligation purement *civile*. — Elle formait un contraste saillant avec l'obligation *naturelle* qui n'était qu'un lien formé par l'équité (*vinculum æquitatis*), en dehors des prescriptions du droit civil. — La marche générale de l'histoire du droit nous engage à penser que les obligations naturelles furent long-temps sans aucune force chez les Romains qui , d'après leurs idées dominantes et le degré primitif de leur civilisation , ne voyaient rien en dehors du droit positif *. — On ne les trouve en général mentionnées que par les jurisconsultes de la 3ᵉ période. — Ulpien les a classées (loi 1ʳᵉ, § 1, ff. *de novat. et delegationibus*) ; d'autres fragmens du digeste (lois 5 , 10, 14 , ff. *de oblig. et act.*) s'en occupent encore. Tribonien lui-même en parle dans le § 1ᵉʳ du tit. 21 du 3ᵉ livre de *fidejussoribus* ; mais la théorie la plus sûre qui puisse se baser sur ces fragmens , quelquefois opposés , c'est qu'en principe l'obligation naturelle produisait une exception sans produire une action.

L'obligation *mixte* était , d'après la portée même de ce

* Hugo , *ibid.* , page 117.

mot, complexe, en ce sens, qu'au lien du droit civil venait
se joindre le lien de l'équité, circonstance qui assurait à
cette obligation un rang privilégié par rapport aux deux
autres.

La seconde division que nous rencontrons dans le texte des
Institutes, est prise dans les causes efficientes des obligations.
Les obligations, dit ce texte (§ 2, *ibid.*), se forment par
un contrat, comme par un contrat, par un délit, ou comme
par un délit ; *aut enim ex contractu nascuntur, aut quasi ex
contractu, aut ex maleficio, aut quasi ex maleficio.* — Cette
division n'est pas émanée de Gaïus, qui ne distinguait
que deux causes principales des obligations, savoir : les contrats et les délits ; *omnis obligatio vel ex contractu nascitur,
vel ex delicto* (Institut. comment. 3, § 88), et il ajoutait
pour embrasser toutes les causes analogues à celles dont il
venait de parler..... *aut proprio quodam jure ex variis causarum figuris.* (L. 1er, ff. *ad præm. de obligat. et action.*).

Cette seconde classification, éminemment synthétique, est
peut-être préférable à la première. M. Hugo estime qu'elle
est plus favorable à l'enseignement que celle de Tribonien.
Nous l'avions adoptée au premier abord, et on la retrouverait
prédominante dans nos cadres, si après de nouvelles réflexions,
nous n'avions craint de trop effacer la série des titres des
Institutes de Justinien.

En maintenant par ces motifs la méthode de Tribonien,
nous subdiviserons cette première partie en quatre titres.
Il est presque oiseux de faire remarquer que chacun d'eux
aura pour sujet l'une des quatre sources d'obligations que
nous venons de mentionner.

TITRE 1er.

Des Obligations qui dérivent des CONTRATS.

S'il est exact de dire que tous les *contrats* produisent des
obligations, il n'est pas également exact de prétendre que
toutes les conventions constituent des CONTRATS, et par cela
même qu'elles sont toutes obligatoires.

Toute convention est, sans doute, le résultat du concours
de deux volontés relativement au même objet, *in idem pla-
citum.....* car le mot *convention* est générique, disait Ulpien
(loi 1er, § 3, ff. *de pactis*), CONVENTIONIS *verbum generale
est, ad omnia pertinens.... nam sicuti convenire dicuntur,
qui ex diversis locis in unum locum colliguntur et veniunt,*

ita, qui ex diversis animi motibus, in unum consentiunt, id est, in unam sententiam decurrunt. — Mais bien que ce concours de volontés fût émané de personnes capables de s'engager et relativement à des objets licites, les Romains , ne lui attribuèrent pas indistinctement la force obligatoire.

Pour que la convention fût vivifiée et protégée par une action juridique , en d'autres termes pour qu'elle renfermât ce *nexus*, ce *vinculum juris*, qui est le nerf sanctionnateur des engagemens, il fallait ou qu'une chose eût été déjà livrée en vertu de l'accord intervenu, ou que la convention eût été exécutée par l'une des parties, ou bien qu'en l'absence de ces deux conditions, des paroles sacramentelles eussent été prononcées au moment où la convention avait eu lieu. Quant aux conventions qui ne pouvaient rentrer dans aucune de ces trois catégories, elles n'étaient pas obligatoires aux yeux du droit civil. Destituées du *vinculum juris*, deshéritées par cela même de toute action, elles ne produisaient qu'une *exception*, pour faire maintenir ce qui avait pu être exécuté en vertu de leurs termes. On les désigna sous le nom de *Pactes* (*Pactum, Pactio, nudum Pactum* , l. 7, 45 , ff. *de Pact.*). A celles au contraire qui étaient productives d'une action juridique , les Romains donnèrent par la suite le nom de *contrats nommés* (*contractus nominati*), lorsque à cause de leur fréquence , on crut devoir les individualiser par un nom spécial (*transierunt in proprium nomen contractus*) comme par exemple le *commodat* , le *dépôt* , et de *contrats innommés* , lorsque cette individualisation n'avait pas été faite. — L'action juridique spécialement créée pour le contrat nommé porta la même désignation que celui-ci ; on disait donc *actio commodati , actio depositi.* Celle à laquelle on recourait à l'égard des contrats innommés fut qualifiée *d'actio ex præscriptis verbis* , probablement parce qu'en tête de la formule par laquelle il a accordait l'action , le Préteur mentionnait les faits particuliers qui donnait lieu au litige , et sur lesquels le juge aurait à prononcer; *initio formulæ nominato eo quod factum est.* (Gaius, Instit. com. 4 , § 46)*.

---

* Indépendamment de ces distinctions fondamentales, ou admet d'autres classifications pour les contrats, que l'on divise en contrats *uni-latéraux* et *bi-latéraux* , en contrats *bonæ fidei* et contrats *stricti juris.*

Les contrats *uni-latéraux* sont ceux dans lesquels une seule des parties est obligée. — Les contrats *bi-latéraux* ou *synalagmatiques*, ceux dans lesquels les deux parties sont obligées respectivement l'une vis-à-vis de l'autre.

Les contrats innommés étaient aussi multiples, aussi nuancés que les exigences de la vie, que les besoins du commerce. On embrassait dans les quatre causes suivantes les divers motifs d'intérêt qui pouvaient déterminer les hommes à s'engager réciproquement, *do ut des, do ut facias, facio ut des, facio ut facias.* (Paul, loi 5, ff., *de præscrip. verb.*).

Dans le cours de la deuxième période du droit, le territoire de la république s'étant agrandi, les rapports sociaux de citoyen à citoyen, et bientôt d'homme à homme, s'étant développés, tous les élémens du commerce ayant pris de l'extension sous l'influence du mouvement qui s'était dessiné, de nombreuses innovations vinrent élargir le cercle des conventions obligatoires, c'est-à-dire des contrats.

L'écriture (*litteræ*) devint la cause de certaines obligations; d'un autre côté on vit d'autres obligations se former par le seul consentement des parties (*solo consensu*), c'est-à-dire, indépendamment de toute tradition, de toute exécution de la part de l'un des contractans, et de toutes paroles sacramentelles.

Les Préteurs déclarèrent à leur tour certains pactes obligatoires; — le droit civil lui-même établit des innovations de ce genre; — enfin, dans certaines conventions les pactes ajoutés immédiatement (*in continenti*), eurent la même force que ces conventions elles-mêmes.

Il y eut dès-lors progression marquée à l'égard des pactes comme à l'égard des contrats. — Celle des contrats se développe de la manière suivante, et ce développement calqué sur l'histoire du peuple Romain est d'ailleurs en harmonie avec la marche de toute civilisation : 1° Les *faits*, c'est-à-dire la tradition d'une chose ou l'exécution de la convention de la part de l'une des parties, exécution à laquelle les textes donnent le nom de *causa, causa civilis* (l. 7 *de pact.*) ; 2° Les paroles formulées (*verba*) ; 3° L'écriture (*litteræ*) ;

Les contrats *bi-latéraux* se subdivisent en contrats *bi-latéraux parfaits*, qui dès-l'origine, *ab initio*, renferment des obligations *ex utraque parte*, et en contrats *bi-latéraux imparfaits*, qui renferment, *ab initio*, des obligations pour l'un des contractans seulement, n'en imposent à l'autre que par l'effet d'événemens postérieurs, *ex post facto.*

Par contrats *bonæ fidei*, on entend ceux à l'égard desquels le juge peut suppléer *ex æquo et bono* aux omissions des parties, et par contrats *stricti juris* ceux dans lesquels la lettre des conventions doit être *religieusement ordonnée.*

4° Enfin le seul consentement (*consensus*) à l'égard de certaines conventions privilégiées dont nous parlerons plus tard.

Tel était l'état des principes lorsque les jurisconsultes de la troisième période écrivirent sur le droit.— Leurs classifications résumèrent tous les faits historiques dont nous venons de donner une idée. Dans ses Institutes comm. 3, § 90, Gaius disait, en parlant des obligations dérivant des contrats : *Harum quatuor genera sunt* ; *aut enim* re *contrahitur obligatio* , *aut* verbis, *aut* litteris , *aut* consensu. Les compilateurs de la quatrième période n'ont retranché de cette classication, dans la rédaction du Digeste, que l'obligation qui se formait *litteris* ; Tribonien l'a cependant conservée intacte dans ses Institutes , où il maintient sans altération la méthode de Gaius , qui avait eu lui-même égard , comme on le voit , à la manière dont le droit s'était successivement développé.

Nous aurons dès-lors à examiner , tour à tour , les obligations qui se formaient dès l'origine et par la tradition d'une chose ou par les paroles sacramentelles, et plus tard par l'écriture et par le seul consentement. En d'autres termes et pour rentrer dans l'économie de notre plan , la tradition d'une chose , les paroles , l'écriture , le seul consentement * , seront considérés tour à tour comme la cause efficiente ou comme la source de certains contrats et par cela même de certaines obligations.

CHAPITRE Ier.

Des contrats qui se forment par la tradition d'une chose (quibus modis re contrahitur obligatio).

La tradition d'une chose , d'après l'intention de celui qui la livre comme dans l'intention de celui qui la reçoit , est loin d'avoir toujours le même objet , et par cela même de produire les mêmes obligations.

En effet, elle a quelquefois pour but 1° de transférer la propriété à celui qui la reçoit; 2° d'autres fois elle ne lui confère que le simple droit de s'en servir ; 3° dans certains cas elle n'a pour objet que de lui en confier la garde , 4° quelquefois enfin elle se borne à lui fournir des sûretés.

---

* Nous n'entendons toutefois assigner ici aucun rang respectif entre les obligations formées par l'écriture (*litteris*), et celles qui se formaient par le seul consentement (*solo consensu*).

Reprenons cette proposition.

I. Nous venons de dire que la tradition de la chose avait quelquefois pour but de la part de celui qui la livre d'en transférer la propriété à celui qui la reçoit. Si ce transfert est gratuit , par exemple , la tradition constituera une donation (*doni datio*) dont nous avons déjà expliqué les caractères *. Que si au contraire la tradition n'a été faite qu'à condition de la part de celui qui a reçu et qui est devenu propriétaire , de restituer à une époque convenue des quantités et des qualités de même espèce , cette tradition et cette réception donneront naissance à un contrat que les Romains avaient individualisé sous le nom de *mutuum*.

Gaius (comm. 3 , § 90 , et d'après lui Tribonien *ad præmium ibidem*), expliquent avec une grande concision les obligations que le *mutuum* impose à la partie qui a reçu. Tous les points de doctrine renfermés dans ces textes se rapportent aux trois points suivans : 1° le *mutuum* (que les modernes appellent prêt *de consommation*) ne peut se former que par la tradition de choses *quæ in pondere, numero, mensurâve constant*, qui consistent en poids, en nombre et mesure, c'est-à-dire que l'on peut facilement remplacer par d'autres, *res quæ permutationem recipiunt*, et que les interprêtes désignent sous le nom de choses fongibles par allusion à ce passage du jurisconsulte Paul (loi 2, § 1, ff *de Rebus credit...*) *quæ* FUNCTIONEM *in suo genere recipiunt*.

Les choses fongibles d'après leur nature se consomment par le premier usage que l'on en fait , *primo usu consumuntur*. De ce nombre, dit le texte des Institutes de Justinien (*Ibidem*) sont le vin, l'huile, le froment, l'argent monnoyé, etc., etc. **. Toutefois il importe de remarquer que la volonté des parties clairement démontrée pourra enlever à ces choses le caractère dérivant de leur nature, et changer ainsi le caractère du contrat , comme aussi la même volonté pourra attribuer le

---

* Voyez la 2ᵉ Livraison de la 2ᵉ partie, pag. 60 et suivantes.

** C'est très-certainement par le prêt des choses fongibles susceptibles d'une consommation *naturelle* , et par cela même nécessaires pour les premiers besoins de la vie, que le *mutuum* a commencé. — Le prêt *d'argent*, proprement dit, n'a pu commencer que plus tard, par les raisons décisives qu'en donne Paul dans un de ses fragmens (*l.* 1ᵃ ff. *de cont. emp.*) que nous examinerons au titre de la vente. — L'ordre dans lequel sont classées les choses fongibles, par Tribonien , est donc préférable à celui de Gaius (Comm. 3 , § 90).

caractère des choses fongibles, à celles qui , d'après leur nature, n'étant pas susceptibles d'être consommées *primo usu* auraient été classées dans la catégorie des choses fongibles. Ainsi, dans le premier sens , pour nous servir des exemples de l'auteur qui a récemment reproduit la théorie que nous venons de résumer *, bien que des *fruits* soient de leur nature une chose fongible, ils ne seront pas considérés comme tels dans les mains de l'avare qui les aura empruntés *ad pompam et ostentationem.* La tradition de ces fruits constituera non un *mutuum*, mais un *commodatum* (prêt à usage), et récipro-quement, bien qu'un *livre* soit de sa nature une chose *non fongible,* il y aura néanmoins *mutuum* dans le cas de la tradition d'un ou de plusieurs exemplaires d'un ouvrage faite à un libraire, à la charge par celui-ci d'en restituer un nombre égal de la même édition.

2° Celui qui reçoit la chose (l'emprunteur) acquiert, par l'effet de la tradition et de l'intention de celui qui l'a faite, la propriété des objets livrés... *quas res.... in hoc damus ut accipientium fiant* (Gaius *ibidem*) ; pourvu toutefois que celui qui a livré (le prêteur) ait la capacité de disposer (Instit., livre 2 , tit. 8 , *quibus alien. licet vel non* § 2). — L'emprunteur peut donc en user de la manière la plus absolue. — Si elle périt, il supporte seul cette perte, en ce sens qu'il n'est pas affranchi des obligations dont nous allons parler. ⹀ Ce transfert de la propriété des choses livrées constitue le carac-tère distinctif de ce contrat qui , (s'il faut s'en rapporter à l'étymologie des textes) aurait même puisé son nom dans les effets qu'il produit ; *inde etiam* mutuum *appellatum est, quia ita à me tibi datur ut ex* meo tuum *fiat.* (*Inst. quib. mod. re contrah. obligat. ad præm.*).

** M. Bravard-Veyrières , *de l'Étude du Droit Romain* , pag. 124 *et suivantes.* — Cette production, au sujet de laquelle nous avons cru devoir présenter quelques observations que les rédac-teurs du *Mémorial de Jurisprudence de Toulouse* , ont bien voulu publier dans leur livraison du mois de Février dernier , a causé une assez vive sensation dans le monde savant. — Tout ce que l'auteur a écrit sur les réformes à opérer dans l'enseigne-ment du Droit Romain nous a paru fort judicieux ; mais en retour, la presse Parisienne qui s'est montrée juste en rendant hommage aux intentions comme au talent depuis long-temps éprouvé de M. Bravard, a glissé trop légérement , selon nous , sur les conclusions des deux premières parties de l'ouvrage relatives à l'utilité scien-tifique et pratique de l'étude de la Codification de Justinien.

Vid. encore, au sujet de cette théorie , M. Ducaurroy , Instit. expliq. , tom. 3ᵉ , pag. 17 et suiv.

3

3° La réception de la chose impose à l'emprunteur l'obligation de la restituer, non identiquement en nature, car l'usage qu'il en a fait en a nécessairement absorbé la substance, mais par des *équivalens*, c'est-à-dire, par la restitution de choses, de même quantité et qualité, *non eædem res, sed aliæ ejusdem naturæ et qualitatis redduntur* (Inst. *ibidem*). Ainsi, pour nous saisir de l'espèce que nous offre (quoique dans un autre objet) Gaius dans un des fragmens du Digeste (loi 74, *de obligat. et actionib.*), si on a livré VINI CAMPANI, OPTIMI, AMPHORAS CENTUM, l'emprunteur devra restituer du vin de la même qualité, dans une quantité égale et du même âge (*Pomponius*, loi 3, ff., *de rebus creditis*).

Ce n'est donc pas à *l'identité* des substances que s'attachent les parties dans ce contrat, mais seulement à la *similitude générique*, à *l'homogénéité* des quantités.

D'après la dernière partie de notre texte (*ibid*) l'action qui dérivait du *mutuum* était la *condictio* dont nous aurons occasion de parler plus tard.

II. En livrant la chose, le propriétaire, maître d'en disposer, n'a pas toujours l'intention, nous l'avons dit, d'en transférer la propriété ; la tradition qui s'est réalisée peut n'avoir eu d'autre objet que d'attribuer à celui qui l'a reçue la faculté de s'en servir (*uti*) pendant un temps donné.

Alors se forme un contrat bien différent du précédent, que les Romains ont spécialisé sous le nom de *commodatum* (commodat) et auquel les modernes ont donné la qualification de *prêt à usage*.

Le commodataire ne devient pas propriétaire comme dans le *mutuum* ; tout son droit se borne à se servir de la chose (qui doit être prise dans la classe des choses non fongibles) d'une manière conforme à sa nature et à la destination pour laquelle elle lui a été livrée. Cette destination ne peut être arbitrairement changée à l'insu du commodant, sans que le commodataire ne s'expose dans certains cas à commettre un vol. (Inst. *de obligat. quæ ex delicto nascunt.*, § 1er et suivans.) — Le prêt qui lui en est fait doit d'ailleurs être gratuit, car si en retour de l'usage qu'il en retirera, le commodataire avait promis un salaire, une rétribution quelconque, le contrat aurait revêtu un autre caractère, il aurait constitué tantôt un louage (*locatio conductio*), tantôt une autre contrat nommé ou innommé, d'après la nature des conventions et non un commodat.... *Gratuitum debet esse commodatum*, dit Tribonien dans le dernier membre du § 2 *ibidem; alio-*

quin, mercede interveniente, locatus tibi usus rei videtur.

Le commodataire ne devenant pas propriétaire, est tenu, à l'époque convenue, de restituer au commodant la chose elle-même, *identiquement*, sans pouvoir, comme dans le *mutuum*, la remplacer par des équivalens *ejusdem naturæ et qualitatis.* Ici c'est à *l'identité* des objets que les contractans se sont exclusivement attachés.... *Is, cui res aliqua utenda datur, id est commodatur.... ab eo qui mutuum accepit longe distat ; namque non ita res datur ut ejus fiat, et ob id de* EA RE IPSA *restituendâ tenetur.* (§ 2, *ibidem*).

En retour et par une conséquence naturelle de ces principes, tandis que dans le *mutuum* l'emprunteur n'est pas libéré, par la perte des quantités reçues, de l'obligation de restituer, dans le commodat au contraire il est affranchi de plein droit de ce devoir, lorsque la chose vient à périr par un cas fortuit (*ibid.*). Pourquoi ? parce que se trouvant obligé, d'après la nature du contrat, de restituer identiquement le corps qu'il a reçu, son obligation est devenue impossible par l'effet de la perte de ce corps..... *Debitores certi corporis, ejus interitu liberantur.*

Que si la chose avait péri par une faute quelconque de sa part, si détruite dans ses mains, elle se fût conservée au pouvoir d'un autre plus actif ou plus prévoyant que lui, il serait alors garant de la perte totale comme de la simple détérioration ou dégradation qu'une surveillance plus sévère que la sienne aurait évitée (*ibidem*).

Cette responsabilité de l'emprunteur est fondée en raison.

En effet, nous l'avons vu, le commodat est essentiellement gratuit. D'un autre côté l'emprunteur est le plus souvent le seul qui profite du contrat, du moins on admet ici que le commodat s'est formé pour son avantage exclusif...[*] N'est-il pas juste dès-lors, qu'il soit assujetti à une surveillance des plus rigoureuses et qu'on le rende responsable de toutes les fautes ou de la négligence la plus légère qu'on aurait à lui reprocher. Tribonien caractérise ainsi cette responsabilité : *is qui utendum accepit, sane quidem exactam diligentiam custodiendæ rei præstare jubetur, nec sufficit ei tantam diligentiam adhibuisse quantam suis rebus adhibere solitus est, si modo alius diligentior poterat eam custodire* (*ibid.*).

Du contrat dont nous venons de parler naissaient deux

[*] Le commodat existe quelquefois dans l'intérêt exclusif du commodant (l. 5, § 10, ff. *commodat. vel cont.*)

actions *commodati*, dont l'une (*actio directa*) était attribuée au commodant contre le commodataire pour le contraindre à l'exécution de son obligation, c'est-à-dire à la restitution, *in specie*, de la chose, et à la prestation * des fautes qu'il aurait pu commettre, et l'autre (*actio contraria*) accordée au commodataire contre le commodant, pour l'obliger à l'indemniser des dépenses extraordinaires qu'aurait exigées de lui la conservation de la chose, ou du préjudice que lui aurait causé le commodat par suite des défauts et des vices qu'avait l'objet prêté, si ces vices étaient connus du commodant et ignorés du commodataire. Le principe de l'action directe prend toujours naissance en même-temps que le contrat; il existe *ab initio*, tandis que, l'action contraire, purement accidentelle, ne prend naissance que dans des événemens postérieurs au contrat lui-même.

Le *mutuum* ne donne jamais lieu qu'à une action directe, la *condictio* au profit du prêteur; cette action est de droit étroit *stricti juris*, tandis que les actions *directa* et *contraria commodati* sont *bonæ fidei*. — Ces différences sont importantes; nous les expliquerons au titre des actions. (Inst., liv. 4, tit. 6, *de actionibus*, § 30.)

III. De simples idées de *conservation* peuvent présider, nous l'avons énoncé, à la tradition d'une chose, car il arrive souvent que celui qui la livre n'entend en confier à celui qui la reçoit, que la *garde* (*custodiam*) en se réservant le droit de la reprendre, lorsqu'il le jugera convenable. — La tradition déterminée par cette intention devient le principe générateur d'un contrat, que tous les textes désignent sous le nom de *depositum* (dépôt). Ulpien voulant expliquer l'étymologie de ce mot, a écrit : *Depositum est, quod custodiendum alicui datum est; et aussitôt il ajoute : Dictum ex eo quod* PONITUR : *præpositio enim* DE, *auget depositum, ut ostendat totius fidei ejus commissum quod ad custodiam rei pertinet.* (Loi 1re, ff., *depositi*. — Cette explication nous paraît préférable, malgré l'autorité de Cujas, à celle de Paul qui a écrit dans ses Sentences: *depositum est quasi* DIU POSITUM (Lib. 2, tit. 12, *de deposit*.).

A la différence du commodataire, le dépositaire ne peut faire aucun usage de la chose déposée. — Si le déposant lui avait donné une semblable autorisation, il n'y aurait pas

---

* On entend par prestation d'une faute, la réparation du dommage que cette faute a causé.

dépôt, mais un tout autre contrat, c'est-dire, un *mutuum*, lorsque la tradition a pour objet des choses fongibles, et un *commodat*, lorsqu'elle a pour objet des choses non fongibles (Paul, *ibid.*, § 9). — Que s'il s'en servait frauduleusement sans l'autorisation du déposant, il se rendrait coupable d'un vol, car il y aurait *contrectatio fraudulosa usus* (Inst., liv. 4, tit. 1ᵉʳ, *de obligat. quæ ex delict. nascunt.*, §§ 1 et 6). — Aux yeux des Romains (et nos idées n'ont pu changer à cet égard) le dépôt est une chose sacrée, *res sacra depositum.* — Ce peuple se montra constamment pénétré d'un saint respect pour la foi promise. On connaît la sentence prononcée contre ceux qui oseraient la violer : *grave est fidem fallere.* — Aussi celui qui se mettait dans l'impossibilité de restituer le dépôt, pouvait être frappé d'une condamnation infamante, et l'action que l'on avait contre lui n'eu était pas moins perpétuelle. *Depositi damnatus, infamis est,* disait le jurisconsulte Herennius-Modestinus dans un de ses fragmens (*lib. different. secund. de deposit.*).

Le dépôt a cela de commun avec le *commodat* 1° qu'il doit être *gratuit* pour ne pas se confondre avec le *louage* ou tout autre contrat ; 2° qu'il oblige le dépositaire à la restitution de la substance identique qui a été déposée, *de eâ re quam accepit restituenda tenetur.* Mais ces deux contrats diffèrent en ce que le dépôt suppose toujours la tradition d'une chose mobilière (Ulp., loi 1ʳ, *ibid.*), fongible ou non fongible, tandis que dans le *commodat,* la chose doit être non fongible et peut d'ailleurs être prise dans la catégorie des choses immobilières (*l.* 1ᵃ, ff. *commodat. vel cont.*).

Parmi plusieurs autres différences, le paragraphe 3 de notre titre aux Institutes de Justinien fait ressortir celle qui existe entr'eux par rapport à la responsabilité du dépositaire.

Le *commodat*, d'après le même titre, s'est formé dans l'intérêt exclusif du commodataire ; celui-ci a dès-lors été assujetti à la responsabilité la plus étendue. — Le *dépôt*, au contraire, existe tout entier dans l'intérêt de celui qui a livré, c'est-à-dire du déposant. De là cette conclusion, que si l'objet déposé vient à périr ou à se détériorer, le dépositaire ne sera responsable de ces accidens que dans le cas où ils auraient été occasionnés par son dol *. Paul, en effet, a écrit dans

---

* Labéon a défini le dol : *omnis calliditas, fallacia, machinatio ad circumveniendum, fallendum, decipiendum alterum adhibita* (loi 1, § 2, ff. *de Dol. mal.*)

ses Sentences *ibid.* , § 6 : *Ob res depositas dolus tantum præstari solet.* Tribonien a reproduit le même langage lorsqu'il a dit (§ 3 , *ibid.*) : *Is ex eo solo tenetur , si quid dolo commiserit ; culpæ autem nomine , id est desidiæ ac negligentiæ non tenetur.* Cette solution est basée sur une considération bien plausible : *qui negligenti amico rem custodiendam tradit , non ei , sed suæ facilitati id imputare debet.* *

Au dépôt comme au *commodat*, se rattachent d'ailleurs deux actions, l'une *directe* dont le principe existe, *ab initio*, en faveur du déposant contre le dépositaire, pour l'obliger soit à la restitution de l'objet déposé , soit à la prestation du dol dont il se serait rendu coupable. De son côté le dépositaire peut avoir , en sens inverse et hypothétiquement , une action *contraire* pour se faire indemniser des dépenses ordinaires ou extraordinaires qu'il a exposées pour la garde , ou la conservation du dépôt, et du préjudice que la détention de l'objet déposé aurait pu lui occasionner.

Les circonstances qui avaient précédé la tradition de la chose à titre de dépôt, exerçaient une grande influence sur les obligations du dépositaire. — Le dépôt était-il volontaire? le dépositaire n'était tenu , en cas de dol, qu'à une *actio in simplum*, d'après le droit Prétorien qui avait mitigé en cela la rigueur du droit des Douze Tables (Paul , *ibid.*, § 11). Était-il au contraire forcé ? Par exemple avait-il eu lieu *in causâ tumultus , ruinæ , incendii , naufragii ?* Désigné alors à cause de ces tristes circonstances sous le nom de *depositum miserabile*, il plaçait le dépositaire infidèle sous le poids d'une *actio in duplum*. — Après avoir reproduit le fragment de l'Édit du Préteur qui établissait ainsi entre le dépôt volontaire et

---

* Ce sont là les principes généraux , les principes purs du droit ; néanmoins si le dépositaire avait provoqué la confiance du déposant , *si se deposito obtulerit* (*l.* 1ª, § 35, ff. *ibid.*), s'il était en demeure de restituer la chose déposée (*ibid.*) , sa responsabilité deviendrait beaucoup plus large. Il en serait de même si des conventions particulières avaient déterminé le degré de cette responsabilité. Mais dans aucun cas, de semblables conventions ne sauraient affranchir le dépositaire de la prestation du dol. — Ulpien pose à cet égard , en parlant du dépositaire, deux principes communs à toute espèce de contrats, en matière de responsabilité : *si convenit ut in deposito et culpa præstetur, rata est conventio :* CONTRACTUS ENIM LEGEM EX CONVENTIONE ACCIPIUNT. — *Illud non probabis* DOLUM NON ESSE PRÆSTANDUM , ET SI CONVENERIT , *nam hæc conventio contra bonam fidem contraque bonos mores est ; et ideo nec sequenda est.* (*L.* 1ª § 6 et 7. ff , *deposit.*)

le dépôt forcé une ligne de démarcation profondément tracée, Ulpien la justifie par les observations suivantes dont on comprendra facilement toute la puissance, *hæc separatio.... justam rationem habet : quippe enim qui fidem elegit, nec depositum redditur, contentus esse debet simplo ; cum vero extante necessitate deponat, crescit perfidiæ crimen et publica utilitas coercenda est vindicandæ reipublicæ causâ.* (Loi 1re, ff., *deposit. vel cont.*) — La compensation n'avait pas lieu d'ailleurs en matière de dépôt, *in causâ depositi compensationi locus non est, sed res ipsa reddenda est.* (Paul, *ibid.*, § 12).

IV. Dans les deux derniers contrats, dont nous venons de parler, la tradition de la chose, on l'a vu, s'est opérée tantôt pour l'avantage exclusif de celui qui l'a reçue (le commodat) ; tantôt pour l'avantage exclusif de celui qui l'a livrée (le dépôt). — Le paragraphe 4 du titre précité des Institutes de Justinien nous apprend que cette tradition peut quelquefois avoir lieu dans un but d'utilité commune à l'un et à l'autre ; hypothèse qui se réalise par la remise que fait un débiteur à son créancier d'un objet mobilier à titre de gage (*pignus*). — Cette tradition est dans l'intérêt du créancier, puisqu'elle lui donne une nouvelle garantie pour le paiement de sa créance, *quo magis in tuto ei sit creditum*, et dans l'intérêt du débiteur qui voit par ce moyen son crédit grandir, *quo magis pecunia ei credatur* (*ibid.*).

Par cette remise, le débiteur ne transfère pas au créancier la propriété du gage ; il lui concède seulement le droit de le retenir jusqu'à l'échéance du terme fixé pour le paiement. A cette époque est-il fidèle à son engagement ? se libère-t-il intégralement ? le créancier est de plein droit tenu par une action que tous les textes désignent sous le nom de *actio pigneratitia* de lui restituer le gage ; et de même que le commodataire et le dépositaire, il doit restituer, *in specie*, la chose même qu'il a reçue, sans pouvoir lui en substituer une autre, *de eâ re quam accepit restituendâ tenetur*. Le débiteur ne se libère-t-il pas ? Le créancier peut alors, en remplissant certaines formalités préalables, énumérées dans le titre du Code *de jure dom. impet.*, faire procéder à la vente du gage, se payer au moyen du prix qui en proviendra, et restituer au débiteur l'excédant qui sera resté en ses mains, prélèvement fait du montant intégral de sa créance.

Il est tenu de lui rendre compte, indépendamment du prix de la vente, de tous les fruits que le gage a produit, et réciproquement il est autorisé à se faire indemniser par l'*actio pignoris contraria* du préjudice qu'aurait pu lui causer la détention du gage, s'il était vicieux, et des impenses qui l'auraient amélioré.

Détenteur du gage jusqu'au terme fixé pour le paiement, le créancier en est constitué par cela même le gardien; il est dès-lors tenu de veiller à sa conservation. Lorsqu'il vient à périr ou à se détériorer, il est responsable de cette perte ou de cette détérioration s'il n'a pas apporté à cette conservation la vigilance et la prudence qu'un bon père de famille apporte ordinairement à la conservation de son patrimoine, *ad eam rem custodiendam exactam diligentiam adhibere debet.* En d'autres termes il sera traité plus sévèrement que le dépositaire qui, désintéressé dans le dépôt, n'est tenu (en principe) que de son dol, mais en retour on lui appliquera des principes moins rigoureux qu'au commodataire qui profite exclusivement du commodat.

Ces précisions démontrent que dans les contrats en général, le degré de la responsabilité des parties, par rapport à la perte ou à la dégradation des choses qui sont l'objet de la convention, se mesure sur le degré d'intérêt que ces parties en retirent. — Cette théorie, assise principalement sur deux fragmens, l'un du jurisconsulte Ulpien (loi 5, ff., *commodat.*), l'autre du jurisconsulte Herennius-Modestinus (*Lib. different. secund.* (*Eclog. juris civil.*, pag. 292), nous a toujours paru éminemment rationnelle. Nous l'avons adoptée sans commentaire, malgré les vives et interminables controverses auxquelles a donné lieu parmi les interprètes anciens et modernes, relativement à la prestation des fautes, le rapprochement de quelques paragraphes des Institutes avec certains fragmens du Digeste *.

Il est encore facile, à l'aide des mêmes précisions, d'expliquer nettement en quel sens les textes nous disent qu'il est des *contrats parfaits par la chose.* — Il a été convenu entre vous et moi que vous me livreriez cent setiers du meilleur

---

* On se formera une juste idée de cette controverse en lisant la savante dissertation de M. Ducaurroy, Institutes expliquées, tome 3, page 171 et suivantes, et l'exposé substantiel des principes dans lesquels M. Mühlenbruch a résumé les théories de l'École moderne (*Doctrina pandect. sch. in usum*, vol. 2, pag. 265 et suiv. § 352, 353 et 354). — Nous avons évité autant que possible de nous servir des locutions *faute lourde, faute légère, faute très-légère*; parce qu'elles nous ont paru une des causes principales de la difficulté que nous apprécierons dans nos explications ora-

blé d'Afrique, à la charge par moi de vous restituer dans un an des qualités et des quantités égales. La tradition de votre part des quantités promises pourra seule engendrer pour moi une obligation RE. C'est sous ce rapport que les textes ont écrit : *dari quidquam necesse est, ut substantiam capiat obligatio* (Inst. *de oblig. quæ ex consens...*)... RE *contrahitur obligatio.*

Si nous étions dans l'usage de nous assujettir à la méthode des rédacteurs des Institutes, nous devrions parler ici d'une autre cause d'obligations, analogue aux précédentes, qui se forme par le paiement d'une chose non due, *indebiti solutio.* Gaius, *ibid.*, comment. 3, § 91, et Tribonien, *ibid.*, § 1er, s'en sont occupés après le *mutuum*; mais comme cette matière doit se reproduire dans le titre suivant, au sujet des obligations qui se forment comme par un contrat, nous l'omettrons ici pour éviter d'inutiles répétitions.

CHAPITRE II.

Des Contrats qui se forment par des paroles formulées (De Verborum Obligationibus).

Les contrats dont nous venons de parler, furent très-probablement les premiers en usage pendant l'enfance de Rome, comme pendant l'enfance de toutes les sociétés. Dès l'origine, les habitans de la cité durent attribuer d'abord une importance exclusive aux traditions, à tout ce qui pouvait frapper les sens. Bientôt, par une transition naturelle, ils arrivèrent aux *formules*, en demandant une garantie à la précision des paroles et à la propriété des termes. Ces formules sacramentelles

les. — Nous nous attacherons principalement à démontrer que toute théorie trop symétrique, et notamment tout système formulé à l'instar d'une proportion géométrique, et pour ainsi dire *bariolé*, selon l'expression de *Gensler*, sont en dehors des principes posés par les jurisconsultes Romains. — Sans doute ces jurisconsultes qui avaient sondé les profondeurs du cœur humain et scruté dans tous les sens la pratique de la vie civile, firent reposer la base de leur doctrine, en matière de prestation de fautes ou de responsabilité, sur le degré d'intérêt que les parties retiraient des contrats ou des conventions en général. — Mais le rapprochement de leurs fragmens prouve qu'ils n'avaient entendu tracer aucune règle invariable dont l'inflexible uniformité aurait souvent heurté les premières notions de l'équité, et qu'ils prenaient toujours en considération dans leurs solutions les nuances plus ou moins délicates que les espèces présentaient.

4

furent seules considérées comme l'expression d'une volonté
bien réfléchie, bien déterminée à s'enchaîner par un engagement obligatoire.

A côté des obligations qui naissaient des *faits* on vit donc se
placer des obligations qui naissaient des *paroles* et que l'on
appela, d'après leur origine, *verborum obligationes.*

Les formules, on l'a déjà remarqué, forment le *criterium*
de la jurisprudence Romaine; on les retrouve dans tous les
actes les plus importans de la vie civile.

Toutes les fictions de l'ancienne jurisprudence furent donc
des *vérités sous le masque,* et les formules dans lesquelles s'ex-
primaient les lois furent appelées CARMINA à cause de la mesure
précise de leurs paroles auxquelles on ne pouvait ni ajouter
ni retrancher. — Ainsi tout l'ancien droit Romain fut un
poème sérieux que les Romains représentaient sur le *Forum,*
et l'ancienne jurisprudence fut une *poésie sévère.* *

Le droit des gens lui-même admettait l'usage des formules. Tite-Live nous en a laissé un exemple remarquable
dans les paroles qui furent prononcées pour la consécration du
traité par lequel se rendit Collatie, sous le règne de Tullus **.

Si les obligations verbales ne furent pas une création des
Romains (Gaius, comm. 3, § 93), ceux-ci leur conservèrent
du moins pendant bien long-temps (jusqu'au règne de Léon)
leur autorité primitive, soit parce qu'elles s'harmonisaient
merveilleusement avec leur génie, soit parce que la politique
du Patriciat contribua puissamment à les maintenir. ***

Les jurisconsultes donnèrent aux obligations verbales le
nom de stipulations, *stipulationes,* locution dont l'étymologie
serait prise dans la force obligatoire qu'elles imprimaient à
des conventions qui, sans elles, seraient restées confondues

---

* Vico, *Philosophie de l'Histoire; traduction de M. Michelet,*
tom. 2, page 336.

** *Histoire Romaine,* I.

*** M. Hugo écrit à ce sujet, tom. 1. : « Il fallait nécessairement
du temps pour que les parties pussent choisir des mots solennels;
en sorte qu'elles devaient avoir mûrement réfléchi avant de s'engager.
Ce n'est pas toutes les fois un motif suffisant pour croire qu'on dût
attacher beaucoup d'importance aux expressions employées par les
stipulants. — La stipulation au surplus est un contrat qui ne peut
prendre naissance que dans un pays de médiocre étendue, et chez
un peuple dont les relations sociales sont restreintes; néanmoins
elle se maintint à Rome long-temps après que la république eût cessé
de se trouver dans des conditions telles que celles que nous venons
de citer et qui avaient contribué à l'introduire ». (*Histoire du Droit
Romain,* tome 1, pages. 186-7.)

dans la classe des pactes. Paul écrivait dans ses Sentences : *Obligationum firmandarum gratiâ* STIPULATIONES *inductæ sunt , quæ quâdam verborum solemnitate concipiuntur , et ita appellatæ , quod per eas firmitas obligationum constringitur* — STIPULUM *enim veteres* FIRMUM *appellaverunt.* (Liv. 5, tit. 7, *de oblig.* § 1) Tribonien lui-même a maintenu cette version, (Inst. , tit. 16, *de verb. obligation. ad præmium*).

D'après ces aperçus, les stipulations n'étaient donc que des conceptions de mots, *verborum conceptiones ,* dont la vertu était d'attribuer aux contractans une action juridique, ou pour mieux dire elle n'étaient qu'une *formule* additionelle au consentement dont elles devenaient une manifestation légale.

Tribonien a consacré plusieurs titres du 3ᵉ livre des Instutes au développement des règles propres aux stipulations , savoir : le titre 16ᵉ précité *de verb. obligat.* , 17 *de duobus reis stipul. vel. promitt....* ; 18 *de stipulat.... servor...* ; 19 *de division... stipulat..* et 20 *de inut... stipulat.*

La plupart des théories de la stipulation étant communes à tous les contrats en général, nous donnerons quelques développemens aux textes des titres dont la nomenclature précède. Toutefois nous renverserons la série de ces textes ; nous renverserons également la série des titres, et de la fusion de tous ces élémens que les exigences de la méthode synthétique ne nous permettaient pas de séparer, nous ferons jaillir l'ordre suivant pour l'exploration des principes qu'ils sanctionnent :

Examiner 1° les formes , le mécanisme ou la structure de la stipulation et les diverses stipulations en usage chez les Romains ;

2° Les élémens *essentiels* des stipulations par opposition aux élémens qui sont seulement *accessoires* ou *accidentels ;*

3° Parler enfin de la preuve des stipulations , des effets qu'elles produisent, des personnes à qui elles peuvent profiter, ou nuire. — Chacune de ces subdivisions va devenir le sujet d'un paragraphe particulier.

§ Iᵉʳ

Des formes de la stipulation et des diverses espèces de stipulations en usage chez les Romains.

I. *De la forme des stipulations.* — Le mécanisme des stipulations était fort simple. Il se composait d'une interrogation adressée par celui qui devait se constituer créancier, et d'une réponse analogue et affirmative de la part de celui qui devait se reconnaître débiteur, *verbis obligatio fit ex interrogatione et responsione*, disait Gaius, (Inst., comment. 3, § 92). Après lui Pomponius définissait la stipulation : *verborum conceptio, quibus, is qui interrogatur, daturum, facturumve quod interrogatus est responderit.* (Loi 5, § 1, ff., *de verb... oblig.*) Modestinus appelle *reus stipulandi* celui qui adressait l'interrogation, celui qui stipulait, et *reus promittendi*, celui qui faisait la réponse et qui promettait ou s'obligeait (loi 1re, ff., *de duobus reis constit.*) — Les expressions consacrées ou les formules d'après lesquelles devaient avoir lieu cette interrogation et cette réponse, sont énumérées dans le paragraphe précité des Institutes de Gaius et reproduites dans le paragraphe 1er du titre 16 des Institutes de Justinien. * — Gaius fait d'ailleurs remarquer (§§ 93 et 94), que parmi les formules qu'il vient d'énumérer, les unes étaient propres au droit civil des Romains, tandis que d'autres étaient du droit des gens, et il expose les conditions nécessaires pour que l'usage de certaines formules produisît des engagemens valables à l'égard des citoyens Romains ou des étrangers.

Les locutions consacrées pour former entre les contractans le nœud obligatoire, furent scrupuleusement conservées jusqu'au règne de l'empereur Léon. — Par une de ses constitutions devenue la loi 10, *Cod. de contrah... et committend.... stipulat.*, et mentionnée par Tribonien, § 1er, *ibid.*, ce Prince supprima la nécessité de l'emploi des paroles solennelles ; il n'exigea pour la validité des stipulations que le consentement réciproque des parties, *sensum et consonantem intellectum ab utraque parte*, quelles que fussent d'ailleurs les locutions dont elles se serviraient pour formuler l'interrogation et la réponse, qui restèrent indispensables pour constituer la stipulation, toujours distincte elle-même des simples pactes.

Sous Justinien une réforme plus large s'accomplit. — On n'admet plus les distinctions encore en vigueur du temps de Gaius, par rapport à l'idiôme employé par les contractans.

* Ces expressions sont les suivantes : Le stipulant disait, DARI SPONDES? Le promettant répondait SPONDEO ; ou bien encore DABIS? DABO ; PROMITTIS? PROMITTO ; FIDE PROMITTIS? FIDE PROMITTO ; FIDE-JUBES? FIDEJUBEO ; FACIES? FACIAM.

L'usage de toutes les langues est indistinctement autorisé entre toutes personnes ; une seule condition est nécessaire, l'expression d'un consentement réciproque, et l'intelligence de la part des parties, de l'idiôme adopté pour la formation du contrat. *Si uterque stipulantium intellectum ejus linguæ habeat..... sufficit congruenter ad interrogata respondere.* (§ 1er *ibid.*).

II. *Division des stipulations.* — Dans le *præmium* du titre 19 *de division. stipul....* Tribonien reproduisant un fragment de Pomponius (loi 5 , *ad præm.* ff. *de verb...... oblig....*) classe les stipulations en quatre catégories : *stipulationum aliæ sunt* JUDICIALES , *aliæ* PRÆTORIÆ , *aliæ* CONVENTIONALES, *aliæ* COMMUNES , *tam prætoriæ quam judiciales.*

On appelait stipulations conventionnelles , *conventionales* , celles qui n'avaient d'autre base que les conventions spontanées des parties ; *quæ ex conventione utriusque partis concipiuntur* , et qui par cela même n'étaient commandées ni par le juge ni par le Préteur, § 3 , *ibid.* — Sous le nom de stipulations *judiciales* , on désignait celles qui étaient provoquées , commandées par le juge. Lorsque nous traiterons des ACTIONS, nous examinerons quelles furent , dans la hiérarchie des pouvoirs judiciaires en vigueur jusqu'au quatrième siècle de l'ère chrétienne , les fonctions attribuées au juge (*judex*) proprement dit. Il nous suffira de noter pour le moment que le Préteur qui accordait (*in jure*) au demandeur la formule réglementaire de son action , renvoyait les parties (*in judicio*) devant un juge qui, qualifié tantôt de *judex*, tantôt *d'arbiter* , décidait, d'après les pouvoirs à lui attribués dans la formule , les points sur lesquels les contendans étaient divisés. — Ainsi saisi par le renvoi du Préteur , le *judex* obligeait quelquefois les plaideurs à contracter entr'eux, par des stipulations , certaines obligations , au nombre desquelles le texte du paragrage 1er *ibid.* énumère , la *cautio de dolo.* Cette caution assujettissait le défendeur à garantir l'exécution franche et sincère de la condamnation éventuelle dont il viendrait à être frappé. — Le texte mentionne encore la *cautio de persequendo servo qui in fugá est ,* sûreté d'une nature toute particulière que nous expliquerons dans nos développemens oraux.

Quelquefois le Préteur lui-même, qui accordait l'action au demandeur, voulant en protéger l'exercice d'une manière efficace, ordonnait aux parties, qui étaient *in jure* devant lui, de se donner aussi des garanties au moyen de certaines stipulations. — Souvent encore il ordonnait des stipulations en l'absence de toute demande d'action. — Ces stipulations, qualifiées par leur origine même, furent désignées sous le nom de *stipulationes prætoriæ*. — On comprenait dans cette catégorie les stipulations que les Ediles pouvaient exiger dans la sphère de leur juridiction spéciale.

Aux stipulations émanant de la juridiction prétorienne, Tribonien rapporte la *stipulatio damni infecti* et la *stipulatio legatorum*. Ainsi, lorsqu'un édifice voisin menace de tomber en ruines et de me causer un préjudice par sa chute, le Préteur, et le Préteur seul peut, sur ma demande, obliger le propriétaire de cet édifice à me garantir le paiement de l'indemnité qui pourra m'être due éventuellement. Dans ce cas la stipulation à laquelle ce propriétaire sera tenu de répondre aura pour objet de m'assurer d'avance la réparation d'un dommage à venir, mais qu'il est facile de prévoir; ce sera donc *stipulatio damni infecti*.

Pour expliquer la *stipulatio legatorum* il suffit de constater que d'après les principes déjà exposés au titre de l'hérédité testamentaire et des legs, l'héritier institué était tenu *ex testamento* d'acquitter tous les legs faits par le testateur, sauf les restrictions successivement apportées à cette obligation par les lois *Furia*, *Voconia* et *Falcidia*. L'exercice des actions accordées au légataire se trouvait cependant plus d'une fois suspendu par le concours de circonstances multiples; par exemple, lorsque le legs était *in diem*. — Dans toutes ces hypothèses, c'est-à-dire, lorsqu'un obstacle légal empêchait le légataire d'agir immédiatement, il lui importait de recourir à l'autorité du Préteur pour obtenir de lui que l'héritier dont la solvabilité pourrait diminuer ou disparaître, s'il fallait attendre l'exigibilité du legs, garantirait d'ores et déjà par des stipulations l'exécution de son obligation.

Enfin, dans le paragraphe 4 et dernier du titre précité, Tribonien nous donne deux exemples de stipulations qui rentrent dans la 4e catégorie, c'est-à-dire dans la catégorie des stipulations *communes*.

Le premier exemple est pris dans la stipulation que les tuteurs et curateurs sont tenus de fournir, *rem pupilli salvam fore* et dans la *stipulatio de rato*.

Pour l'intelligence de la *stipulatio rem pupilli salvam fore*, il faut rappeler qu'avant de s'immiscer dans leur administration les tuteurs et curateurs sont obligés (nous l'avons expliqué en traitant de la puissance tutélaire) à garantir la fidélité de leur gestion, c'est-à-dire la conservation du patrimoine des pupilles ou des personnes soumises à la curatelle. — Si cette obligation a été remplie, la stipulation qui aura eu lieu rentrera dans la troisième catégorie , c'est-à-dire , dans les stipulations prétoriennes. Mais si elle n'a pas été exécutée , et si d'un autre côté les tuteurs et curateurs introduisent en cette qualité une action , l'instance ne pourrait être poursuivie dans le cas où le défendeur opposerait cette inexécution. Dans cet état de choses , le *judex* ordonnera la stipulation qui , prétorienne de sa nature , deviendra accidentellement judiciaire et prendra dès-lors le nom de *commune.*

Nous aurons occasion d'expliquer les caractères de la *stipulatio de rato* dans une des subdivisions du titre des actions. (Instit., livre 4 , tit. 11 , *de satisdat...*)

§ II.

Des Élémens ESSENTIELS *de la stipulation.*

Il ne faut pas croire que toute la substance des stipulations soit concentrée dans les mots sacramentels (avant la constitution de Léon) qui expriment l'interrogation et la réponse ; les mots en effet, nous l'avons dit, ne sont qu'une formalité additionelle au consentement, qu'une sanction articulée d'une convention préexistante.

Or , pour juger de la validité de cette convention et par cela même de la stipulation, il faut avoir égard à plusieurs choses, savoir : la capacité des parties, leur consentement réciproque , l'objet, le motif de la stipulation.

I. *De la capacité des parties contractantes.* — Le principe de la capacité peut être entièrement stérilisé , ou seulement restreint par diverses causes d'incapacités absolues ou relatives. — Sont incapables d'une manière absolue , à cause de l'impossibilité physique où ils se trouvent d'articuler ou d'entendre les paroles consacrées , 1° les muets, les sourds (Institutes , titre 20 , *de inutilibus stipulationibus* (§ 7), 2° les absens (§ 12, *ibid.*), 3° les enfans , *qui fari non possunt* (§ 10, *ibid.*) ; à cause de leur impossibilité d'exprimer un consentement éclairé , 4° les furieux (§ 8 , *ibid.*).

Toutefois il importe de remarquer , à l'égard du pupille qui a dépassé l'âge de l'enfance, que s'il ne peut promettre et s'obliger en repondant à une stipulation , sans l'autorisation de son tuteur, il peut, même lorsqu'il est encore *proximus infantiæ* , stipuler valablement d'un autre, et obliger le promettant vis-à-vis de lui sans cette autorisation. On n'a pas perdu de vue le principe consigné dans le *præmium* du titre

20, liv. 1er des Institutes, de *auctor... tutorum* et rappelé dans le paragraphe 9 de notre titre de *inutil. stipulat.* : *Placuit meliorem quidem conditionem licere eis* (pupillis) *facere etiam sine tutoris auctoritate ; deteriorem, vero non aliter, quam cum tutoris auctoritate.* — Nous ne parlons ici que du pupille, qui est toujours *sui juris* par cela seul qu'il est pupille. Quant à l'enfant *alieni juris*, les textes posent cette règle si connue : *Qui in postestate parentis est impubes, ne auctore quidem patre obligatur* (§ 10, *ibid.*).

Toutes les personnes dont nous venons de parler sont incapables de promettre et de stipuler (sauf les dernières modifications à l'égard des pupilles) d'une manière absolue vis-à-vis de tous indistinctement, et la stipulation formée avec elles serait *inutile*, ɪɴᴜᴛɪʟɪѕ ; car telle est la locution technique des jurisconsultes Romains, que Tribonien a religieusement conservée, puisqu'il en a fait la rubrique du titre 20 précité.

Auprès de ces incapacités absolues viennent se placer des incapacités relatives : elles se réfèrent aux stipulations qui interviendraient entre des personnes unies par des rapports de puissance. Ainsi entre le maître et l'esclave, entre l'ascendant et le descendant engagé dans les liens de son autorité, toute stipulation serait inutile. *Inutilis est stipulatio, si vel ab eo stipuleris qui tuo juri subjectus est, vel si is à te stipuletur*, dit Tribonien, § 6, *ibidem*, d'après Gaius, comm. 3, § 104.

La stipulation suppose en effet une action réalisable de la part de celui qui stipule contre celui qui promet ; or, cette action ne peut jamais exister entre les personnes dont nous venons de parler, à cause de l'unité et de l'indivisibilité de leurs patrimoines et de leurs intérêts. Tous les textes sont unanimes à ce sujet ; (Instit. *de obligat. quæ ex delict. nascuntur*, § 12 ; — *de noxalibus act.*, § 6 ; — *de inut. stipulat.*, § 4). Les notions déjà exposées relativement au droit des pécules ne forment même pas exception à ces règles, car les fils de famille étaient, par rapport aux biens compris dans certains pécules, considérés comme des pères de famille (l. 2, ff. *ad senat. macedon.*

II. *Du consentement respectif du stipulant et du promettant.* — Il serait superflu de recourir à l'autorité des jurisconsultes pour constater ce principe vulgaire que les stipulations, comme tous les autres contrats, ne sont valables, c'est-à-dire, ne produisent d'action non susceptible d'être paralysée par une exception, que lorsqu'il y a consentement réciproque de toutes les parties (Ulpien, loi 1, § 3, ff. *de pactis*); que ce consentement doit être pur de tout dol (*ibid.*), de toute violence grave et illégale (*tot. tit.* ff. *de dol. mal.* (*ibid.*) *quod vi aut metus caus.*). Examinons seulement sous quels points de vue, ce consentement ou les caractères qu'il doit présenter sont considérés ici par Gaius et par Tribonien.

Le concours des volontés constitutif du consentement réciproque doit porter 1° sur *l'identité du corps* qui fait l'objet de la stipulation (*Inst. de inutil. stipulat.*, § 23); 2° sur les *quantités*, (§ 5 *de verborum obligat.*); 3° sur les *conditions* (*ibid.*); sur le *terme* (*ibid.*), et 4° plus généralement sur tout ce qui est de nature à augmenter ou à diminuer l'étendue de l'obligation. Pour mieux expliquer notre pensée, il faut qu'il y ait correspondance, harmonie, liaison intime, entre l'interrogation et la réponse, *consonans intellectus*, si nous voulons nous servir des expressions qu'emploie l'empereur Léon dans sa constitution précitée. Le texte indique suffisamment la sanction attachée à cette prescription lorsqu'il dit : *Inutilis est stipulatio, si quis ad ea quæ interrogatus fuerit, non respondeat* (*Ibid. de inutilib. stipulat.*, § 5).

III. *De l'objet de la stipulation.* — La stipulation peut avoir pour objet, c'est-à-dire pour but final le transport de la propriété, ou seulement de la jouissance ou de la possession d'une chose, ou bien la prestation d'un fait, *verbis obligatio contrahitur, cum quid* DARI FIERIVE *nobis stipulamur* (*ad præm de verb. oblig.*).... *Non solum* RES *in stipulatum deduci possum sed etiam* FACTA (§ 7, *ibid.*). — La chose stipulée peut être prise indistinctement dans la classe des choses mobilières ou immobilières (*ad præm. de inutilib. stipul.*), de celles qui existent actuellement, comme de celles dont on peut prévoir raisonnablement l'existence future (§ 1, *ibid.*). Le droit commun n'est soumis à ce sujet qu'à un petit nombre d'exceptions qui se réfèrent notamment aux choses exclues du commerce d'une manière absolue ou relative pour le stipulant, à celles dont ce dernier est déjà investi. On devrait d'ailleurs respecter encore à cet égard la maxime écrite dans le § 22 *de inutil. stipulat.* La sévérité de ces restrictions est telle, que la stipulation formée au mépris de leurs prohibitions serait frappée immédiatement dans sa racine d'un vice que ne détruiraient ni la bonne foi des parties ni la cessation des obstacles primitifs, et que le contrat qui était valable dès son origine, deviendrait inutile dès l'instant que l'objet stipulé tomberait, sans le fait du débiteur, dans une des cathégories que nous venons de mentionner. (§ 2, *ibid.*)

5

Les *faits* déduits dans la stipulation doivent être possibles (Celsus , loi 185 , ff. *de obligat. et act.*) , c'est-à-dire réalisables dans le sens physique et dans le sens moral (Pomponius , loi 26 , ff. *de verb. oblig.*).

Ils peuvent d'ailleurs être *négatifs* comme *affirmatifs aliquid fieri* , *vel non fieri* (Inst. *de verb. oblig.* , § 7) — Dans le même paragraphe Tribonien a le soin de reproduire le conseil que Venulejus avait donné à ceux qui stipulaient la prestation d'un fait affirmatif ou négatif , d'insérer une *clause pénale* dans la stipulation , pour le cas où le débiteur n'exécuterait pas ses obligations. — L'intérêt qu'offre l'addition de cette clause est suffisamment justifié par cette raison : *ne quantitas stipulationis in incerto sit, ac necesse sit actori probare quod ejus intersit.*

IV. *Du motif ou de la cause des stipulations.* — On entend quelquefois par *cause* (*causa*) l'exécution de la part de l'une des parties de l'obligation qu'elle s'est imposée. — Ici nous donnons à ce mot une acception différente , car il exprime le *motif déterminant* du contrat. — Ce motif doit être réel ; il ne doit répugner ni aux lois, ni aux principes de la morale.....

A l'aide des observations qui précèdent , il est permis de se former des idées exactes sur ce qui est de *l'essence* des obligations , et notamment de reconnaître que sans le concours de la capacité des parties , de leur consentement réciproque, d'un objet, d'une cause licites , toute stipulation serait inutile. A la réunion de toutes ces conditions est donc attachée la vie des stipulations valables.

SUBDIVISION DU § II.

De ce qui est ACCESSOIRE *ou* ACCIDENTEL *dans les stipulations.*

Les rédacteurs des Instituts ont examiné principalement , à ce sujet, l'influence sur la stipulation du *dies* (ou du terme) et de la *condition*. — Tous ces élémens ne sont qu'accessoires ou accidentels , puisque leur *absence* ne compromet en rien le sort du contrat dont ils modifient seulement l'existence et les effets. — Examinons , sans suivre cependant l'ordre adopté par Paul (L. 73 , ff. *de oblig. et action.*) sous quel point de vue les rédacteurs des Instituts ont considéré ces matières. — Après avoir fait remarquer avec Tribonien (*de verborum obligat.* , § 2) que toute stipulation peut être pure et simple , ou faite *in diem* ou *sub conditione* , entrons dans l'examen des textes.

Lorsque la stipulation est pure et simple, l'obligation est immédiate et l'action peut être aussitôt exercée.... *id confestim peti potest* (§ 2 , *ibid.*). Toutefois l'exécution de l'obligation dérivant d'une stipulation de cette espèce peut être différée , comme l'enseigne Paul (loi 44 , ff. *de verb. obligat.*) , tantôt par la nature même de son objet , *ex re ipsâ dilationem capit , veluti si id quod in utero sit.... stipulatus sit ;* tantôt *tacitè* , par la distance qui sépare le lieu où la stipulation doit être exécutée et celui où la promesse a été faite..... *Sic qui Carthagini dari stipulatur cum Romæ sit , tacitè tempus complecti videtur quo pervenīrī Carthaginem potest.* Tribonien après avoir reproduit ce second exemple (*ibid. de verb. obligat.* , § 4) ajoute à titre de conséquence : *ideò si quis* Romæ *ita stipuletur :* Hodiè Carthagini *dare spondes ? inutilis erit stipulatio , cum impossibilis sit repromissio.* Dans le cas où la stipulation avait pour objet la translation de la propriété ou de la possession , il fallait d'ailleurs accorder au promettant le délai moral qu'exigeait la réalisation de la tradition (*de inutil. stipulat.* , § 27).

L'obligation de payer périodiquement une somme d'argent au stipulant jusqu'à son décès , *decem aureos annuos quoad vivam dare spondes ?* n'empêche pas que la stipulation qui la renferme ne soit pure et simple. Paul consacre en effet la maxime : *ad tempus obligatio constitui non potest* , (loi 44 , ff. , *de obligat...*) et Tribonien a écrit long-temps après dans le même sens : *ad tempus non potest deberi.* (Inst. , *ibid.* , § 3). — En droit rigoureux cette stipulation ne s'éteint donc pas par la mort du stipulant (Paul *ibidem*). — Les Romains avaient précisé toutes les causes d'extinction des obligations , et le laps du temps n'était pas classé au nombre de ces causes ; mais par respect pour la volonté des parties on accordait au promettant une exception pour paralyser l'action que les héritiers du stipulant voudraient exercer (§ 3 , *ibid*).

La stipulation faite *in diem* peut être considérée sous un double rapport , *nam vel ex die incipit obligatio , aut confertur in diem,* dit. le jurisconsulte Paul, (loi 44 , ff. *de obligat. et actionil....*)

Le terme est-il considéré comme le moment auquel l'obligation doit finir, au moyen de l'exception qui résulte pour le débiteur de la convention ? la stipulation est faite *ad diem* , par exemple : *usque ad calendas dare spondes ?*

Est-il considéré au contraire comme le moment auquel elle doit être exécutée, la stipulation est faite *ex die* ou *in diem* (*ibid.*), par exemple : *decem aureos primis calendis martii dare spondes?* (*ibidem.*).

Envisagé sous ce dernier rapport, le terme apposé à la stipulation, *stipulatio in diem*, diffère l'exigibilité de la chose ou des faits compris dans l'obligation jusqu'à l'époque qui a été fixée, *ejus natura hæc est , ut ante diem non exigatur* (Paul, *ibid.*). — Mais le droit n'en est pas moins certain et irrévocablement acquis , *statim debetur , sed peti priusquam dies venerit non potest.* — Gaius disait encore à ce sujet : *Certum est debitum iri, licet post tempus petatur* (Inst. , comm. 3 , § 124). — Le plus souvent , le terme est censé apposé dans l'intérêt du promettant ; dès-lors le stipulant est tenu d'attendre , avant d'exercer son action , l'expiration du dernier jour utile (*Inst., de inutilib. stipulat.* § 26), précision d'une grande importance à cause des conséquences rigoureuses de la plus-pétition (Gaius , Inst. , com. 4 , § 53 et suivans; Justin. , livre 4 , tit. 6 , *de action.* , § 33).

Les théories qui précèdent se font remarquer par une grande simplicité , et néanmoins lorsqu'on les pénètre plus profondément , on ne tarde pas à découvrir des complications multiples , surtout par rapport aux variations qu'éprouva la jurisprudence Romaine au sujet du choix ou de la fixation du terme. Gaius (et après lui Tribonien) atteste qu'on ne pouvait vablement prendre pour terme de la stipulation une époque postérieure au décès du stipulant ou du promettant , parce que, dit-il, *inelegans esse visum est ex hæredis personâ incipere obligationem.* (Inst., comm. 3 , § 100). Il nous apprend encore qu'il était également défendu aux parties d'assigner pour cet objet , la veille de la mort du stipulant ou du promettant , *pridie quam moriar vel pridie quam morieris* , et cependant par une distiction assez difficile à expliquer d'une manière rationelle , il leur était permis de prendre pour terme le moment même du décès de l'une ou de l'autre , *cum moriar aut cum morieris* (*Just. Inst..,* § 15. *de Inut. stipulat.*).

Remarquons cependant que le stipulant était autorisé à fixer pour terme de la stipulation une époque postérieure à sa mort , (*postquam moriar dare spondes?*) , lorsqu'il avait le soin de s'adjoindre un tiers qui stipulait le même objet , et qui était désigné par cela même sous le nom d'*adstipulator.* — (Gaius , comm. 3 , § 110 et suivans, § 117). — Cet adstipulateur, dont les droits n'étaient pas transmissibles à ses héritiers (*ibid.*, § 114) exerçait vis-à-vis le débiteur les mêmes actions que le créancier aurait pu personnellement exercer, mais vis-à-vis du stipulant et de ses héritiers, il n'était qu'un mandataire comptable en cette qualité de tout ce qu'il aurait reçu.

Sous Justinien toutes les prohibitions, dont nous venons de parler, sont abrogées. — Les entraves qui avaient si long-temps gêné la liberté des conventions humaines disparaissent, il est désormais loisible aux contractans de fixer, pour terme de l'exécution des conventions, des époques qu'ils n'auraient pu choisir dans le droit antérieur. (§ 13 et 15 *Inst.*, *de Inut. stipulat... ibidem*).

Au reste, il n'avait jamais été défendu de fixer pour terme une époque postérieure *à la mort d'un tiers.* (§ 16, *ibid.*).

Une autre réforme non moins saillante que la précédente, fut opérée par rapport à la stipulation *præpostère.* On donnait cette qualification à la stipulation dans laquelle l'échéance du terme précédait l'événement de la condition. D'après le droit antérieur à Justinien, cette stipulation dont Tribonien nous donne un exemple (*si navis ex Asiâ venerit hodiè dare spondes*) avait été frappée d'une nullité radicale. Elle était sans doute d'un usage peu fréquent, car il paraît fort bizarre, que l'obligation et l'action fussent préexistantes à l'ouverture du droit lui-même, en d'autres termes que l'effet fut antérieur à la cause, ou comme l'écrivait Vinnius que la fille naquit avant la mère. — Justinien nous apprend que, convertissant en règle générale une modification exceptionnelle introduite par l'empereur Léon en matière de stipulations dotales, il déclara en principe que toutes les stipulations *præpostères* seraient désormais valables, mais en ce sens seulement que le stipulant ne pourrait agir qu'après la réalisation de la condition. — Inst., § 14, *de inutil. stipulat.*).

Passons aux stipulations conditionnelles. — Lorsque nous avons traité de l'institution des héritiers, nous avons encore été naturellement amenés à tracer les caractères de la condition en général qui se réfère, comme on le sait, à un *événement futur et incertain (Inst., de verb. obligat., § 6*), et de classer les diverses espèces de conditions reconnues par les jurisconsultes.

En tenant pour acquises les théories que nous avons exposées à ce sujet, nous nous bornerons à poser ici sommairement les règles suivantes qui embrassent toute l'économie des textes en matière de stipulations conditionnelles.

1° Une promesse n'est pas valable si elle est subordonnée à une condition purement *potestative* de la part de celui qui s'oblige , *nulla promissio potest constitui quæ ex voluntate promittentis statum capit* , disait le jurisconsulte Javolenus dans un de ses fragmens (Loi 108 , § 1er , ff. *de verborum obligationibus*).

2° Les conditions impossibles entraînent la nullité des stipulations , tandis que dans les institutions d'héritier et dans les legs, on l'a déjà vu , considérées seulement comme non écrites , elles n'élèvent pas d'obstacle à la validité de la disposition. (*Inst. de hæredib. instituend.* , § 10 *de inutil. stipulat.* , § 11.) — Les Proculéiens prononçaient indistinctement la nullité des legs et de la stipulation , proscrivant ainsi la disparité que nous venons d'exposer , et qui proposée par les Sabiniens , fut maintenue par Tribonien. — Gaius , disciple des Sabiniens , confessait lui-même (comm. 3 , § 98) qu'il était difficile d'expliquer d'une manière plausible la dissemblance de ces solutions. La raison qu'en donne le jurisconsulte Mæcianus dans un de ses fragmens (loi 31 ff. *de oblig. et act.*) ne nous a jamais paru fort séduisante , et peut-être le seul argument propre à la soutenir est pris dans la faveur spéciale dont jouissait à Rome l'exécution des dispositions à cause de mort, (Instit., liv. 2 , tit. 14 , *de hæredib.* , *Inst.* § 10).

Que si les conditions impossibles dans le sens physique étaient *négatives* , elles n'exerçaient aucune influence sur la promesse qui était alors considérée comme pure et simple. (*Inst.* , *de inut. stipul.*, § 11). Mais impossibles dans le sens moral, *affirmatives* ou *négatives* , elles la rendaient inutile.

C'est un principe commun aux conditions *possibles*, *affirmatives* ou *négatives* qu'elles tiennent en suspens le sort de la promesse, que tous les droits éventuels qui en dérivent se transmettent activement aux héritiers du stipulant mort avant l'événement de la condition , comme les obligations qu'elle impose se transmettent passivement dans le même cas aux héritiers du promettant : *ex conditionali stipulatione tantum spes est debitum iri ; eamque ipsam spem in hæredem transmittimus , si priusquam conditio exstet mors nobis contingat* (*Inst. de verb. oblig.* , § 4). La première partie de ce texte caractérise très-nettement l'influence des conditions possibles sur les stipulations. La stipulation est sans doute irrévocable en soi nonobstant la condition ; mais tant que cette condition n'est pas accomplie , il y a incertitude sur l'existence de la dette , *incertum est debitum iri :* le stipu-

lant n'a qu'une espérance, qu'une expectative qu'il trans-
mettra néanmoins à ses héritiers : *spes est tantum debitum
iri.* Créancier éventuel, il n'en est pas moins créancier (l. 24,
ff. *de obligat. et action.*), tandis que le légataire sous condition n'est pas créancier de l'héritier, tant que la condition
n'est pas accomplie, et s'il meurt avant cette époque, le legs
deviendra caduc (*ibid.*); ses héritiers personnels n'auront
rien à recueillir.

Il nous sera facile d'expliquer oralement la raison de ces
différences.

Il importe de remarquer que les conditions *négatives* imposées au stipulant sont assimilées au terme qui serait fixé au jour
de sa mort, en ce sens seulement que l'exécution de l'o-
bligation ne pourra être demandée que le jour même de
cette mort, bien que le stipulant offrît actuellement la caution qui en pareil cas, en matière d'institution d'héritier,
prenant le nom de *caution mucienne* (loi 79, ff. *de condit.
et demonstrat.*) autoriserait l'héritier à se mettre immédiatement en possession de l'hérédité ; *si quis ita stipuletur : si in capitolium non ascendero dare spondes ? pe-
rinde erit ac si stipulatus esset cum moreretur sibi dari*
(*de verb. oblig.*, § 4).

Si nous voulions suivre la méthode du jurisconsulte Paul
(loi 44, ff. *de obligationibus et actionibus*), nous devrions
parler ici des parties accessoires et accidentelles des stipulations désignées sous le nom de *modus*, d'*accessio*. — Mais
Tribonien ayant gardé, à ce sujet, un silence absolu, nous
préférons rattacher à cette partie de notre plan le titre 17
des Institutes de *duobus reis stipulandi vel promittendi*, et
le tit. 21 *de fidejussoribus*.

Le concours dans une même stipulation de plusieurs co-stipulans ou de plusieurs co-promettans, ou bien le concours
d'un second promettant qui, sous le nom de *fidejussor*, vient
accéder à l'obligation du débiteur principal ne constitue-t-il
pas un des élémens accessoires et accidentels des stipulations
en général? Notre méthode avait donc assigné d'avance à ces
titres la place qu'ils vont occuper.

I. *Du concours dans les stipulations de plusieurs co-stipulans et de plusieurs co-promettans.* — Jusqu'ici nous avons
entendu parler de la stipulation ordinaire de celui qui
intervient, entre un seul stipulant (*reus stipulandi*), et un
seul promettant (*reus promittendi*), c'est-à-dire entre un
seul créancier et un seul obligé. — Il est cependant des stipulations dans lesquelles on remarque le concours de deux ou

plusieurs co-stipulans , de deux ou plusieurs co-promettans. — Les premiers sont alors désignés dans les textes sous le nom de *duo pluresve rei stipulandi* , les seconds sous celui de *duo pluresve rei promittendi*. (Inst. , livre 3 , tit. 17 , *de duobus reis stipul. vel. promitt.*). Cette circonstance accidentelle du nombre des uns ou des autres ne changera pas la nature de l'obligation ; elle ne deviendra pas multiple ou complexe avec les personnes , il y aura toujours unité d'objet, unité d'obligation , *una est obligatio* , *una et summa est* , disait Ulpien (loi 3 , ff. , *de duobus reis stipuland. vel promittendi*). — Avant d'examiner les conséquences de ce principe , culminant en cette matière , demandons-nous à quels indices nous pourrons reconnaître l'existence d'une stipulation ou d'une promesse de cette nature.

Le *præmium* du titre précité des Institutes de Justinien va nous l'apprendre.

Il ne suffira pas que le promettant réponde successivement et séparément à chacun de ceux qui auraient stipulé de lui ; car dans ce cas il y aurait autant d'obligations distinctes, *alia atque alia erit obligatio, nec creduntur duo rei stipulandi esse* (*ibid ad præm.*). Mais il faudra que le promettant attende pour s'engager, que les stipulations de tous lui aient été adressées , et qu'après avoir entendu les interrogations des stipulans il réponde par exemple : *Utrique vestrum dare spondeo.* — Alors , mais alors seulement , il y aura cette *unité* d'obligation dont nous avons déjà parlé en nous servant du langage d'Ulpien. — Le texte du *præmium* précité nous fournit aussi un exemple de concours de deux ou plusieurs co-promettans qui contractent une même obligation.

C'est d'ailleurs une condition rigoureuse de *l'unité* de la créance ou de la dette, que les interrogations ou les réponses faites par deux ou plusieurs , se rapportent toutes à la même somme à payer, au même fait à réaliser, *at parem causam suscipiant*, pour employer encore les expressions d'Ulpien. Mais il n'est pas également nécessaire que les co-promettans, s'ils doivent être obligés pour le même objet, le soient aussi de la même manière. Ainsi d'après le § 5 *ibid*, qui a reproduit un texte de Florentin , (loi 7, ff., *de duob. reis stipul.*), l'un des co-promettans peut s'obliger purement et simplement , et l'autre *in diem vel sub conditione* , ce qui n'empêchera pas le stipulant d'agir immédiatement contre le premier. — Cette inégalité dans l'époque de l'exigibilité , même dans le sort de la dette ne détruit pas l'égalité de son objet (*paris causa*) et cette égalité est suffisante.

Le principe de *l'unité*, que ne détruisent pas les observations précédentes, domine toutes les théories de ce titre ; il se reproduit constamment dans presque toutes les solutions auxquelles il sert de base. — Ainsi chacun des co-stipulans est créancier pour le tout, comme chacun des promettans est débiteur du tout.... *ex hujusmodi obligationibus et stipulationibus solidum singulis debetur et promittentes singuli in solidum tenentur* (§ 1ᵉʳ *ibid.*), de là cette conséquence naturelle que le paiement reçu par un seul des co-stipulans et fait par un seul des co-promettans éteint les actions des autres co-stipulans, et libère tous les autres co-promettans, *vel alter debitum accipiendo, vel alter solvendo, omnium perimit obligationem et omnes liberat.*

II. *Du concours dans les stipulations d'un débiteur principal et d'un second débiteur qui accède à l'obligation de celui-ci, en qualité de fidéjusseur.* Si entre deux ou plusieurs co-promettans, il y a égalité de dette, *paris causa*, il n'en est pas ainsi en matière de fidéjussion ; la promesse faite par le fidéjusseur n'est que l'accessoire d'une promesse principale faite par un autre ; il y a sans doute dans ce cas comme dans l'autre, unité de dette, puisque c'est toujours le même objet qui est stipulé et promis, mais les obligations n'en sont pas moins différentes. — Il sera facile de s'en convaincre.

Le besoin ou le désir qu'éprouve un stipulant d'obtenir plus de sûretés pour l'exécution de la stipulation, a introduit l'intervention des fidéjusseurs, qui viennent s'obliger pour le promettant ; *pro eo qui promittit, solent alii obligari qui* FIDEJUSSORES *appellantur : quos homines accipere solent dum curant ut diligentius sibi cautum sit.* (Inst., liv. 3, tit. 21, *de fidejussoribus*). On les appelait fidéjusseurs (*fidejussores*) par dérivation des locutions consacrées dans les stipulations constitutives de leur engagement et toujours indispensables pour sa validité... Le créancier disait à celui qui était disposé à s'engager de cette manière : *fide tua esse jubes?* et il répondait : *fide mea esse jubeo.* D'autres que des fidéjusseurs pouvaient encore s'obliger pour un débiteur, *pro eo qui promittit.* Gaius nous apprend en effet (Comm. 3, § 115) que les lois reconnaissaient aussi des *sponsores* et des *fidepromissores*, ainsi désignés sous des qualifications toujours dérivées des locutions employées dans les stipulations qui leur étaient adressées : *Idem* DARI SPONDES ? *Idem* FIDE PROMITTIS ?

Les *sponsores* et les *fidepromissores*, régis par un droit uniforme (sauf l'exception introduite par la loi *Publilia*, et consignée dans le § 127 du comm. 3 des Instit. de Gaius *ibid.*),

6

se distinguaient des *fidejussores* sous plusieurs rapports. — C'est à Gaius seul (Inst. *ibid.*, § 118 et suivans) qu'il faut demander le parallèle * complet à établir entr'eux, car la *fidejussio* ayant dans la dernière période de l'histoire du

* Ce rapprochement est d'autant plus intéressant que le titre 21 des Institutes de Justinien, *de fidejussoribus*, n'est qu'un lambeau détaché par Tribonien des Institutes de Gaius. Les *sponsores* et les *fidepromissores* n'étant distingués que par leur nom, (sauf une exception toute particulière que nous indiquerons bientôt), nous les placerons sur la même ligne, en les comparant aux fidéjusseurs.

Résumons d'abord les différences.

1° Les *sponsores* et les *fidepromissores* ne pouvaient accéder qu'à des obligations parfaites par les paroles, sans qu'il fût nécessaire d'ailleurs que le promettant fût lui-même astreint par un lien obligatoire, *veluti si aut pupillus sine tutoris auctoritate, aut quilibet post mortem suam dari promiserit.* — Cependant tous les jurisconsultes n'étaient pas d'accord sur le point de savoir s'ils pouvaient cautionner une promesse faite par un esclave ou par un étranger. — Les *fidéjusseurs* au contraire pouvaient garantir toute espèce d'obligation, sans aucune distinction entre celles qui seraient parfaites par la tradition de la chose, par les formules verbales, par l'écriture, par le seul consentement. On n'exigeait pas non plus que le promettant fût engagé par une obligation civile, mais il fallait du moins que son engagement pût être classé au nombre des obligations naturelles.

2° L'engagement contracté par les fidéjusseurs se transmettait à leurs héritiers, tandis que celui des *sponsores* et des *fidepromissores* qui étaient citoyens romains était personnel et s'éteignait avec eux. (*ibid.*, § 120).

3° Les *sponsores* et les *fidepromissores* étaient primitivement soumis à une action perpétuelle vis-à-vis du stipulant qui pouvait demander à chacun d'eux la totalité de la dette; mais plus tard les lois vinrent successivement adoucir leur condition. — En l'année 652 de la fondation de Rome, la loi *Apuleia* (*de sponsu*) commença par établir entr'eux une sorte de société, en autorisant celui qui aurait payé des quantités supérieures à sa part contributive dans la dette, à exercer une action en répétition contre ses co-obligés. — Bientôt après (année 659) une seconde loi, la loi *Furia*, source de faveurs nouvelles, déclara que les *sponsores* et les *fidepromissores* seraient libérés dans le délai de deux années, lorsque le stipulant n'exercerait aucune action dans ce délai, et dans le cas où il exercerait ses poursuites en temps opportun, elle voulait que l'obligation se divisât en autant de parts qu'il existerait de répondans au moment de l'exigibilité de la dette, et que chacun d'eux ne fût tenu que jusqu'à concurrence de sa part virile.

La condition des fidéjusseurs était beaucoup plus rigoureuse. Étrangers aux bienfaits des lois *Apuleia* et *Furia*, toujours enlacés dans les liens d'une obligation perpétuelle, ceux-ci étaient tenus individuellement de la totalité de la dette. — Leur sort ne s'améliora que sous le règne de l'empereur Adrien, dont le rescrit autorisa les

droit remplacé seule la *sponsio* et la *fidepromissio*, Tribonien ne nous parle plus que des fidéjusseurs.

Celui qui accède, en qualité de fidéjusseur, à une obligation souscrite par un autre s'engage à désintéresser le

fidéjusseurs contre lesquels le stipulant demandait au Préteur une
formule d'action pour la totalité de la dette , à demander la
division de cette action en autant de parts qu'il existait de fidéjusseurs solvables *litis-contestatæ tempore*. — Cependant la loi
Furia, si favorable pour les garans de la première espèce, n'était
applicable que dans l'étendue du sol Italique. — Dans les provinces
il n'y avait dès-lors aucune différence entre les *sponsores* , les
fidepromissores et les *fidejussores* par rapport à la durée et à l'intensité des actions. — Les premiers avaient donc intérêt de recou-
·rir au rescrit d'Adrien pour obtenir le bénéfice de la division
des actions, bénéfice qu'on ne leur refusait pas à l'aide d'une interprétation bienveillante. — Que s'ils payaient des sommes supérieures à leur part contributive, ils étaient toujours fondés à se
prévaloir (pour agir en répétition contre leurs consorts) de la loi
Apuleia qui avait survécu , pour les provinces , à la loi *Furia*.
(§ 121 - 122).

4° Une loi (dont le nom nous est resté inconnu , à cause d'une
lacune du *manuscrit de Vérone*) obligeait les stipulans qui exigeaient la garantie des *sponsores* et des *fidepromissores* , à déclarer d'avance et publiquement (*prædicere et palam declarare*)
le nombre de ces garants et la quotité ou la consistance de la dette
garantie. — L'omission de cette déclaration ouvrait aux *sponsores*
et *fidepromissores* un droit précieux , celui de demander dans
les XXX jours un *præjudicium* dont l'effet était d'entraîner leur
libération , s'il était jugé que la formalité dont nous venons de
parler n'avait pas été remplie. Ces dispositions législatives ne s'éten-
daient pas aux fidéjusseurs ; mais l'usage associa plus tard ceux-ci
aux mêmes avantages (§ 123 *ibid.*).

Telle était la somme des dissemblances entre les deux classes de
garants.

Voici les règles qui leur étaient communes.

1° Les *sponsores*, les *fidepromissores* et les *fidejussores* se trouvaient tous compris dans les dispositions bienfaisantes de la loi *Cornelia*, qui avait déterminé , (à quelques exceptions près) la quotité
des sommes ou des valeurs au delà desquelles la même personne ne
pourrait, dans le cours de la même année, se porter garant pour le
même débiteur , en faveur du même stipulant. (*ibid.* , §§ 124 , 125.)

2° La condition de tous était encore identique, en ce que s'il leur
était défendu de contracter un engagement plus étendu , plus onéreux
que celui du débiteur principal , ils pouvaient du moins s'obliger par
un lien plus étroit.

3° Enfin ils avaient tous cela de commun, que le *judicium mandati* leur offrait le moyen d'obtenir du débiteur principal la restitution des sommes qu'ils avaient payées pour lui. — Il faut remarquer
à ce sujet, qu'une loi toute spéciale , la loi *Publilia* permettait aux
sponsores taxativement de demander par l'*actio depensi* , le remboursement du double. (*ibid.* , §§ 126 , 127).

stipulant, si le promettant lui-même ne le désintéresse pas. Il assume donc sur sa tête tout le poids de l'obligation principale, et ce poids il le transmet à ses héritiers (*ad præm.*, § 2 , *ibid.*). — De là cette conséquence que les fidéjusseurs ne peuvent être pris que dans la classe des personnes capables de s'engager. — Sous le règne de Claude un sénatus-consulte connu sous le nom de *sénatus-consulte Velleyen*, dont Ulpien nous a conservé le texte (loi 2 , ff. *ad senat. consult. vellei...*) , défendait aux femmes de s'engager pour autrui de quelque manière que ce fût et notamment au moyen de la fidéjussion.

Le fidéjusseur à la différence du co-promettant ne contracte pas une dette personnelle , il ne s'oblige que pour un autre auquel il rend un service d'ami. La promesse qu'il fait étant accessoire à une promesse principale , on en déduit les corollaires suivans :

1° Toute fidéjussion suppose une obligation principale valable, sinon d'après le droit civil, du moins d'après le droit naturel (*ibid.*, § 2). — Peu importe d'ailleurs que cette obligation soit du nombre de celles qui sont parfaites, *re*, *verbis*, *litteris* , *aut consensu* (*ibid.*) qu'elle soit préexistante , ou qu'elle soit *in futuro contingenti.* Néanmoins , si l'obligation principale est future , la fidéjussion sera nécessairement conditionnelle , en ce sens qu'elle ne puisera son efficacité que dans l'existence de cette obligation.

2° Le paiement fait par le débiteur principal ou l'extinction de la dette opérée par tout autre , libère en principe les fidéjusseurs qui avaient accédé à cette dette.

3° Les fidéjusseurs peuvent bien contracter des engagemens aussi étendus que le promettant , mais ils ne sauraient valablement en souscrire de plus étendus , *corum* (*fidejussorum*) *obligatio* ACCESSIO *est principalis obligationis* , *nec plus in accessione potest esse quam in principali re* (Gaius, Inst. , comm. 3 , § 126. — Justin. Inst. , § 5 , *ibidem*). La proposition inverse serait évidemment inexacte , car rien n'empêche que l'accessoire ne soit inférieur au principal. — Dès-lors , pour nous servir des exemples que nous trouvons dans le paragraphe 5 (*ibid.*), si j'ai stipulé du débiteur principal le paiement de X pièces d'or, le fidéjusseur peut bien ne s'obliger que jusqu'à concurrence de V, mais il ne le pourrait pas jusqu'à concurrence de XV ; ou bien encore si le débiteur principal a promis purement et simplement , le fidéjusseur pourra bien ne s'obliger que sous condition , tandis que la proposition contraire ne serait pas admise. En d'autres termes , libre de s'obliger *in leviorem causam*, il ne peut, d'après la nature même de la fidéjussion , s'obliger *in duriorem causam*, selon les expressions consacrées dans un fragment d'Ulpien (loi 8, § 7, ff. *de fidejussor. et mandat.*). — Il faudra donc, pour apprécier la validité du cautionnement, comparer les promesses du débiteur principal et du fidéjusseur, rapprocher les quantités promises, les conditions , l'époque de l'exigibilité ; car selon la juste observation que nous voyons écrite dans le paragraphe 5 (*Instit., ibid.*), *non solum in quantitate, sed etiam in tempore , minus aut plus intelligitur.*

Si les promesses du fidéjusseur étaient plus étendues que celles du promettant , faudrait-il déclarer la fidéjussion nulle pour le tout ou seulement la réduire aux proportions de la dette principale? Les interprètes ont été partagés à ce sujet, bien qu'un texte du fragment précité d'Ulpien, semble prononcer la nullité de la fidéjussion pour le tout.... *Quod si fuerint* (fidejussores) *in causam duriorem adhibiti , placuit eos* OMNINO *non obligari.*

Aucune controverse ne devait s'établir sur la nature des liens par lesquels le promettant et le fidéjusseur pouvaient s'engager vis-à-vis du stipulant... Tous les jurisconsultes ont en effet reconnu que s'il n'était pas permis au fidéjusseur de s'obliger *in duriorem causam*, il lui était du moins loisible de s'astreindre par un lien plus étroit et plus fort que celui du promettant (*arctiori vinculo*). — Ainsi une obligation civile résultant de la fidéjussion peut accéder , nous l'avons déjà dit, à une obligation purement naturelle. Les docteurs de la dernière école formulaient ces théories en disant : *fidejussor* INTENSIVE *obligari potest, non potest* EXTENSIVE.

4° Le fidéjusseur qui a été obligé de désintéresser le stipulant, a contre le promettant dont il a ainsi acquitté la dette, l'*actio mandati* pour se faire rembourser de tout ce qu'il a payé pour lui. — *Si quid autem fidejussor pro reo solverit , ejus recuperandi causa habet cum eo mandati judictum* (§ 6 , *ibid.*).

Toutefois si le fidéjusseur est en principe tenu de désintéresser le stipulant, lorsque le promettant ne le désintéresse pas lui-même, il ne faut pas croire que cette obligation ne subisse diverses modifications selon les circonstances. — En effet, par des déductions sans doute analogues à celles qui précèdent, le fidéjusseur pouvait, dès l'origine , exiger que le créancier commençât par actionner ou discuter le débiteur principal. — Ce droit constitua , pour les fidéjusseurs, un bénéfice que l'on appela *bénéfice d'ordre*, *ou de discussion*.

Le bénéfice de discussion tomba en désuétude dans le beau siècle de la jurisprudence, et dès-lors le stipulant était le maître d'actionner à son choix le débiteur principal ou le fidéjusseur, avec cette précision néanmoins que l'action par lui exercée contre l'un d'eux libérait définitivement celui auquel l'option avait été favorable. — Par une de ses Constitutions insérée dans le Code (loi 28, *de fidejuss...*), Justinien supprima ces effets de l'option du créancier, et rétablit bientôt après par sa Novelle 4, chapitre 1er, l'exception d'ordre ou de discussion.

D'un autre côté, lorsque plusieurs fidéjusseurs avaient accédé à la dette d'autrui, ils étaient tous solidaires vis-à-vis le stipulant, qui pouvait demander à chacun la totalité de la créance.

Le co-fidéjusseur, qui payait ainsi la totalité, n'avait de recours que contre le débiteur principal par l'*actio mandati* dont nous avons parlé, d'après le § 6 de notre titre. Mais il était privé de toute action en répétition contre ses co-fidéjusseurs, parce que, bien qu'il eût seul intégralement désintéressé le stipulant, il n'avait en cela fait qu'acquitter sa dette, et parce que d'ailleurs ce paiement avait de plein droit libéré tous ses co-fidéjusseurs qui avaient accédé comme lui à la même dette. — Pour obtenir cette répétition contre ses co-fidéjusseurs, il n'avait qu'à demander au créancier, auquel il offrait un paiement intégral, la cession des actions inhérentes à sa créance, et au moyen de cette subrogation à ses droits, il acquérait une action contre ses co-fidéjusseurs, et voyait s'augmenter sensiblement celles que le droit commun, c'est-à-dire, le *judicium mandati* lui garantissait contre le débiteur principal.

La cession des actions devait être faite par le créancier à l'instant même du paiement. Il ne pouvait la refuser au fidéjusseur qui opérait ce paiement pour la totalité; son refus aurait fourni à ce dernier une exception que les textes désignent, à cause de son origine, sous le nom d'*exceptio cedendarum actionum*. Julien caractérisait ce droit lorsqu'il écrivait : *Fidejussoribus succurri solet, ut stipulator compellatur ei qui solidum solvere paratus est, vendere cæterorum nomina* (loi 17, ff. *de fidejussor. et mand...*).

La cession d'actions, efficace pour le cessionnaire contre le débiteur principal et contre les co-fidéjusseurs, devenait illusoire lorsque ceux-ci étaient insolvables. Frappé de ces désavantages de la condition des fidéjusseurs qui avaient payé la

totalité de la dette, l'empereur Adrien l'améliora sensiblement. Par un de ses rescrits connu en jurisprudence sous le
nom d'*Epistola divi Adriani*, il autorisa le fidéjusseur qui
était recherché pour la totalité à demander au Préteur, à
qui le créancier s'adressait pour obtenir la formule de son
action, qu'il divisât l'action en autant de parts qu'il y avait de
co-fidéjusseurs solvables *litis-contestatæ tempore*, * et d'obtenir ainsi que le magistrat n'accordât à ce créancier contre
lui qu'une action partielle, divisée d'après les bases que nous
venons d'énoncer, *desiderare ut in se* PRO PARTE *detur actio*.
(Inst., § 4, *ibidem*). Ce bénéfice est connu sous le nom de
division d'actions. Par cet ordre, l'insolvabilité des co-fidéjusseurs antérieure à la *litis contestatio* pesait sur les co-
fidéjusseurs solvables, tandis que l'insolvabilité postérieure
retombait sur le créancier auquel le fidéjusseur actionné *in
solidum* opposait le rescrit d'Adrien; car si ce fidéjusseur
négligeait de s'en prévaloir, il souffrait seul de cette insolvabilité, soit qu'il réclamât ou non le bénéfice de la cession
d'actions.— Ainsi furent successivement admises dans l'intérêt
des fidéjusseurs trois espèces d'exceptions que nous venons de
présenter dans l'ordre historique; l'exception d'ordre ou de
discussion, l'exception de cession d'actions, enfin l'exception
de division. Le fidéjusseur pouvait opposer encore au créancier les exceptions que le promettant aurait pu lui opposer
lui-même, pourvu que ces exceptions fussent inhérentes à la
dette. (*Inst. liv.* 4, *de except.*, § 4).

A près cette espèce de digression relative aux co-stipulans,
aux co-promettans et aux fidéjusseurs, revenons à notre point
de départ, c'est-à-dire, à la série des propositions que
notre plan a promises.

Jusqu'ici nous avons vu 1° quelles sont les formes de la
stipulation; 2° quels sont les élémens essentiels ou accidentels
des stipulations. Il ne nous reste donc plus, pour compléter nos
cadres, qu'à parler de la manière dont elles se prouvent,
et qu'à déterminer les personnes à qui, lorsqu'elles sont prouvées, elles peuvent nuire ou profiter.

§ III.

De la preuve des stipulations et de leurs effets.

I. *De la preuve des stipulations.* — Nous avons rencontré
dans l'analyse des Institutes de Justinien trois textes relatifs

---

* Nous verrons, en traitant des actions, ce qu'on entendait
par *litis-contestatio*.

à la preuve des stipulations principales ou accessoires, savoir : les § 12 et 17 du titre 20 *de inutilib... stipulat....* et le § 8° du titre 21 de *fidejussoribus.*

On peut déduire de ces textes rapprochés la théorie suivante :

La déclaration faite dans un acte écrit, *in instrumento*, qu'une promesse a été faite, constate implicitement que cette promesse a eu lieu en réponse à une interrogation régulière et que le contrat verbal ne laisse rien à désirer (§ 17 *de inutil... stipulat..*). Il en est de même lorsqu'un document de cette nature établit qu'une fidéjussion a eu lieu ; *omnia consentur solemniter acta*, dit le § 8 *de fidejussoribus.*

Le document écrit constatant que les parties étaient présentes lors de la stipulation, ne pourra être attaqué comme énonçant un fait faux de la part de celui qui alléguerait avoir été absent, à moins qu'il ne prouve par les témoignages les plus évidens émanant, ou d'autres documens écrits, ou des attestations de personnes dignes de confiance, que pendant toute la durée du jour où la prétendue stipulation serait intervenue, son adversaire ou lui se trouvait dans un lieu différent (§ 12, *de inutil... stipulat...*). — Telle n'avait pas toujours été dans le Droit Romain, la force probante des témoignages écrits. Pendant long-temps il fut facile de les ébranler par des allégations plus ou moins futiles. — L'exécution loyale des engagemens en souffrait. La bonne foi des créanciers était à chaque instant surprise par les dénégations mensongères des débiteurs, surtout à l'égard des obligations d'une date ancienne. — Jaloux de mettre un terme à ces abus et de tarir, dans l'intérêt du public, une source si féconde en litiges (*propter celeritatem dirimendarum litium*), Justinien, par une de ses Constitutions adressée aux avocats de Césarée, proclama les sages principes que nous venons d'exposer.

A défaut de preuve écrite, l'obligation verbale pouvait encore être constatée par la preuve testimoniale, comme on le voit par l'ensemble du titre des Pandectes de *fide instrumentorum.* — Le titre (*ibid.*) *de testibus* renferme les règles les plus sures pour apprécier convenablement les élémens d'une preuve de cette nature, nécessairement la plus ancienne dans l'ordre de la civilisation.

II. *Des effets des stipulations.* — Constatées par des documens écrits, par la preuve testimoniale, ou de toute autre manière, à qui les stipulations peuvent-elles profiter ou nuire ? enfin quelles actions confèrent-elles au stipulant ?

C'était une règle invariable dans le droit Romain qu'une personne *sui juris* ne pouvait stipuler que dans son propre intérêt , *ad hoc inventæ sunt hujus modi obligationes* (stipulationes) , *ut unusquisque acquirat sibi quod sua interest... cæterum ut alii detur nihil interest mea* , disait Ulpien (loi 38, § 17, ff. *de verb. obligat.*) dont Tribonien a reproduit le langage (*Inst. de inutil. stipulat.*, § 19). Ulpien lui-même ne faisait que traduire cette maxime du jurisconsulte Q. Mucius Scævola qui florissait dans les derniers temps de la république : *nec paciscendo , nec legem dicendo quisquam alteri caveri potest* (loi 73 , § 4 , ff. *de div. reg. juris antiqui*).

Le stipulant ne pouvait donc stipuler que pour lui-même ; la stipulation qu'il aurait faite dans l'intérêt d'un autre ne pouvait profiter à celui-ci. Le § 5 du tit. 9 du 2e livre des Instit., *per quas person. cuiq. acquirit.*, nous avait appris déjà que nous ne pouvions acquérir par le ministère d'une personne *étrangère*, c'est-à-dire en dehors des liens de notre puissance , *per extraneam personam nihil acquiri posse.*

A côté de cette proposition nous placerons les exceptions suivantes, disséminées dans divers textes :

1° Il est permis aux personnes *alieni juris* de stipuler dans l'intérêt de ceux à la puissance desquels elles sont soumises. — Il y a mieux, on l'a déjà vu , le bénéfice de toutes les stipulations faites par le fils de famille est acquis à l'ascendant qui a sur lui le droit de puissance, comme l'émolument des stipulations de l'esclave est acquis à son maître. — Cette règle commune à toutes les obligations en général ressort de plusieurs titres que nous avons déjà parcourus, et c'est par une superfétation saillante que Tribonien développe encore la même proposition dans les titres 18e de *stipulat. verb.*, et 29 *per quas pers. nobis obligat.... acquiritur.*, qui n'ajoutent rien aux notions précédemment consignées dans le titre 9 précité du 2e livre de ses Institutes.

Incapables de stipuler pour d'autres que ceux sous la puissance desquels ils sont placés (sauf par rapport aux pécules pour lesquels ils sont considérés comme étant *sui juris*), les fils de famille peuvent valablement promettre et s'engager vis-à-vis d'un stipulant étranger pourvu qu'ils respectent les prohibitions du sénatus-consulte Macédonien dont nous parlerons en traitant des *Actions.* (*Inst.*, *liv.* 4, *tit.* 7 : *Quod cum eo... § 7).* Il n'en est pas de même des esclaves qui, privés de tous droits civils, ne pouvaient jamais se lier que par des obligations purement *naturelles*, soit vis-à-vis de leurs

7

maîtres, soit vis-à-vis des tiers. — Tribonien a fait ressortir cette inégalité de conditions lorsqu'il a dit dans la dernière partie du § 6, *de inutil. stip.*, qui trouve ici naturellement sa place : *servus quidem non solum domino suo obligari non potest civiliter, sed ne alii quidem ulli ; filii vero familias aliis obligari possunt.*

2° La stipulation faite par une personne *sui juris*, en faveur d'une autre est valable, 1° lorsque le stipulant ajoute dans son propre intérêt à l'obligation une clause pénale, pour le cas où le promettant n'exécuterait pas cette obligation (*de inutilib. stipulat...*, § 19, *ibid.*); 2° lorsqu'il avait stipulé et pour lui-même et pour autrui en même temps (*sibi et alii* §, 47 *bis*). Les écoles de Capiton et de Labeon s'étaient cependant divisées sur l'effet d'une telle stipulation. — Les Sabiniens estimaient que le stipulant pouvait réclamer la totalité de l'objet stipulé, tandis que les Proculéiens, dont Justinien adopte ici l'opinion (*ibid.*, § 4), ne lui conféraient des droits que jusqu'à concurrence de la moitié. (Gaius, Inst., comm. 2, § 103). 3° Enfin toutes les fois que le stipulant retirait un intérêt, cet intérêt ne fût-il *qu'indirect*, de la stipulation qu'il fait pour un autre. (§ 20, *ibidem*).

Le principe que nous avons posé n'a d'ailleurs jamais empêché le stipulant de s'adjoindre un tiers autorisé à recevoir comme lui le paiement de l'objet stipulé. Ce tiers était désigné, nous l'avons déjà remarqué, sous le nom *d'adstipulator*, et son intervention n'était employée presque taxativement que dans le cas où le stipulant se faisait promettre une chose payable après sa mort. (Gaius, § 117). — Sous Justinien on ne connaît plus *d'adstipulateurs* parce qu'il était permis aux stipulans de prendre pour terme de la stipulation une époque postérieure à leur mort. — Mais on n'en continue pas moins de tolérer l'adjonction d'une personne qui n'aura, comme *l'adstipulator* d'autre fois, qu'un droit non transmissible à ses propres héritiers, celui de recevoir (même malgré le stipulant, *invito eo*) le paiement dont elle sera comptable par l'action du mandat, vis-à-vis des stipulans ou de ses héritiers.

S'il n'est pas permis en thèse de stipuler dans l'intérêt d'autrui, et si par cela même les stipulations ne profitent qu'aux stipulans, il n'est pas non plus permis de promettre pour autrui. Une telle promesse qui n'engagerait pas son auteur, engagerait encore moins celui pour qui elle aurait été faite, suivant cette maxime de Papinien : *non debet alteri per alterum iniqua conditio inferri* (loi 74, ff., *de div. reg. jur. ant.*). Néanmoins si le promettant avait garanti que celui dont il a promis le fait exécuterait son obligation, cette promesse le liera en ce sens qu'en cas d'inexécution de l'obligation, il sera condamné personnellement vis-à-vis du stipulant, *in id quod interest* (*de inutil. stipul.*, § 3). — Un engagement de cette espèce est encore valable toutes les fois que le promettant se soumet à une clause pénale, dans le cas où la promesse par lui faite resterait sans exécution. (*Ibid.*, § 21).

Remarquons enfin que des stipulations, dérivent pour le stipulant deux actions, toutes deux *stricti juris* ; l'une CONDICTIO CERTI, lorsque l'obligation est déterminée, si *certa sit*, et l'autre ACTIO EX STIPULATU, si l'obligation est indéterminée, *si incerta sit* (*Inst.*, *de verb. obligat. ad præmium*). Mais que faut-il entendre par une obligation déterminée (*certa*), et par une obligation indéterminée (*incerta*)? L'obligation est déterminée, dit Gaius (loi 74, ff., *de verb. obligat.*) lorsque, *ex ipsâ pronunciatione apparet, quid, quale, quantumque sit* ; *ut ecce* AUREI DECEM, TUSCULANUS FUNDUS, HOMO STICHUS. — Elle sera dès-lors indéterminée (c'est Ulpien qui parle, loi 75, *ibid.*) *ubi non apparet, quid, quale, quantumque est in stipulatione*, par exemple, *si vel hominem generaliter sine proprio nomine, aut vinum, frumentum sine quantitate, dari sibi stipuletur* (*ibidem*).

Cette distinction qui exerçait sur la nature des actions à intenter une influence décisive, était fort importante, comme nous le verrons plus tard, à cause des conséquences qu'entraînait le choix ou plutôt l'exercice d'une action mal fondée.

CHAPITRE III.

Des Contrats qui se forment par l'écriture (de litterarum obligationibus).

Les diverses espèces d'obligations, dont nous avons parlé dans les deux chapitres précédens, étaient connues dans la première période de l'histoire de droit. — Il n'en est pas de même de l'obligation qui se formait *litteris*. Celle-ci ne fut en usage que dans le cours de la période suivante, et ne conserva même pas ses caractères primitifs jusqu'à la dernière phase de la jurisprudence, car les idées de Gaius et de Tribonien sont, à ce sujet, sensiblement différentes. — En effet, dans le cours de la troisième période, pendant laquelle Gaius écrivait, il y avait (Inst., comm. 3, § 128,

129 et suivans) obligation formée au moyen de l'écriture,
in nominibus transcripticiis. Le contrat supposait une obligation nouvelle née d'une convention préexistante, et qui apportait quelque changement soit à la chose due, *à re in per-*
sonam, soit seulement à la personne du débiteur, *à personâ*
in personam.

Les Romains, on le sait, étaient dans l'usage de tenir des
regîtres sur lesquels ils inscrivaient ce qui leur était dû et ce
qu'ils devaient à d'autres, c'est-à-dire, leur actif et leur
passif. — Dès qu'une dette était inscrite sur les regîtres du
créancier (lorsque d'un autre côté elle était portée sur les
registres du débiteur *), cette inscription constituait un
contrat que l'on appelait littéral (*litterarum obligatio*) —
L'écriture était destinée ici, comme dans les *arcaria*
nomina, à certifier seulement l'existence de l'obligation,
obligationis factæ testimonium præbere. — Elle en était le
principe substantiel, parce que l'obligation inscrite était le
résultat d'une novation, soit par la substitution d'une nouvelle dette à une dette préexistante (Gaius, *ibid.*, § 129,
130, 131, 133), soit par la substitution d'un nouveau
débiteur à l'ancien.

Il paraît que ce genre d'obligation n'était admis qu'entre
citoyens Romains. — Entre étrangers (*peregrinos*), on
considérait aussi les déclarations privées contenant des reconnaissances de dettes, comme des obligations formées par
l'écriture (*obligatio fieri videtur chirographis et syngra-*
phys); pourvu toutefois qu'aucune stipulation ne fût intervenue; car il y aurait eu obligation parfaite par les paroles
(*verbis*) et non par l'écriture (*litteris*).

Dans le Bas-Empire, les *nomina* dont nous avons parlé, et qui
étaient usités principalement, peut-être même exclusivement,
dans la 3ᵉ période, parmi les banquiers, tombèrent en désuétude. — Tribonien aurait dû par cela même n'admettre qu'une
triple division de contrats et passer sous silence la division dont

---

* Telle est du moins la précision que fait M. Ortolan (*Explication*
historique des Institutes de Justinien, d'après la paraphrase de
Théophile, et d'après Heineccius (*Vid. antiq. Rom.*, *lib.* 3, *tit.*
xvi-xx, *pag.* 459-60). — Les textes de Gaius semblent néanmoins
n'exiger l'inscription que sur les registres du créancier. Ce jurisconsulte écrit en effet dans le §. 129 : *A re in personnam trans-*
criptio fit, veluti si id quod ex emptionis causa aut conductionis
aut societatis mihi debes, ID EXPENSUM TIBI TULERO. — Dans le
§ 137, *ibid.*, on lit encore ..... *cum in nominibus transcripticiis*
alter expensum ferendo obliget, alius obligetur.

nous nous occupons. — Mais en travaillant à la compilation
de ses Institutes, surtout pour la partie des obligations, il
suivait d'une manière servile la méthode de Gaius dont il
adoptait généralement les cadres. — Cet esprit d'imitation
l'entraîna très-vraisemblablement à conserver dans son œuvre
élémentaire (les Pandectes ne font pas mention une seule
fois de l'obligation *litteris*), la division quadruple des contrats admis par ce jurisconsulte (Iust. comm. 3 , § 89). Il
lui fallut dès-lors pour remplir ses cadres prendre un exemple qui eût le plus d'analogie, non avec les *nomina transcripticia*, tombés en désuétude, mais avec les obligations
qui se formaient *chirographis* et *syngraphys* dont parle
Gaius, et il choisit, ainsi que le prouve le titre 22 *de litterarum obligationibus*, les reconnaissances constatant une
numération d'espèces qui , en réalité, n'avait pas eu lieu ,
reconnaissances que l'on considéra comme formant des obligations (*litteris*), lorsque dans le délai de cinq ans, ou
plutôt sous Justinien dans le délai de deux ans, le débiteur
ne s'était pas plaint du défaut de numération.

Ce qui fait ressortir à nos yeux d'une manière évidente la
pensée d'imitation de Tribonien , c'est que dans le titre
précité de *litter. obligat.* nous retrouvons exactement la précision que faisait Gaius au sujet des contrats formés *chirographis* et *syngraphys* : *scilicet si eo nomine stipulatio non
fiat*. Le compilateur qui s'est borné à changer les mots a dit
(*ibid*) : *et ex ea quidem nascatur conditio cessante verborum obligatione*.

Telles sont les conjectures que nous avons cru pouvoir
hazarder au milieu des interprétations plus ou moins obscures
que nous offrent les commentateurs *, au sujet d'une obligation qui, sous Justinien, n'est que d'une manière fort impro-
pre, *obligatio litteris*. Qui ne voit en effet, quoi qu'en ait
dit Tribonien, que l'écriture constitue seulement dans l'espèce par lui proposée la *preuve* de l'obligation , preuve contre
laquelle le débiteur ne peut plus s'élever à cause de la déchéance qu'il a encourue pour ne s'être pas plaint du défaut
de numération dans le délai fixé ? Il n'y a donc aucun rapport proprement dit entre les *nomina transcripticia* , dont

---

* Voyez encore à ce sujet Mynsinger et Vinnius dans leurs
Commentaires sur ce titre aux *Institutes de l'Empereur Justinien.* — M. Ducaurroy, *Institutes expliquées*, tom. 3, page
112 et suiv — M. Hugo, *Histoire du Droit Romain*, tome 1er,
pag. 448.

parlait Gaius, et les *litterarum obligationes* que Tribonien leur a substituées... *tota ratione abhorrent ab antiquâ litterarum obligatione, ea quæ de scripturâ post biennium obligante traduntur*, dit M. Mühlenbruch *.

CHAPITRE IV.

Des Contrats qui se forment par le seul consentement (solo consensu).

Les contrats dont nous allons parler ne s'introduisirent, de même que les *obligationes litteris,* que dans le cours de la 2ᵉ période de l'histoire du droit. — Ils présupposent tous par leur nature même, un degré de civilisation avancée, le sol national agrandi, l'industrie en état de progrès, des transactions intervenant entre des citoyens séparés par des distances plus ou moins considérables. — Ces quatre contrats sont la vente, l'achat (*emptio et venditio*), le louage (*locatio conductio*), la société (*societas*), et le mandat (*mandatum*). — Ils composent la quatrième division et sont désignés sous le nom de contrats *consensuels.* — Sans doute aucune des obligations que nous avons déjà passées en revue n'est valable sans le consentement respectif des parties ; nous l'avons déjà fait remarquer avec Ulpien qui parlait lui-même d'après Pédius (loi 1ʳᵉ, ff. *de pactis*) : *nullus est contractus, nulla est obligatio quæ non habeat in se conventionem*, et en ce sens tous les contrats sont consensuels. Mais cette qualification est devenue le partage exclusif et caractéristique des quatre contrats que nous venons de mentionner, parce qu'ils sont obligatoires et confèrent une action juridique, en vertu du seul consentement, sans le secours, ni de la tradition d'une chose, ni des formules de la stipulation, ni de l'écriture ; ce qui les distingue entièrement des trois autres espèces de contrats dont nous avons parlé jusqu'ici : *Ideò.... istis modis consensu dicimus obligationes contrahi*, disait Gaius (comm. 3, § 136), *quia neque verborum, neque scripturæ, ulla proprietas desideratur....* (Tribonien ajoute : *ac nec dari quidquam necesse est, Inst. tit. 23 de oblig. ex consensu*), *sed sufficit eos qui negotia gerunt consentire.*

Ces quatre contrats ont principalement cela de commun

---

* *Doctrina Pandectarum Scholarum in usum ; vol.* 2, *pars secund.*, pag. 250.

entr'eux , 1° qu'ils peuvent intervenir par le ministère d'un messager, ou par la correspondance, entre des personnes qui se trouvent dans des lieux différens, *inter absentes*; 2° qu'ils sont tous de bonne foi , *bonæ fidei* , caractère attributif pour le juge de pouvoirs fort étendus dans l'appréciation des différens auxquels ils peuvent donner lieu , ainsi que nous le verrons plus tard (Gaius, *ibid.*, § 137-138.— Inst., *ibid.*, *de oblig. quæ ex consens..*). Mais s'ils appartiennent tous à la même famille , chacun d'eux n'en a pas moins son individualité qui le soumet à des principes particuliers que nous allons successivement explorer avec les textes.

§ Ier.

De l'Achat et de la Vente (de emptione et venditione).

La progression qui préside à la formation des sociétés suffit pour nous faire comprendre que l'achat et la vente ne doivent pas être comptés au nombre des contrats orignaires. Les relations d'intérêt privé durent nécessairement commencer par des prêts, et surtout par des échanges , des choses les plus nécessaires à la vie. Le commerce à son berceau ne vécut que d'échanges. — Cependant ces transactions primitives se trouvèrent plus d'une fois entravées par les difficultés qu'éprouvaient les co-permutans de s'offrir des objets à leur convenance respective , et il fallut dès-lors créer une matière qui pût être considérée comme la valeur représentative de toutes les choses mercantilles , et avoir en même-temps une valeur commune pour tous. Sous l'influence de ces besoins impérieux, surgit l'argent monnoyé, *pecunia numerata, nummus*. — On distingua alors dans l'échange, d'une part un objet mercantille (*merx*), de l'autre , le prix de cet objet (*nummus*), et le contrat de vente, *emptio venditio*, prit naissance. — La vente est donc fille de l'échange ; *origo vendendi emendique à permutatione cœpit*, disait le jurisconsulte Paul auquel nous avons emprunté les notions qui précèdent (loi 1re, ff. de *contrah. empt.*).

Ce ne fut cependant pas sans de longues controverses, palpitantes d'intérêt à cause de leurs conséquences (loi 1re, ff. *de rer. permutat.*), que la vente parvint à conquérir une existence individuelle, distincte de l'échange dont elle descendait. — Influencés sans doute par cette filiation, les Sabiniens estimaient qu'il n'était pas nécessaire que le prix de la vente consistât en argent monnoyé. — Ils professèrent dans leurs

Écoles que ce prix pouvait consister indifféremment en objets d'une autre nature , par exemple , qu'un esclave pouvait servir de prix à un fonds de terre et réciproquement... Les Proculéiens, dont les théories reposaient généralement sur l'investigation sévère des causes et de la nature des institutions *, combattirent vivement une doctrine qui , à leurs yeux, confondait la vente avec l'échange et empêchait de reconnaître quelle était parmi les deux, la chose vendue et quelle était le prix , l'une et l'autre pouvant être considérée alternativement sous ce double rapport. — L'opinion des Proculéiens était fondée par cela seul qu'elle contenait l'expression des faits accomplis ; aussi avait-elle déjà prévalu à l'époque de Gaius (Inst. comm. 3 , § 121). Paul, malgré ses tendances vers les doctrines des Sabiniens , lui accorda son assentiment (loi 1re , ff. *ibid.*), que Justinien à son tour ne lui a pas refusé (Institutes , titre 24, *de emptione et vendit.* , § 2).

La vente forma donc un contrat *sui generis* dont les règles sont développées avec une grande diffusion dans plusieurs titres des Pandectes et auquel Tribonien n'a consacré que quelques paragraphes dans le titre 24 du 3e livre de *emptione et venditione*. Il n'a choisi pour ainsi dire dans toute cette matière qu'un seul point de vue , celui de la *perfection de la vente*, encore ce point de vue est-il loin d'être envisagé d'une manière complète.

Nous aurons dès-lors à examiner avec lui quels sont les élémens constitutifs de cette perfection et quels effets en dérivent.

La 1re partie du *præmium* pose à cet égard, d'après Gaius, (Inst. comm. 3 , § 139) ce principe que la vente est parfaite dès que les parties sont d'accord entr'elles sur le prix , *simul atque de pretio convenerit* , bien que ce prix n'ait pas été payé par l'acheteur et que des arrhes n'aient pas même été données , *quamvis nondum pretium numeratum sit , ac ne arrha quidem data.*

Avant d'examiner si cette proposition , qui semble faire consister la perfection de la vente dans l'accord des parties sur le prix , est exacte ou non, demandons-nous quels caractères ce prix doit présenter.

* Pour se former une idée convenable de l'esprit particulier des deux sectes des Proculéiens et Sabiniens on peut consulter avec fruit les *Prolégomènes des Pandectes de Pothier* qu'il importe cependant de modifier d'après les doctrines plus récentes de M. Hugo. (*Histoire du Droit Romain* , tome 2.)

Il doit, d'abord, consister en argent monoyé, puisque, nous l'avons déjà dit, cette précision a constitué en dernière analyse la ligne de démarcation entre le contrat d'échange, et le contrat de vente.

Indépendamment de cette première qualité, le prix doit encore être certain, *certum*. — Tous les jurisconsultes ont toujours été unanimes sur ce point. — Mais lorsqu'il fallut en faire l'application à une vente, dont le prix avait été laissé par les contractans à l'arbitrage d'un tiers, *quanti ille estimaverit*, un nouveau dissentiment s'éleva entre les disciples de Capiton et de Labéon. — Les premiers se prononcèrent pour la nullité radicale d'une semblable convention ; les seconds, moins rigoureux, la validèrent en la considérant comme une vente conditionnelle en ce sens que si le tiers remplissait le mandat qu'il avait reçu, le prix serait celui qu'il aurait arbitré, et que s'il ne voulait ou ne pouvait procéder à cet arbitrage, cette vente serait par cela même nulle (Gaius, *ibid.* § 140). L'opinion des Proculéiens l'emporte encore cette fois, auprès de Justinien, comme on le voit dans le § 1er, *ibidem*.

Enfin, le prix doit être sérieux, c'est-à-dire, qu'il ne doit pas offrir une trop grande disproportion avec la valeur réelle de l'objet vendu. S'il en était autrement, le contrat auquel on aurait donné le nom de vente ne serait en réalité qu'une promesse de donner, lorsque telle a été l'intention du vendeur (Loi 36, ff. *de cont. empt.*), et en l'absence de toute idée de libéralité, celui-ci pouvait, depuis la constitution des empereurs Dioclétien et Maximien, demander la rescision de la vente pour cause de lésion. Le texte de cette sage constitution fera suffisamment connaître et les motifs qui déterminèrent ses auteurs, et les cas dans lesquels elle pouvait être invoquée.

Un vendeur qui se plaignait d'avoir aliéné à vil prix un fonds de terre d'une valeur considérable, s'étant adressé à ces empereurs, ceux-ci lui répondirent : *Si* REM MAJORIS PRETII, *si tu vel pater tuus minoris distraxeris :* HUMANUM EST *ut vel pretium te restituente emptoribus* FUNDUM VENUMDA-TUM *recipias, auctoritate judicis intercedente ; etsi emptor elegerit, quod deest justo pretio recipias. Minus autem* PRETIUM *esse videtur, si* NEC DIMIDIA PARS VERI PRETII *soluta sit.* (Loi 2, Cod. de rescind. vendit.).

Tels sont les caractères que le prix doit offrir, caractères que les jurisconsultes ont développés dans toutes leurs conséquences ; parce que, selon Papinien (l. 72, ff. *ibid.*), le prix forme la substance de la vente, *emptionis substantia consistit in pretio.* — Tribonien semble lui-même avoir été préoccupé de cette pensée dans la rédaction de ses Instituts, où sur cinq paragraphes trois sont consacrés aux développemens des caractères que le prix doit avoir.

La question du prix est donc une question substantielle, vitale, en matière de vente. — Il ne faut pas croire cependant que lorsque les parties sont d'accord à ce sujet, la vente est par cela même parfaite ; car dans l'ordre même des idées, avant de s'occuper du prix, les contractans ont dû avant tout s'accorder sur l'objet même du contrat, c'est-à-dire sur la chose qui doit être vendue par l'un et achetée par l'autre.

Tribonien, bien moins explicite sur ce second élément essentiel de la vente que sur le premier, se borne à nous apprendre que pour la validité de l'obligation, il est nécessaire que la chose vendue soit dans le commerce. — L'application de ce principe n'exigeait aucune précision lorsque l'acheteur connaissait le vice de la chose, c'est-à-dire, son exclusion du commerce; mais lorsqu'il l'ignorait, s'il était privé, même dans ce cas, du droit de réclamer la tradition de l'objet, il avait du moins contre son vendeur de mauvaise foi, l'action *ex empto* à l'effet d'obtenir une indemnité proportionnée à l'intérêt qu'il aurait eu de ne pas être trompé, *ut consequatur quod sua interest eum deceptum non fuisse (ibid.).*

Il est encore nécessaire que la chose vendue existe, du moins en partie, au moment même du contrat; *nec emptio, nec venditio sine re quæ veneat, intelligi potest*, écrivait le jurisconsulte Pomponius (loi 8 *ibid.*). — Paul, qui ne pouvait se montrer dissident sur un principe de cette nature, a eu le soin d'apprécier le droit des parties en raison de leur bonne ou mauvaise foi, lorsque la chose vendue n'existait plus que partiellement au moment du contrat. (Loi 57, ff. *ibid.*).

Il n'était pas également indispensable que la chose vendue fût la propriété du vendeur. Celui-ci ne s'obligeait pas (cette précision du droit romain est digne de remarque), à transporter la propriété de cette chose sur la tête de l'acheteur. Le seul engagement qu'il contractait, c'était d'en faire jouir celui-ci, *ei habere licere*, pour nous servir des expressions consacrées, et dans le cas où il viendrait à être évincé, de le garantir des suites de cette éviction au moyen de *l'actio empti* dont les règles sont largement tracées dans les titres du Digeste *de action. empt. et vendit… de evictionib. et de stipulat. duplæ.*

La vente pouvait encore porter sur des choses corpo- relles comme sur des choses incorporelles, sur des choses fon- gibles comme sur des choses non fongibles, sur des droits cer- tains comme sur une simple espérance, même sur une simple chance (*quasi alea*) comme par exemple, *captus piscium… vel avium.*

Lorsque les contractans étaient d'accord et sur la chose (dont nous venons de développer les qualités) et sur le prix, lorsque d'un autre côté il y avait concours de volontés de leur part sur le fait même de la vente, alors, mais seulement alors, le contrat est parfait, car Ulpien a écrit : *cæterum sive in ipsâ emptione dissentiant, sive in pretio*, sive in quo alio, *emptio imperfecta est* (loi 9, ff. *ibid.*). — Il faut toutefois remarquer avec Gaius que lorsque la vente a pour objet des choses, *quæ pondere, numero, mensurâve constant,* si ces choses fongibles ne sont pas vendues en bloc (*per aversionem*), la vente n'est parfaite que lorsqu'elles ont été nombrées, pesées ou mesurées, en ce sens que la chose ven- due n'est aux risques et périls de l'acheteur qu'après ces di- verses opérations (loi 35, § 5, ff. *ibid.*).

L'écriture n'est pas, comme on le voit et comme l'avaient d'ailleurs fait pressentir nos prologomènes sur les contrats consensuels en général, un des élémens essentiels de la vente. — Il est loisible sans doute à ceux qui forment le projet de vendre et d'acheter, de faire de la rédaction d'un acte écrit (*instrumenti*), une condition de ce contrat, et si dans ce cas des arrhes ont été données, la seule sanction qu'elles obtien- nent, tant que la vente est restée ainsi dans les termes d'un simple projet, c'est d'obliger celui qui les a données de les perdre et celui qui les a reçues, de restituer le double à l'autre *. Mais en l'absence de cette convention, les ventes

---

* Le *præmium* de notre titre aux Institutes de *empt. et vendit.* renferme au sujet des *arrhes*, une difficulté sérieuse. Elles y sont en effet considérées sous deux points de vue tout-à-fait diver- gens. Dans le premier membre du texte, Tribonien qui reproduit en cela et d'une manière littérale les expressions de Gaius (comm. 3, § 139) déclare en principe que les arrhes sont une preuve de la perfection du contrat de vente, *quod arrhæ nomine datur argumentum est emptionis et venditionis contractæ.* Bientôt après et dans la dernière partie du même texte, Tribonien qui ne parle plus cette fois d'après Gaius, pose en

purement verbales sont valables et parfaites comme les ventes constatées par écrit, au moyen de la réunion des conditions dont nous venons de parler.

Quels sont les effets de la perfection de la vente ?

Cette perfection était attributive d'une double action ; l'une en faveur de l'acheteur (*actio empti*), par laquelle, lorsqu'il offrait de payer le prix, il pouvait contraindre le vendeur à lui faire la tradition de la chose vendue avec ses adminicules et les accessions dont elle avait profité depuis la perfection du contrat, et l'autre en faveur du vendeur (*actio venditi*), par laquelle il obligeait l'acheteur à lui payer le prix avec les intérêts à compter du jour de la tradition. — L'acheteur qui n'avait pas rempli cette obligation ou qui de toute autre manière n'avait pas désintéressé le vendeur n'était saisi, bien que la chose lui eût été livrée, que d'une propriété conditionnelle et révocable. — Justinien nous l'avait appris dans le titre 1er du 2e livre des Instit. *de res... divis.* : *venditæ vero res et traditæ, non aliter emptori acquiruntur, quam si is venditori pretium solverit, vel alio modo ei satisfecerit, veluti expromissore aut pignore dato.* — La loi des XII Tables avait elle-même formulé ce principe

principe à l'égard des ventes constatées par écrit comme à l'égard des ventes verbales, que celui des contractans qui éprouvera des regrets de s'être engagé, pourra se désister du contrat (*recedere ab emptione et venditione*) en perdant les arrhes qu'il aura données ou en doublant celles qu'il aurait reçues.

Comment concilier des solutions si contradictoires ? Faut-il dire avec Vinnius et Pothier qu'il ne s'agit dans le second membre du *præmium* que d'une vente *projetée* et non d'une vente *parfaite*, et qu'alors les arrhes y sont regardées *tanquam argumentum emptionis et venditionis non* CONTRACTÆ *sed* CONTRAHENDÆ ? ou bien est-il permis de conjecturer avec M. Ducaurroy (Inst. expliquées, t. 3, p. 126 et suivantes) que par une dérogation aux principes de l'ancien droit, attestés par Gaius et reproduits au commencement du *præmium*, la remise des arrhes a été convertie sous Justinien en un simple *dédit* dont les effets se réduisaient à la perte de ces arrhes de la part de celui qui les avait comptées et la restitution du double de la part de celui qui les avait reçues ? — L'opinion de Vinnius nous a paru jusqu'ici préférable. Elle a sans doute le grave inconvénient de faire violence à la lettre du texte, d'admettre l'interprétation là où le langage du législateur semble formel et positif ; mais il répugne d'un autre côté de croire que, par forme de transition, Justinien ait abrogé les théories du droit ancien, auxquelles il donne d'abord sa sanction. La précipitation qui a évidemment présidé à la rédaction du *præmium* est la seule cause de la difficulté.

d'éternelle justice, qui avait sa base non-seulement dans le droit civil, mais encore dans le droit naturel. — Que si le vendeur, renonçant aux actions que lui garantissait la nature même du contrat, suivait la foi de son vendeur, la propriété de l'objet vendu faisait alors définitivement impression sur la tête de l'acheteur, alors même que celui-ci n'avait pas encore payé le prix (*ibid.*).

La perfection de la vente ne pouvait avoir pour résultat de transférer sur la tête de l'acheteur le *dominium rei venditæ* sans le secours de la *mancipatio* ou de la *cessio in jure*, ou de la simple *traditio*, selon que la chose vendue était *inter res mancipi vel nec mancipi*. — Le vendeur qui n'avait pas encore livré restait donc, malgré la perfection du contrat, propriétaire de l'objet vendu : *qui nondum rem emptori tradidit adhuc dominus est*. (Inst. § 4, *ibid.*). Nous rencontrons encore ici le principe : *non nudis pactis sed traditionibus dominia rerum transferuntur* (Loi 20, *Cod. de pact.*).

A Rome le droit était implanté dans la terre. Pendant long-temps le droit augural, symbole et fondement de tous les autres droits, fut attaché à la possession d'une partie, peut-être même d'une seule glèbe de ce champ privilégié qui, limité par une géométrie sacrée, était désigné sous le nom d'*ager romanus*. — Ces traditions religieuses et politiques exerceront sur la jurisprudence une influence qui survivra aux conquêtes des Plébéiens et aux mœurs primitives. Chez les Romains du Bas-Empire comme chez les anciens Quirites, la propriété ne commencera qu'avec la possession, et par suite l'acheteur ne sera maître de la chose vendue qu'après u'i aura été mis en contact avec elle.

La perfection de la vente offre encore cela d'important qu'elle met la chose vendue aux risques et périls de l'acheteur et, par une juste réciprocité, le fait profiter de tous les avantages, de tous les accroissemens qui peuvent en augmenter le volume, la valeur : *omne periculum et commodum rei venditæ ad emptorem pertinet*. Tribonien explique la convenance de cette réciprocité en invoquant l'axiôme vulgaire : *commodum ejus esse debet cujus periculum est*. C'est donc sur la tête de l'acheteur que retombe la perte totale ou partielle de l'objet vendu, quoique non livré, par suite de ces accidens que l'on qualifie vulgairement de cas fortuits, et dont les Institutes (§ 3, *ibidem*) nous offrent plusieurs exemples. Malgré ces accidens il n'en est pas moins toujours tenu de payer la totalité du prix; *emptoris damnum est*;

cui necesse est, licet rem non fuerit nactus, pretium solvere
(*ibid.*). — On le voit; l'adage si connu : *res perit do-*
mino, ne prédomine pas dans ces théories, car il aurait fait
supporter toutes les pertes au vendeur, toujours investi de la
propriété jusqu'à la tradition. Une autre maxime que nous
avons déjà fait connaître, a prévalu : *Debitores certi corporis*
interitu hujusce corporis liberantur. — Le vendeur est débiteur de l'objet vendu, il se trouve donc nécessairement
libéré dès que ce corps a péri.

Après avoir exposé cette doctrine, Tribonien a le soin de
nous faire remarquer que le vendeur est en retour chargé,
jusqu'à la tradition, de veiller à la conservation de la chose
vendue, et que s'il n'a pas à souffrir des pertes ou des détériorations que cette chose éprouve, ce n'est qu'à cette condition que l'acquéreur n'aura ni dol ni faute à lui reprocher.

L'exactitude et la vigilance qu'il doit apporter à cette conservation sont celles qu'un bon père de famille apporte habituellement à la conservation de sa propriété. — Cette règle
posée par Gaius et confirmée ici par Justinien (§ 3, *ibid*),
nous paraît préférable à celle du jurisconsulte Paul qui
déclare (loi 3, ff. *de periculo et commodo rei vend.*), que
la responsabilité du vendeur par rapport à ses fautes est
aussi large que celle du commodataire; *custodiam autem*
venditor talem præstare debet quam hi quibus res commo-
data est. Entre l'acheteur et le commodataire ne remarque-
t-on pas en effet une différence essentielle puisque le premier
ne profite pas seul du contrat de vente tandis que le commodataire profite exclusivement (nous l'avons dit), du commodat ?

Des conventions particulières peuvent dans l'espèce, comme
dans tous les contrats indistinctement, modifier sur ce point
les obligations du vendeur, c'est-à-dire augmenter ou diminuer sa responsabilité en cas de perte ou de détérioration de
l'objet vendu, dans l'intervalle qui sépare la perfection du
contrat de la tradition de cet objet. — Dans tous les cas il
est généralement tenu de céder à son acheteur les actions
qu'il peut avoir et dont l'exercice est de nature à procurer
quelque utilité à ce dernier (*ibid.*).

Le § 4 (*ibid.*) nous apprend encore que la vente peut
être pure et simple comme elle peut avoir lieu sous condition,
emptio tam sub conditione quam pure contrahi potest. Ces
conditions sont tantôt suspensives, tantôt résolutoires. —
Enfin le contrat de vente est susceptible d'être modifié par un
grand nombre de pactes dont nous donnerons un aperçu dans

nos explications orales, et notamment par la *in diem addictio*, la *lex commissoria*, le *pactum de retro vendendo*.

§ II.

Du Louage (locatio conductio).

Le contrat de vente, il est facile de s'en apercevoir, est complexe ; il se forme par la double action de celui qui vend et de celui qui achète (*emptio venditio*). Il en est de même du contrat de louage (*locatio conductio*), qui se forme aussi par une double action, celle de la partie qui donne à titre de louage, *locatio*, et celle de la partie qui prend au même titre, *conductio*.

Dans la vente, nous l'avons vu, le vendeur ne s'oblige pas précisément à transférer à l'acheteur la propriété de la chose vendue, en ce sens que s'il n'est pas propriétaire, la seule obligation qu'il contracte c'est d'en faire jouir paisiblement l'acheteur, *habere ei licere*, ou tout au moins, en cas de trouble ou d'éviction, de l'indemniser, *præstare id quod interest.* — Mais s'il est propriétaire il sera tenu par l'*actio empti* de se dessaisir de la propriété en faveur de l'acheteur.

Dans le louage, il n'est jamais question de déplacer la propriété ; j'en atteste ces paroles d'Ulpien : *non solet locatio dominium mutare* (loi 39, ff. *locat. conduct.*) —Tantôt en effet, c'est le propriétaire d'une chose mobilière ou immobilière, d'un fonds de terre comme d'un bâtiment * qui confère à un autre, moyennant une rétribution en argent, l'usage de cette chose; tantôt c'est une personne qui en charge une autre d'exécuter un travail, une entreprise, une opération quelconque (pourvu qu'elle soit licite) toujours moyennant une somme d'argent.

Ici c'est un ouvrier-maître qui reçoit des apprentis pour les former dans la profession qu'il exerce (loi 13, §4, ff. *locat.*). Là c'est un nautonnier qui se charge d'un transport de marchandises (§ 1er *ibid.*). — Ulpien raisonne dans l'espèce d'une commission donnée à un artiste de polir ou bien d'enchâsser une perle, *gemma includenda aut insculpenda* (loi 13, § 5, ff. *ibid.*). Labéon suppose qu'une convention a pour objet un canal à creuser, *rivum faciendum* (loi 62,

---

* Le conductor d'un fonds de terre prend le nom de *colonus* ; le conductor d'un bâtiment celui d'*inquilinus*.

ff. *ibid.*). Dans toutes ces hypothèses il y a *locatio conductio*. — Lorsqu'il s'agit de l'usage ou de la jouissance des choses mobilières ou immobilières on donne le nom de *locator* à celui qui confie à l'autre le droit d'user ou de jouir, et de *conductor* à celui qui reçoit la chose pour exercer cet usage ou cette jouissance. Lorsqu'il s'agit au contraire de travaux à faire, d'entreprises à réaliser, si assez généralement on désigne sous la dénomination de *locator*, celui qui fournit son industrie pour une rétribution, et de *conductor* celui qui donne l'ouvrage à faire et paie cette rétribution, souvent néanmoins les deux contractans peuvent être considérés tour à tour comme *locator* et *conductor*, l'un vis-à-vis de l'autre. En effet, celui qui charge un autre d'un travail moyennant un salaire est tout à la fois *locator* de ce travail (OPERIS), dont il confie l'entreprise, et *conductor* des soins ou de l'industrie que doit fournir l'entrepreneur; et réciproquement l'entrepreneur, l'industriel, devient *conductor* de l'entreprise et *locator* de son industrie.

Il faut donc distinguer deux espèces de louage; le louage ayant pour objet l'usage ou la jouissance d'une chose mobilière ou immobilière et le louage d'un ouvrage ou d'industrie, (*operæ*, *operis locatio*) pour nous servir des expressions de Paul (loi 18, ff. *ibid.*).

N'est-il pas permis de penser que le louage d'ouvrage est plus ancien que le louage des choses? Pour celui-ci, ne peut-on pas conjecturer encore que l'on commença par les locations d'objets mobiliers dont l'usage est presque toujours indispensable? que bientôt après on passa au louage des terres, locations qui durent être primitivement *emphythéotiques* et qu'enfin on en vint aux louages des maisons?

Les locations de maisons, dit Vico [*], ne pouvaient avoir lieu lorsque les cités étaient petites et les habitations étroites [**].

Du contrat de louage comme du contrat de vente dérivaient deux actions, l'une attribuée au locator, *actio locati*, principalement pour contraindre le *conductor* au paiement de la rétribution convenue, à la restitution de la chose après le termé fixé, au paiement des indemnités qui pourraient être

[*] Philosophie du Droit, *traduction de M, Michelet, tom. 2, page* 116.

[**] M. Hugo fait remarquer qu'à Rome les locations d'immeubles eurent pour objet particulièrement ceux qui appartenaient à la république. *Histoire du Droit Romain, tom.* 2, *pag.* 451.

dues pour cause de perte ou de dégradation , dont ce *con-*
ductor serait responsable ; et l'autre , attribuée au conductor
actio conducti , dont Ulpien a caractérisé si nettement l'objet
lorsqu'il a dit : *ex conducto actio conductori — com-*
petit ex his causis fere : ut puta si re quam conduxit frui ei
non liceat, forte quia possessio ei aut totius agri aut partis
non præstatur, aut villa non reficitur, aut stabulum, vel
si quid in lege conductionis convenit si id non præstat,
ex conducto agetur. (Loi 15 , *locat. conduct.*)

Ce contrat offre de nombreux points de contact avec
l'achat et la vente..... *similibus regulis consistit* , disait
Gaius (Inst. , comm. 3 , § 142) ; *proxima est (locatio-*
conductio) , *emptioni et venditioni* , dit Tribonien (Inst. ,
tit. 25, *de locat. et conduc. ad præmium*). — En effet, dans
le louage comme dans la vente , il est nécessaire qu'il y ait
un prix , qui est désigné en cette matière sous le nom de
MERCES et que ce prix soit sérieux (loi 46, *ibid.*); — il doit consister aussi en argent monnoyé (sauf cependant lorsqu'il s'agit
du louage d'une chose productive de fruits à l'égard de laquelle
on peut stipuler , d'après une constitution des empereurs Dioclétien et Maximien que le prix , *merces* , sera une quantité
de ces fruits , loi 21 , Cod. *de locat. conduct.*). Ainsi , pour
reproduire l'exemple consigné dans le § 3 des Inst. , *ibidem* ,
si deux voisins ayant chacun un bœuf convenaient de les
accoupler pour s'en servir alternativement , *si placuerit inter*
eos ut per denos dies invicem boves commodarent ut opus
facerent, leur accord ne constituerait pas un commodat ,
car l'usage que ferait l'un de l'animal appartenant à l'autre
ne serait pas gratuit ; elle ne constituerait pas non plus un
louage puisque le prix ne serait pas payé en argent , mais
seulement compensé par un usage de même nature. Dès-
lors les contractans n'auraient qu'une action , *l'actio ex*
præscriptis verbis à laquelle on recourait , ainsi que nous
l'apprennent les jurisconsultes Celsus et Julien (lois 2 et 3
ff. *de præscriptis verb.*) , toutes les fois que l'on n'avait pas
une action spéciale nominativement formulée et qu'il s'agissait d'une convention qui n'avait reçu aucune dénomination
individuelle.

Enfin , le prix du louage pouvait , comme le prix de
la vente , être laissé par les contractans à l'arbitrage d'un
tiers (§ 2 , *ibid.*) ; mais il fallait qu'au moment même du
contrat on se fût confié à cet arbitrage, car Tribonien nous
apprend que si je charge un ouvrier de certaines réparations
à faire à mes vêtemens moyennant un salaire , qui sera plus

tard déterminé entre nous , cet accord ne caractérise pas un
contrat de louage. Il n'y aura pas également un mandat ,
puisque l'ouvrier ne doit me fournir ses soins et son travail
que moyennant un salaire. Ce sera donc un contrat innommé,
qui d'après les théories que nous venons de poser , donnera
encore lieu à *l'actio ex præscriptis verbis*. — Telle est la
solution que donne Justinien (§ 3 , *ibid.*) à une question
encore controversée du temps de Gaius (Inst. *ibid.* , comm. 3,
§ 143).

L'affinité ou l'analogie, *familiaritas*, dit Tribonien *ibid.* ,
§ 3, d'après Gaius, *ibid.* , § 145 , qui unissaient le contrat
de vente au louage étaient si intimes, que l'on ne savait trop
les distinguer l'un de l'autre dans un grand nombre de conventions et notamment dans les deux espèces suivantes :

1° Le propriétaire d'un héritage en conférait à un autre
la jouissance perpétuelle moyennant une redevance annuelle ,
(*pensio sive reditus*) en s'interdisant de lui retirer , ainsi
qu'à ses héritiers ou à ses ayant cause le droit concédé , tant
que le preneur ou ses représentans seraient exacts à payer la
redevance. — Jusqu'au règne de l'empereur Zénon les avis
étaient partagés sur la nature d'une convention de ce genre
d'un usage très-fréquent à l'égard des immeubles appartenant à des municipalités (Inst. , comm. 3 , § 145). Les uns
estimaient qu'elle constituait une vente , les autres un louage.
— Il paraît cependant que du temps de Gaius la majorité
des opinions se prononçait déjà pour le louage. Par une de
ses Constitutions mentionnées, et confirmées dans le § 3 des
Inst. (*ibid.*), l'empereur, dont nous venons de parler , in-
dividualisa cette espèce de convention en déclarant qu'elle
constituerait sous le nom d'ЕМРНУТÉОSE (*Emphyteusis*) [*] un
contrat distinct du louage et de la vente, *proprium genus
contractus*. Régi désormais par des principes particuliers, ce
contrat produisait des effets plus ou moins étendus selon les
accords des parties; à défaut de conventions, la destruction
totale de la chose donnée à titre d'emphytéose retombait sur
le bailleur , et le preneur devait supporter de son côté les
pertes partielles, et la chance de tous les accidens nuisibles
qui détérioraient cette chose sans absorber entièrement sa
substance. (§ 3, *ibid.* — Loi 3, Cod. *de jur. emphyt.*).

2° Des difficultés semblables, sous quelques rapports , s'élevaient encore dans l'hypothèse prévue par Gaius (*ibid.* 147

_____

[*] Du mot grec ɛμφντɛυω, ensemencer , cultiver, améliorer.

et reproduite par Tribonien, § 4, *ibidem*), au sujet de la convention suivante : je suis demeuré d'accord avec un orfèvre, que celui-ci me façonnerait avec ses lingots des anneaux d'un poids et d'une forme donnés, moyennant une rétribution qui a été fixée. Le jurisconsulte Cassius voyait dans cet accord une vente à l'égard de la matière première et un louage à l'égard de l'industrie que l'artiste devait fournir; mais cette distinction n'avait pas prévalu, car Gaius nous atteste que le plus grand nombre des Prudens ne voyaient dans cette convention qu'un seul contrat, *unum negotium*, un contrat de vente (*ibid.*, § 147). Que si je m'étais obligé à fournir à l'orfèvre l'or avec lequel celui-ci confectionnerait, moyennant un salaire, les anneaux que je lui ai demandés, il n'y aurait évidemment plus dans ce cas qu'un louage puisque l'industriel ne fournirait que sa main d'œuvre. — Tribonien donne son assentiment à ces diverses précisions. — Il marche, comme on le voit, presque constamment sur les traces de Gaius, sans rappeler toutefois les exemples de quelques controverses analogues, auxquelles donnaient lieu ces traités odieux par lesquels un individu s'obligeait souvent à livrer un nombre donné de gladiateurs, ou aux Édiles chargés d'organiser ces jeux sanglans pour repaître la curiosité d'un peuple dégradé, ou « à des factieux qui les lâchaient » comme des dogues furieux sur la place publique contre » leurs ennemis et leurs concurrens (*ibid.*, § 146). * » — Le Christianisme contribua puissamment, on le sait, à proscrire pour toujours ces usages barbares. D'un autre côté le despotisme impérial épuisa tous les partis, toutes les passions politiques, et on comprend dès-lors que les rédacteurs des Institutes de Justinien aient laissé à l'écart ces vestiges d'une jurisprudence qui, pour les sujets des empereurs de Constantinople, n'offraient plus qu'un intérêt purement historique.

La plus grande partie des observations générales qui vont suivre, démontre de plus en plus l'homogénéité des principes qui lient la vente au louage; nous la retrouvons à chaque pas; elle domine toute notre matière. Tribonien, on l'a vu, encore entraîné par l'exemple de Gaius, en a fait, avec intention, comme le frontispice de notre titre.

1° Le contrat de louage comme le contrat de vente peut être pur et simple ou subordonné à une condition (loi 20,

* *Vid.* M. Michelet, *Histoire de la République Romaine*, tom. 2, pag. 242-243.

ff. *locat. conduct...*). Il est parfait dès que les parties sont d'accord sur la chose et sur le prix. (*Inst. ad præmium, ibid.*).

2° De cette perfection dérive la double action dont nous avons parlé. L'*actio locati*, attribuée au locateur ou bailleur, l'*actio conducti* attribuée au conducteur ou preneur.

Ces actions se modifient en outre en raison des conventions spéciales qui doivent toujours être exécutées (Inst., § 5 *ibid.*), et le juge est toujours autorisé à suppléer, *ex æquo bono*, aux omissions échappées aux contractans (*si quid in lege* [contractus] *prætermissum fuerit.*)

3° Si la chose vient à périr ou à se détériorer, le *conductor* qui l'a en son pouvoir n'est tenu de cette perte ou de cette dégradation que lorsqu'il n'a pas apporté à sa conservation le zèle que tout bon père de famille apporte à la conservation de son patrimoine. Ulpien lui traçait toute l'étendue de ses devoirs lorsqu'il disait : *Item prospicere debet conductor, ne aliquod vel jus rei, vel corpus deterius faciat, vel fieri patiatur* (loi 11, § 2, ff. *locat. conduct.*). Dans le louage d'ouvrage l'artiste est d'ailleurs toujours responsable des résultats de son impéritie ainsi que nous l'enseigne le même jurisconsulte (loi 13, § 5 *ibid.*). Par suite tous les cas purement fortuits retombent sur la tête du locator qui reste propriétaire de la chose louée. — Cependant, s'il fallait prendre à la lettre le texte de notre § 5°, au sujet de la responsabilité du conductor, il en résulterait qu'il serait astreint à donner à la garde de la chose tous les soins que pourrait avoir l'homme le plus attentif, *diligentissimus pater familias*. Mais le contrat de louage procurant des avantages réciproques au locator et au conductor, il nous a paru plus convenable de modifier avec Cujas et Vinnius le sens de ce texte, et de n'assujettir le *conductor* qu'à une surveillance égale à celle que l'on retrouve chez tout bon père de famille.

4° En traitant de l'usufruit, nous avons reconnu que le droit était tellement inhérent à la personne de l'usufruitier, qu'il s'éteignait de plein droit par sa mort. (*Inst. de rerum divis.*, § 36; *de usufructu*, § 3). — Il n'en est pas de même en matière de louage ; par application de la règle du droit commun, formulée par le jurisconsulte Celsus (loi 9, ff. *de prob.*), *plerumque tam hæredibus nostris quam nobis-me ipsis cavemus*, si le preneur décède avant l'expiration du louage, ses héritiers prendront sa place et seront admis à exercer ses droits comme ils supporteront les charges qui lui étaient imposées.

§ III.

Du Contrat de société (societas).

Dans l'enfance de Rome comme dans l'enfance de tous les peuples, le contrat de société devait être inconnu par un effet de l'isolement naturel des premiers hommes, chaque père de famille s'occupant uniquement de ses affaires [*].

Chez les Romains, nous l'avons fait remarquer, ce contrat ne prit naissance que dans le cours de la 2ᵉ période de l'histoire du droit. — Peu favorisé par les lois dès son origine, il devint bientôt plus fréquent surtout entre Publicains [**]. — Les progrès de la civilisation, l'essor que prit le mouvement social, ne tardèrent pas à lui donner de grands développemens ; et bien que l'industrie et le commerce n'aient pas été l'objet d'une culture privilégiée, de la part d'un peuple chez qui le génie agricole et le génie guerrier absorbaient toutes les autres passions, les jurisconsultes de la 3ᵉ période s'occupèrent cependant de déterminer avec soin les caractères de ce contrat, si utile à l'homme qui retire le plus souvent de l'association d'inappréciables avantages et puise dans son principe de grandes ressources et de puissans moyens d'action.

De la réunion des fragmens de ces jurisconsultes surgit, sous la main des compilateurs de Justinien, le titre du Digeste dans lequel cette matière est traitée avec une précision remarquable ; c'est le titre 2 du livre xvii *Pro socio*. — En composant ses Institutes, Tribonien crut aussi devoir consacrer à ce contrat un titre spécial, le titre xxv *de societate*. — L'économie des textes qui s'y trouvent classés appellera successivement notre attention sur les points suivans : 1° distinguer les diverses espèces de sociétés en usage chez les Romains ; 2° déterminer la force légale de certaines conventions par lesquelles les associés peuvent régler entr'eux le partage des profits et des pertes, et à défaut de conventions, poser les bases de ce partage ; 3° déterminer enfin la durée de la société, les différentes causes qui peuvent entraîner sa dissolution, le degré de responsabilité des associés les uns vis-à-vis des autres par rapport aux fautes qu'ils peuvent commettre. Cette méthode est à peu près celle que Gaius avait lui-

[*] Vico, *Philosophie de l'Histoire*, tom. 2, pag. 117.

[**] M. Hugo, *Histoire du Droit Romain*, tome 2, pag. 451.

même suivie dans ses Institutes, comm. 3, § 148 et suivans.

I. Avant de considérer combien d'espèces de sociétés distinguaient les jurisconsultes Romains, il importe de préciser convenablement les caractères de ce contrat, qui, comme on le sait, est parfait par le seul consentement des parties (Inst. tit. 23, *de obligat. quæ ex consensu*), et qui peut d'ailleurs, comme nous l'enseigne Paul, *coïri vel in perpetuum*, *id est dum vivunt*, *vel ad tempus*, *vel ex tempore*, *vel sub conditione* (loi 1re, ff. *pro socio*). — Il ne faut pas confondre la société avec l'état de communauté ou d'indivision; Ulpien a le soin de distinguer ces deux choses (loi 31, ff. *ibid.*). — Lorsqu'une même hérédité est recueillie par plusieurs personnes, lorsqu'une chose est achetée par elles en commun, il y a indivision et communauté entr'elles, mais il n'y a pas *société*; pour que ce contrat existe, il faut que des idées d'association, *affectio societatis*, pour nous servir des expressions du même jurisconsulte (*ibidem*) aient amené cet état de communauté, *societatem intercedere opportet*. Il faut que par le concours de leurs volontés elles aient mis quelque chose en commun dans l'intention de partager les profits qui en seront le fruit, *nec sufficit rem esse communem nisi societas intercedit* (*ibid.*).

Maintenant, nous pouvons dire avec le même jurisconsulte que les Romains distinguèrent plusieurs espèces de sociétés; la société, *universorum bonorum*, qui embrassait l'universalité des biens présens et à venir des associés; la société, *universorum quæ ex quæstu veniunt*, qui embrassait tous les profits, tous les bénéfices que les associés pouvaient faire, à l'aide de leur industrie (car Paul précisant le sens de cette locution technique, *quæstus*, a dit : *quæstus intelligitur quod ex operâ cujusque descendit*); la société qui n'a pour objet qu'une seule espèce d'opérations, *alicujus negotii*, par exemple, l'achat et la vente des esclaves; la société que l'on appelait *vectigalis*, et enfin la société relative à un seul objet non complexe, *alicujus rei* (lois 5, 7 et 8, ff. *ibid.*, Gaius, comm. 3, § 148. — *Justin.*, *Inst.*, *de societate ad præmium*).

Avons-nous besoin de faire remarquer que toutes les sociétés doivent avoir pour objet des faits ou des opérations licites? Ulpien ne flétrissait-il pas énergiquement toute espèce d'association illicite en disant : *delictorum turpis atque fœda communio est* (loi 53, *ibidem*)?

La société se forme ou par l'apport de mises d'argent, ou de matières premières destinées à être façonnées, ou de choses productives, ou d'une industrie seulement. — Il n'est pas nécessaire que les apports soient d'une nature homogène. L'un, peut n'apporter que son industrie, tandis que l'autre fera une mise d'argent ou de tout autre objet : l'industrie est en effet souvent l'équivalent d'un apport matériel, *sæpe enim opera alicujus pro pecunia valet*, disait Gaius, et quelquefois même elle est supérieure, ainsi que nous le verrons bientôt. Lorsque les apports sont homogènes, il n'est pas même nécessaire qu'ils soient d'une valeur égale.

II. Toute association a pour but final la réalisation d'un lucre, d'un profit de la part de ceux qui s'associent. Il arrive cependant plus d'une fois que loin d'atteindre leur but les associés éprouvent des pertes. Comment partager entr'eux selon les événemens ces profits et ces pertes ?

La première règle que pose à cet égard Tribonien, c'est qu'il faut respecter les conventions faites par les sociétaires, *quod si expressæ fuerint partes, hæ servari debent.* (Inst., *ibid.*, § 1er). Les sociétaires sont donc libres de fixer des parts inégales dans les profits et dans les pertes, et on n'avait jamais douté, par exemple, qu'il ne leur fût permis de stipuler que l'un aurait deux parts des profits et des pertes, l'autre un tiers seulement. (§ 1er, *ibidem*). — Le § 3 ajoute que les parts stipulées pour les profits seulement seront sous-entendues être les mêmes pour les pertes, et réciproquement.

Si ces théories ne furent jamais contestées il n'en était pas de même du point de savoir si les associés pouvaient stipuler une inégalité relative entre la part des bénéfices et la part des pertes, par exemple s'il était permis de convenir que Titius prendrait deux parts des bénéfices, et ne supporterait qu'une seule part des pertes, tandis que Séjus au contraire supporterait deux parts des pertes et ne prendrait qu'une seule part dans les bénéfices. Selon Quintus-Mucius une semblable convention répugnait à la nature du contrat de société ; mais l'opinion contraire de Servius-Sulpicius avait prévalu. Ce dernier jurisconsulte allait même beaucoup plus loin puisqu'il professait (ce qui fut encore admis) que la clause qui attribuerait à un des sociétaires une part dans les profits et l'affranchirait de toute participation aux pertes serait valable, pourvu toutefois que son travail ou son industrie eussent assez de prix pour légitimer une telle disproportion, *si tanti sit opera quanti damnum est*, et selon Ulpien ou plutôt selon Gaius (149) *si modo opera ejus tam pretiosa videatur ut æquum sit, cum cum hac pactione in societate admitti...* Pour expliquer cette solution Ulpien nous propose les exemples suivans :

sicius si solus naviget, *si solus peregrinetur*, *pericula subeat solus* (loi 29 , *ibid.* § 1 , ff.).

En rapportant à son tour ces théories de Servius-Sulpicius, Tribonien a le soin de nous faire remarquer que le sociétaire ne pourra utiliser la convention dont nous parlons que sur les profits qui resteraient, déduction préalablement faite des pertes éprouvées. Paul a formulé, en effet, cette règle générale : *neque enim lucrum intelligitur nisi omni damno deducto,* et réciproquement , *neque damnum nisi omni lucro deducto.* (Loi 30, ff. *ibid.*).

Les sociétaires , il est facile de le reconnaître , jouissaient d'une grande latitude. Une seule convention leur était interdite , c'était de stipuler que l'un prendrait tous les bénéfices , tandis que l'autre supporterait toutes les pertes , *ut alter lucrum tantum , alter damnum sentiret.* Ce pacte était proscrit comme contraire à la nature du contrat de société qui exige que tous les associés aient une part dans les bénéfices ; Ulpien appelait une société de cette nature *iniquissimum genus societatis.* — On la distinguait vulgairement, d'après Cassius, sous le nom de société LÉONINE , *societas Leonina* (loi 29 , ff. *ibid.*).

La participation de tous les sociétaires aux bénéfices , quelque modique que soit leur part , est donc de l'essence du contrat de société , tandis qu'il n'est pas nécessaire que tous , nous l'avons déjà dit , participent aux pertes.

Tel était le droit qui régissait les conventions des associés.

A défaut de ces conventions les parts des associés dans les bénéfices et dans les pertes étaient égales ; Tribonien (Iust. , § 1er, *ibid.*, empruntant à peu de chose près le langage de Gaius, *ibid.*, § 150), a dit : *et quidem si nihil de partibus lucri et damni nominatim convenerit , ÆQUALES scilicet partes et in lucro et in damno spectantur.*

Tous les jurisconsultes Romains sont unanimes à ce sujet. — Mais lorsqu'il faut préciser le genre d'égalité dont parlent leurs fragmens , c'est-à-dire, lorsqu'on se demande s'ils consacrent le principe d'une égalité *proportionnelle* aux mises ou aux apports de chaque membre de la société , ou d'une égalité *absolue* indépendante de la valeur de ces mises, la controverse commence parmi les interprètes. — Dans le conflit d'opinions qui s'est élevé à cet égard, nous donnerons dans nos explications orales la préférence à celle qui se fondant sur un texte de Proculus (loi 80 , ff. *pro socio*), et sur la nature même du contrat de société, admet le principe de l'égalité proportionnelle.

— 73 —

III. Si le consentement réciproque de tous ceux qui veulent s'associer est nécessaire pour la perfection du contrat de société, la persévérance de ce conse n tement unanime est une condition indispensable de la durée de ce contrat. — C'est ce qui faisait dire à Gaius (*ibid.*, § 151 , *Inst. ibid.* , § 4) , *manet societas eousque donec in eodem sensu perseveraverint.*

Le dissentiment ou plutôt la volonté de l'un des sociétaires de rompre la société, cette volonté nouvelle que les textes désignent sous le nom de *renunciatio* suffit pour opérer (dès qu'elle a été notifiée), la dissolution du contrat à l'égard de tous les associés, par exception aux principes du droit commun, qui n'admettent la dissolution des contrats que par l'effet du consentement respectif de tous ceux qui les ont formés; *cum* ALIQUIS *renunciaverit societati, solvitur societas* (*ibid.*).

Autour de cette proposition principale viennent se grouper plusieurs observations qui en modifient sensiblement la portée. Paul nous apprend d'abord, que lorsque les associés ont déterminé d'avance la durée de la société, la renonciation faite par l'un des associés avant l'expiration du terme convenu , est toujours considérée comme *intempestive.* On ne pouvait sans doute retenir un associé malgré lui dans les liens de la société sans ouvrir une source de contestations incessantes et de pénibles déchiremens; mais s'il est permis à l'associé de renoncer à l'association au mépris de ses engagemens , sa renonciation n'aura d'autre résultat que de dégager ses associés vis-à-vis de lui , sans le dégager vis-à-vis de ses associés; *qui societatem in tempus coït , eam ante tempus renunciando, socium à se , non se à socio liberat.*, disait le jurisconsulte Paul (L. 65 , § 6, ff. *pro socio*).

Que si la durée de la société n'a pas été fixée, les associés sont toujours libres de rompre le contrat, *renunciare.* — La renonciation est dans ce cas toujours opportune lorsqu'elle n'est pas faite dans le but de frauder la société. Tribonien nous donne (§ 4 , *ibid.* d'après Gaius , § 151, *ibidem*), l'exemple suivant d'une renonciation frauduleuse. J'ai contracté avec vous une société *universorum bonorum*, dans laquelle doivent entrer toutes les hérédités qui pourront écheoir à l'un et à l'autre ; une hérédité lucrative s'est ouverte en ma faveur et je me suis aussitôt empressé, avant de faire acte d'adition , de renoncer à la société pour profiter seul par ce moyen des émolumens de cette adition , *ut hæreditatem solus lucrifaciam... callide.... renunciavi* (§ 4 , *ibidem*). Nonobstant

10

ma renonciation, je n'en serai pas moins tenu de vous faire part des avantages que me procurera ma qualité d'héritier, tandis que si l'hérédité était onéreuse, seul j'en supporterais les charges. Cette conséquence se déduit du principe déjà posé qu'une renonciation intempestive ou frauduleuse, *dolo malo renunciatio facta*, ne dégage pas le renonçant à l'égard de ses associés, alors qu'elle dégage ceux-ci vis à-vis de lui. Gaius fait cependant à ce sujet cette précision importante que l'associé ne sera tenu de mettre en communauté que les bénéfices en considération desquels il a renoncé et qu'il a voulu s'approprier exclusivement par sa renonciation frauduleuse ; tous les autres bénéfices lui seront dévolus exclusivement, *si quid aliud lucrifecerit quod non* CAPTAVERIT, *ad ipsum solum pertinet* (*ibid.*, § 151). Quant aux bénéfices réalisés par ses associés postérieurement à cette renonciation, ils seraient aussi sans difficulté leur propriété exclusive ; le renonçant ne pourrait, d'après ce que nous avons dit, y prétendre aucune part. (*Ibid.*, § 151).

La société se dissout encore par la mort, par la plus grande ou la moyenne diminution de tête d'*un seul* des associés, par la confiscation de tous ses biens,... *publicatione universorum bonorum* ; enfin par la cession de biens que l'un des associés succombant sous le poids de ses dettes est obligé de consentir à ses créanciers (Gaius 152, 153, 154, *ibid.* — Justin., Inst., § 5, 7 et 8, *ibidem*). — Dans ces divers cas, le contrat est rompu, non seulement à l'égard de celui auquel la cause de la dissolution est personnelle, mais encore entre tous les autres associés étrangers à cette cause, à moins qu'il n'y ait une convention contraire); le lien formé par l'association est brisé dans toutes ses parties, *solvitur societas*. La société ne continue pas avec les héritiers de l'associé qui est mort ou qui a subi la plus grande ou moyenne diminution de tête, parce que le choix des associés dépend d'une confiance qui est toute personnelle, *qui societatem contrahit certam personam sibi eligit*, disait Gaius (*ibid.*, § 152). Elle ne continue pas non plus entre les associés survivans ou étrangers à la cause de la dissolution, parce que celui qui consent à s'associer à plusieurs personnes, forme avec elles une communauté d'intérêts qu'il n'aurait peut-être pas formée avec chacune d'elles séparément, ni même avec quelqu'une d'elles seulement.

L'héritier de mon associé ne devient donc pas mon associé *nec hæres socii succedit* (loi 65, ff. § 9, *pro socio*), pas plus que l'associé de mon associé n'est mon associé, *socii mei socius,*

socius meus non est. (Ulp., l. 20, ff. *ibid*). — Les héritiers de l'associé n'auront qu'un droit, celui de se régler avec les associés de leurs auteurs, relativement à toutes les opérations consommées... *quod ex actu gesto pendet.* Il importe toutefois de noter ici avec le Jurisconsulte Gaius (dont la pensée n'a pas été obscurcie par les lacunes de cette partie de ses Institutes) que l'associé, privé de ses droits de citoyen par la plus-grande ou la moyenne diminution de tête, et celui dont tous les biens ont été vendus en justice, ont la faculté de contracter une société nouvelle, par cette raison que le contrat de société est du droit des gens. (Inst., *ibid.*, §§ 153 et 154).

Il est presque inutile de faire remarquer que la société est encore dissoute par l'expiration du délai fixé et par la réalisation ou la conclusion des opérations ou des entreprises pour lesquelles elle avait été spécialement formée.... *si alicujus rei contracta societas sit, et finis negotio impositus est, finitur societas.* (Inst., § 6, *ibid.*).

Du contrat de société dérive en faveur de chacun des associés une action réciproque, connue sous le nom d'*actio pro socio.* — L'ensemble des textes prouve qu'elle a pour objet la tradition des choses promises par chacun des associés ; la restitution du principal, des intérêts et des fruits des objets dont un des associés a profité personnellement, alors qu'il était tenu de les mettre en commun ; la réparation du préjudice qu'il a causé à la société par son fait ou par sa négligence, enfin la reddition des comptes et la dissolution de la société (lois 52, § 8 ; 63, § 5 ; 65, *ad prœmium*, 72 et 73 ff. *pro socio.*

Tribonien ne parle de l'*actio pro socio* que par rapport à la responsabilité des associés les uns vis-à-vis des autres. De quelle faute sont-ils tenus dans la gestion des opérations sociales? exigera-t-on d'eux la même surveillance, le même zèle que l'on doit attendre de tout bon père de famille ? ou bien se contentera-t-on de la part de l'associé, pour les intérêts de la société, du soin qu'il apporte à ses intérêts personnels ? Les Institutes décident la question dans ce dernier sens. Cette solution repose sur la considération suivante : *qui parem diligentem socium sibi adsumit de se queri sibique hoc imputare debet.* (Inst., § 9, *ibid.*). Heineccius qui trouve cette raison insuffisante, estime qu'il est plus convenable d'appuyer cette théorie sur ce que l'associé doit se reprocher de n'avoir pas rompu la société avec une personne dont il a connu la négligence , *sibi imputare debet socius quod ex negligentis hominis societate non excesserit.*

Le contrat de société établit entre tous les associés un lien si intime qu'ils sont considérés comme des frères. Tout le monde connaît ce beau texte d'Ulpien (loi 63 , *ad præm.* ff. *pro socio*) : *societas jus quodammodo fraternitatis in se habet.* Cette fiction , qui exerce sur les rapports des associés entr'eux une grande influence , justifie un privilége tout particulier connu sous le nom de *beneficium competentiæ* dont ils jouissent les uns vis-à-vis des autres et que nous examinerons plus tard en traitant des actions. (Inst., liv. 4, tit. 6, *de action.*, § 38).

§ IV.

Du Mandat (mandatum).

Nous avons qualifié , avec les textes , du nom de louage , la convention par laquelle un individu stipule d'un autre que celui-ci fera quelque chose moyennant une rétribution déterminée, *pro mercede.* Le *mandat* au contraire, n'est qu'une mission gratuite donnée par l'un et acceptée par l'autre. La *gratuité* est de l'essence du mandat, *sciendum est mandatum nisi gratuitum sit in aliam formam negotii cedere.* (Gaius , comm. 3 , § 162. — Just. , Inst. , *de mandato* , § 13). Paul expliquait cette précision en disant : *Mandatum originem ex officio atque amicitiâ trahit... contrarium ergo est officio merces...* (Loi 1re, ff. *mandat. vel. cont.*).

La gratuité du mandat n'exclut pas toutefois la promesse de certaines rémunérations que les textes désignent sous le nom d'honoraires..... rémunérations qu'il est impossible de confondre avec des salaires ou des rétributions qui sont le prix de soins, de travaux matériels toujours appréciables.

Le mandat , *mandatum* , (mot dont quelques personnes ont cru trouver l'étymologie dans cette circonstance que le mandat se donnait primitivement le poing serré, *manu data*, en signe de confiance) , a été long-temps inconnu aux Romains.

L'extension qu'il reçut plus tard engagea les juriscousultes du beau siècle de la jurisprudence à s'occuper des théories de ce contrat, le quatrième de ceux qui se formaient par le seul consentement des parties contractantes.

Gaius a traité du mandat dans les § 155 et suivans de ses Institutes ; Tribonien dans le titre 27 du 3e livre. Les textes de Tribonien sont plus nombreux que ceux qu'il avait

cru devoir consacrer aux trois autres contrats consensuels ;
mais ils n'en sont pas moins un résumé très-incomplet des
principes tracés dans le titre 1ᵉʳ du livre 17ᵉ du ff. *mandati*
vel contra.

Le mandat , qui peut être pur et simple , conditionnel ou
à terme, ne peut être donné que pour la réalisation d'un fait
licite , car si l'exécution de la mission du mandataire était
contraire aux bonnes mœurs , le mandat ne serait pas obligatoire (*ibidem* , § 7).

Celui auquel le mandat est donné est sans doute libre de
le refuser, mais dès qu'il l'a accepté, il ne peut plus se dégager, il est tenu de le remplir; *mandatum non suscipere*
cuilibet liberum est; *susceptum autem consummandum est;*
du moins s'il ne peut l'exécuter , il est tenu de renoncer en
temps opportun , ainsi que nous l'expliquerons bientôt , *aut*
quam primum renunciandum (*ibid.* , § 11).

Du contrat de mandat naissent deux actions :

1° L'action *directe* du mandat (*actio directa*), attribuée
au mandant , principalement pour faire transporter sur sa tête
la propriété des choses acquises par le mandataire ou obtenir de lui la cession de ses actions, pour le contraindre à
exécuter la mission qu'il a acceptée, enfin , pour exiger
une indemnité proportionnée au préjudice qu'a causé l'inexécution ou la mauvaise exécution du mandat , ou bien
la faute ou la négligence du mandataire. — Sans doute le
mandataire est , d'après les principes purs , désintéressé
dans le mandat, et néanmoins, pas une sorte d'exception
aux règles que nous avons posées en matière de prestations
de fautes, il sera tenu indépendamment de son dol, de ses
fautes et de sa négligence , s'il n'a pas fait , non-seulement
ce que tout bon père de famille aurait fait à sa place , mais
encore ce qu'un mandataire zélé n'aurait pas omis de faire.

— L'orateur Romain , dont toutes les productions respirent
un délicieux parfum de cette philosophie du droit qu'il avait
profondément explorée, justifiait cette sévérité de principes à l'égard des mandataires infidèles ou négligens , lorsque dans son discours, *pro rosc. Amerino* , il disait : *In*
privatis rebus si rem mandatam non modo malitiosus
gesserit , seu quæstus aut commodi causâ , verum etiam
negligentius , is admittit summum dedecus. Quid enim
recipis mandatum , si aut ad tuum commodum conversurus
aut neglecturus es ? cur mihi te offers , ac meis commodis
officio simulato officis et obstas ? — On ne retrouve aucun
texte précis à ce sujet dans les fragmens des jurisconsultes ;

mais il est facile en retour d'invoquer dans ce sens deux constitutions impériales, émanées l'une de Dioclétien et de Maximien (loi 13, *Cod. mandat. vel cont.*); l'autre de Constantin (loi 24, *ibid.*) ;

2° L'action contraire (*actio contraria*), du mandat est accordée au mandataire pour obtenir du mandant la ratification de ce qui a été fait en exécution du mandat, et la restitution des valeurs qu'il a déboursées pour cette exécution.

Après ces observations générales, envisageons de plus près l'économie des textes de Gaius et de Tribonien. Le premier § de leurs Institutes s'occupe de la nomenclature des intérêts divers pour lesquels le mandat peut être donné. Avant de proposer celle de Tribonien, il convient de remarquer que le mandat, essentiellement distinct d'un ordre (*jussus*), que l'on ne peut donner qu'à ceux qui sont placés sous notre puissance, ne doit pas être confondu non plus avec un simple conseil (*consilium*) qu'un individu donnerait à un autre.

Le mandat est une mission formelle, *quasi pars quædam voluntatis* (comme le disait Vinnius), qui entraîne, comme on l'a déjà vu, des obligations multiples. — Ce serait donc vainement que je vous donnerais mandat de faire quelque chose dans votre propre intérêt, que je vous engagerais par exemple, à ne pas laisser votre or oisif dans vos coffres, et de le placer à intérêt, *ut otiosam pecuniam fænerares.* Il n'y aurait là rien d'obligatoire pour vous ni pour moi, quelles que fussent les suites du placement que vous auriez fait. Vous avez dû examiner si le conseil que je vous donnais pouvait être avantageux, puisque seul vous êtes intéressé au résultat qu'il était susceptible de produire. En le suivant vous êtes censé avoir cédé moins à mes avis qu'à vos propres inspirations; *quod tu tuâ gratiâ facturus sis, id ex tuâ sententiâ, non ex meo mandato facere videberis.* (Gaius, § 156). Mais si la mission dont l'exécution n'intéresse que le mandataire exclusivement, dégénérant toujours en un simple conseil, n'entraîne ainsi aucune obligation d'une part ni de l'autre, elle constitue un véritable mandat lorsqu'elle est donnée, 1° dans l'intérêt exclusif du mandant, *mandantis tantum gratiâ;* 2° dans l'intérêt d'un tiers, *aliena tantum gratiâ ;* 3° dans l'intérêt commun du mandant et du mandataire, *mandantis et mandatarii gratiâ ;* 4° dans l'intérêt commun du mandant et d'un tiers, *sua et alienâ;* 5° enfin dans l'intérêt commun du mandataire et d'un tiers, *sua et alienâ.* (Inst., *ibid. ad præm.*).

Reprenons cette énumération :

1° Le texte qui s'occupe du mandat donné dans l'intérêt exclusif du mandant n'est pas susceptible d'interprétation ; les exemples que l'on trouve dans le § 1er, *ibidem*, suffisent pour donner une idée exacte de cette espèce de mandat.

Il n'en est pas de même de la plupart de ceux qui régissent les autres espèces. Examinons :

2° Le mandat donné dans l'intérêt exclusif d'un tiers, *alienâ tantum gratiâ*, ne saurait être valable dès l'origine, par application de ce principe identique consacré dans le titre des obligations verbales, que la stipulation est inutile, toutes les fois qu'elle n'intéresse pas le stipulant d'une manière directe ou indirecte, *alteri stipulari nemo potest*. (*Inst.*, *de inut. stip.*, § 19). Cependant si le mandataire consent à exécuter ce mandat, de cette exécution naîtront entre le mandant et lui des obligations respectives que Paul a précisées dans un de ses fragmens devenu la loi 6, ff. *mandat. vel contra.* — Dès-lors non obligatoire, *ab initio*, ce mandat, dont Tribonien nous fournit des exemples (§ 3, *ibid.*), pourra, par des événemens postérieurs, c'est-à-dire par la gestion qui aura lieu, devenir la source de plusieurs obligations. Je suis en effet responsable de la gestion du mandataire vis-à-vis de celui dont les affaires ont été gérées. Mon intérêt est donc que mon mandat ait été fidèlement exécuté ; cet intérêt engendre pour moi *l'actio mandati*; elle naît et s'éteint toujours avec lui selon ces paroles remarquables d'Ulpien : *Mandati actio tunc competit cum cœpit interesse ejus qui mandavit · cœterum si nihil interest, cessat mandati actio ; et eatenus competit quatenus interest* (Loi 8, § 6, ff. *mandati vel contra.*).

3° A l'égard du mandat donné pour l'utilité réciproque du mandant et du mandataire, les Institutes de Justinien (*ibid.* § 2), proposent trois espèces différentes ; la seconde est seule digne de notre attention. — Vous avez accédé en qualité de fidéjusseur à un engagement souscrit par un tiers en ma faveur ; au moment où je me dispose à agir contre vous en exécution de la fidéjussion, vous me donnez mandat de discuter à vos périls et risques mon débiteur que vous avez cautionné. Ce mandat est d'abord dans votre intérêt (*mandantis*), puisque (nous l'avons vu en traitant de la fidéjussion), depuis le beau siècle de la jurisprudence jusqu'au règne de Justinien, les poursuites dirigées par le créancier contre le débiteur principal, libérant le fidéjusseur, vous échapperez par là provisoirement à toute espèce de poursuite de ma part. Réciproquement, il était dans mon intérêt, parce que tout en discutant le débiteur principal , je conserverai l'*actio mandati* contre vous qui , par ce moyen , resterez à un autre titre toujours garant de la dette. — Ce texte des Instituts se rapporte, comme on le voit, à un point de doctrine abrogé par Justinien dans une de ses Constitutions (l. 28, Cod. de *fidejussor.* , et à une période du Droit pendant laquelle le bénéfice de discussion, primitivement en vigueur, ensuite tombé en désuétude , n'avait pas encore été rétabli.

4° Le texte du § 4 , *ibid.*, afférent au mandat donné dans l'intérêt commun du mandant et d'un tiers n'est susceptible d'aucune difficulté.

5° Enfin , relativement au mandat donné dans l'intérêt commun du mandataire et d'un tiers, Tribonien raisonne dans l'espèce d'une personne qui a mandé à une autre de prêter de l'argent à un tiers moyennant un intérêt. Pourquoi cette précision que le prêt doit être fait *sub usuris ?* Le texte lui-même du § 5 , *ibid.* , va nous l'apprendre : *quia si sine usuris pecuniam credidisses aliena tantum gratia intercedit mandatum.* En effet , si le prêt était purement gratuit, le mandat aurait été donné non dans l'intérêt du mandataire , mais dans l'intérêt exclusif d'un tiers. L'énumération de ces diverses modifications dans la cause finale du mandat, doit être nécessairement accompagnée de l'exposé rapide de quelques règles générales , communes à toutes sortes de mandats.

Le jurisconsulte Paul consacrait de la manière suivante le principe qui renfermait toute la substance des obligations du mandataire : *diligenter fines mandati custodiendi sunt , nam qui excessit , aliud quid facere videtur.* (Loi 5 , *ad præm.* , ff. *mandat. vel cont.*). Tribonien l'a consigné à son tour dans ses Instituts (§ 8 , *ibid.*).

Le mandataire doit donc bien se pénétrer de la nature du mandat , en mesurer attentivement toutes les limites pour s'y renfermer scrupuleusement ; s'il les dépasse , s'il sort du cercle tracé autour de lui par le mandant , il fait toute autre chose que ce qui lui a été mandé , *si excessit , aliud quid facere videtur.* — Placé en dehors du mandat, en opposition avec la volonté du mandant , il reste privé contre lui de l'action *contraire* , tandis qu'il est exposé vis-à-vis de lui à l'action *directe*, par laquelle il sera tenu de payer une indemnité égale à l'intérêt que le mandant aurait recueilli de l'exécution du mandat, *quatenus interest eum implesse mandatum* , pour nous servir des expressions de Gaius (Inst. *,ibid.*, § 161). Le même jurisconsulte proposé à ce sujet l'espèce suivante : je vous ai mandé d'acheter pour moi un fonds de terre pour le prix de C *sesterces*, et vous l'avez acheté pour CL ; vous n'aurez pas contre moi *l'actio mandati*, bien que vous m'offriez de me livrer le fonds pour le prix que je vous avais fixé, parce que vous êtes en dehors des termes du mandat. Telle était du moins la doctrine de l'école des Sabiniens, doctrine qui rigoureuse au premier abord, était cependant au fonds en harmonie, du moins dans notre hypothèse, avec les principes exacts de cette matière. En rapportant cette solution dans ses Instututes, Gaius ne l'accompagne d'aucune observation personnelle ; mais dans un de ses fragmens (loi 4, ff. *mandati*), il déclare donner la préférence à l'opinion contraire des Proculéiens, opinion, selon lui, plus indulgente (*sententia benignior*), puisqu'elle accordait dans ce cas une action au mandataire qui offrait la tradition de l'immeuble au prix déterminé par le mandat, en faisant personnellement le sacrifice de l'excédant qu'il avait imprudemment déboursé. — Justinien, on n'en sera pas surpris, approuve l'opinion des Proculéiens. (Inst. § 8, *ibid.*).

Dans l'hypothèse inverse, c'est-à-dire, si le mandataire avait acheté pour un prix inférieur à celui qui avait été déterminé par le mandat, il aurait évidemment *l'actio mandati*. Il n'a fait alors qu'améliorer la condition de ce dernier, et il est de principe que le mandataire qui ne peut aggraver le sort du mandant, peut toujours le rendre plus avantageux par le mode d'exécution qu'il donne à la mission dont il est chargé. — Ses pouvoirs ainsi compris sont toujours sous-entendus quand ils doivent amener ce dernier résultat, ... *qui mandat ut sibi centum aureorum fundus emeretur, is utique mandasse intelligitur ut minoris, si possit, emeretur.* (Inst. § 8, *ibid.*).

Il ne nous reste plus qu'à examiner les différentes causes qui entraînent la cessation ou l'extinction du mandat.

Il s'éteint par des événemens dépendans de la volonté du mandant ou du mandataire, ou par des événemens indépendans de cette volonté.

1° Parmi les événemens de la première espèce on classe la révocation du mandat de la part du mandant, et la renonciation du mandataire. — Il devait être loisible au mandant de révoquer le mandat qui ne conférant au mandataire aucun *droit*, lui impose au contraire une charge et un devoir ; et réciproquement le mandat étant *voluntatis et officii*, il devait être permis au mandataire d'y renoncer. — Mais pour que la manifestation d'une volonté nouvelle de la part de l'un ou de l'autre produise tous ses effets, il faut que les choses soient encore *entières*, et que le changement, c'est-à-dire la révocation ou la renonciation soit notifiée à celui qu'elle intéresse.

Les choses sont entières, lorsqu'il s'agit de la révocation du mandat, *res est integra*, tant que le mandataire ne s'est pas encore immiscé dans l'exécution du mandat. — Si cette exécution a déjà commencé, l'effet de la révocation de la part du mandant notifiée par lui au mandataire, aura bien pour résultat d'arrêter cette exécution; elle produira tous ses effets pour l'avenir; mais le mandataire n'en aura pas moins pour le passé, l'*actio mandati contraria*, dont nous avons déjà précisé l'objet. — En sens inverse, le mandataire qui renonce au mandat quand les choses ne sont plus entières, soit parce qu'il a commencé sa gestion, soit parce qu'il n'est plus loisible au mandant d'exécuter par lui-même ou de faire exécuter la même mission par un autre, est soumis à l'*actio directa mandati*, par laquelle, nous l'avons dit, il est obligé de l'indemniser, *quatenus interest eum implesse mandatum*. Sa renonciation, dans ces divers cas, serait intempestive, à moins qu'il n'eût de justes motifs *intempestive renunciandi*. — Paul nous a donné une idée exacte de la gravité que doivent présenter ces motifs lorsqu'il écrivait : *ob subitam valetudinem, ob necessariam peregrinationem, ob inimicitiam, integrá adhuc mandati causâ, negotio renunciari potest*. (Sent., liv. 2, tit. xv, *de mandat.*, § 1).

Nous retrouvons donc ici, comme en matière de société, des exceptions au principe qui veut que les obligations ne se dissolvent que par le consentement unanime de tous ceux qui les ont formés.

2° Le mandat finit indépendamment de la volonté ou du dissentiment du mandant et du mandataire, par la mort de l'un ou de l'autre. La mission conférée par le mandat repose tout entière sur la confiance toute personnelle que le mandataire inspire au mandant. D'un autre côté, l'acceptation de cette mission présuppose de la part du mandataire le désir qu'il éprouve de répondre à cette confiance et de rendre des bons offices au mandant. — Formé sous de tels auspices, assis sur de semblables bases, le contrat ne pouvait évidemment survivre à l'un des deux contractans.

Il faut toutefois remarquer, à l'égard de la mort du mandant, que ses héritiers doivent s'empresser de la notifier au mandataire; car tant que celui-ci est dans l'ignorance de ce fait, les actes d'exécution auxquels il se livre sont valables.— Tous les textes sont d'accord pour accorder à l'égard de ces actes, *l'actio mandati*, au mandataire qui ne doit pas être victime d'une ignorance plausible (§ 10, *ibid.*). — Les héritiers du mandataire ne succèdent donc pas aux obligations que l'acceptation du mandat imposait à leurs auteurs, et par suite ils ne seront tenus de commencer l'exécution du mandat, ni de continuer l'exécution commencée par celui quils représentent.

Dans tous les cas les actions *directes* et *contraires* du mandat, qui auraient pu être exercées personnellement par les contractans, s'ils eussent survécu, seront accordées à leurs héritiers, principalement pour tous les actes de gestion consommés antérieurement à la dissolution du contrat.

TITRE II.

Des Obligations qui se forment COMME PAR UN CONTRAT *
(de obligationibus quæ quasi ex contractu nascuntur).

Tribonien, on ne l'a pas oublié (Inst., tit. XIV, *de oblig.*, § 2), reconnaît quatre espèces d'obligations, celles qui sont formées par un contrat, comme par un contrat, par un délit, et comme par un délit.

Après avoir examiné les premières, en s'affranchissant cette fois de la méthode de Gaius qui n'admettait, nous l'avons dit, que deux sources principales (les contrats et les délits), il passe aux secondes dont il traite dans un titre spécial, le titre XVIII du 3ᵉ livre, de *obligationibus quæ quasi ex contractu nascuntur.*

Ce titre classe successivement dans cette catégorie comme sources de certaines obligations, 1° la gestion des affaires d'autrui ; 2° l'exercice de la tutelle ; 3° l'indivision de certains objets communs à plusieurs ; 4° l'indivision d'une hérédité ; 5° l'existence d'un legs ; 6° la réception d'une chose indue payée par suite d'une erreur.

Parcourons successivement les textes relatifs à chacune des obligations qui naissent de ces diverses causes.... *ex variis*

* On se sert presque généralement du mot de *quasi-contrat*, pour désigner la source des obligations dont nous allons parler. — M. Ducauroy n'adopte pas cette locution par des raisons qu'il expose dans ses Instituts expliqués, tome 5, pages 205 et 206, et qui nous ont déterminé à suivre son exemple.

causarum figuris. — Lorsque je gère les affaires d'un autre en vertu d'une mission que celui-ci m'a donnée, j'agis, on le sait, en qualité de mandataire; si je les gère sans mandat mais au vu et su du propriétaire, je suis encore considéré comme mandataire; car Ulpien a dit : *semper qui non prohibet aliquem pro se intervenire, mandare creditur* (loi 60, ff. *de divers. reg. juris*). Il n'en est plus ainsi, lorsque je m'immisce dans les affaires d'un autre sans aucun mandat et à son insu; ma gestion prenant alors un nom différent, *negotiorum gestio*, donnera naissance entre le propriétaire et moi à des actions qualifiées, à cause du principe dont elles émanent, du nom d'*actiones negotiorum gestorum* (*Inst. de obligat. quœ quasi ex cont.... nasc.*, § 1er, — ff. tot. tit. *de negot. gest.*). — Ces actions sont comme tant d'autres, dont nous avons déjà parlé, tantôt directes (*actio directa*), tantôt contraires (*actio contraria*).

L'action *directe* est accordée contre le gérant au maître dont les affaires ont été gérées; elle donne à celui-ci le droit de demander compte au gérant de son administration, *administrationis reddere rationes* (*Inst.*, *ibid.*), d'obtenir de lui la remise de tout ce qu'il a reçu à l'occasion de cette gestion (déduction faite des dépenses *utiles* qu'il a été obligé d'exposer), et une indemnité égale au préjudice qu'il aurait pu occasionner dans le cours de sa gestion, par son dol ou par les fautes qu'il aurait commises, et que ne commet pas habituellement un bon père de famille.

Pomponius écrivait en déterminant la responsabilité du gérant : *Si negotia absentis et ignorantis geras, et culpam et dolum præstare debes* (loi 11, ff. *de neg. gest.*). Paul, dans ses Sentences, professait la même doctrine en disant : *qui negotia aliena gerit et bonam fidem et exactam diligentiam rebus ejus pro quo intervenit, præstare debet* (liv. 1er, tit. 4, *de neg. gest.*).

Il ne lui suffit donc pas d'avoir apporté dans sa gestion le zèle et la prudence qu'il apporte à la direction de ses affaires personnelles. Tribonien en a fait l'observation dans le paragraphe 1er précité, restreignant toutefois sa doctrine aux cas qu'il précise de la manière suivante : *Si modo alius diligentior eo commodius administraturus esset negotia.* — Certaines circonstances peuvent cependant augmenter ou diminuer la responsabilité du gérant, comme on le voit dans les espèces prévues par les lois 3 et 11, ff. *ibidem.*

De son côté le gérant est autorisé à réclamer, par l'action *contraire*, de celui dont il a géré les affaires, le remboursement de toutes les dépenses *utiles* qu'il a exposées pour lui , *is qui utiliter gessit negotia dominum habet obligatum negotiorum gestorum* (*ibid.*). Ce principe est le résumé de la théorie exposée par Ulpien dans un de ses fragmens. (Loi 10 , *ibid.*).

En rapprochant la cause des obligations respectives du gérant et de celui dont l'affaire a été gérée, on voit que le principe de la première repose sur les faits volontaires de celui qui s'est immiscé dans l'administration de la fortune d'autrui.

Il en est bien autrement de celui dont les affaires ont été officieusement gérées; il se trouve exposé aux effets de l'action contraire, à son insu , indépendamment de toute volonté expresse de sa part, et par des motifs d'utilité publique que nous ferons bientôt connaître. — L'édit des Préteurs , dont le langage noble et concis était toujours empreint d'une imposante autorité , formulait cette action de la manière suivante : *Si quis negotia alterius , sive quis negotia quæ cujusque cum is moritur, fuerint, gesserit , judicium dabo.* — Ulpien, profondément versé dans la connaissance des édits, en nous conservant la formule qui précède , faisait ressortir la sagesse de ses dispositions lorsqu'il écrivait : *Hoc edictum necessarium est , quoniam magna utilitas absentium , versatur, ne indefensi rerum possessionem aut venditionem patiantur, vel pignoris distractionem, vel pœna committenda, vel injuriâ rem suam amittant.* Qui aurait voulu, selon les observations de Tribonien développant la pensée de Gaius, et notamment d'Ulpien (§ 1er , *ibid.*) , entreprendre la gestion des affaires d'une personne absente , s'il n'avait su avoir une action pour le remboursement des dépenses qu'il aurait été obligé de faire ? — Si ces textes font comprendre la nécessité de l'édit , d'autres en démontrent l'équité comme on le voit dans la loi 2 , ff. *ibid.*

Le second exemple des obligations analogues à celles qui dérivent des contrats est pris dans l'exercice d'une tutelle. — Les notions que nous avons déjà acquises en explorant les titres du 1er livre des Institutes , relatifs à la puissance tutélaire (titre XIII et suivans), rendent, on ne peut plus facile, l'appréciation du point de vue sous lequel Tribonien envisage les rapports que la tutelle établit entre le tuteur et le pupille. — Il suffit , en effet , de rappeler que le tuteur est par le seul fait de sa gestion, soumis à l'action *directe* de la tutelle ; que par cette action il est tenu de rendre compte de son administration , d'après les bases fixées dans les titres du Digeste

(*de administrat. et peric. tutor — et de tutela et ration. distrah.*), de restituer au pupille tout ce qu'il a reçu en son nom et de l'indemniser de tous les dommages qu'il a occasionnés par son dol ou par sa faute, s'il a négligé d'apporter à la conservation de ses intérêts le même soin qu'à la conservation de ses intérêts personnels.

De son côté, le pupille est tenu par l'action *contraire* de rembourser à son tuteur tout ce que celui-ci aura utilement dépensé dans son intérêt, *si vel impensum aliquid in rem pupilli... vel pro eo fuerit obligatus, aut rem suam creditoribus ejus obligaverit.* — Nous examinerons bientôt quel était le principe générateur de ces obligations respectives.

D'après les textes suivans, extraits pour la plupart d'un fragment de Gaius (loi 5, § 1 et suivans, ff. *de oblig. et act.*), des obligations particulières existent encore indépendamment de toute convention, entre les copropriétaires d'une chose indivise qui n'ont entendu former entr'eux aucun contrat de société, *si inter aliquos communis res sit, sine societate* (§ 3, *ibid.*), entre les cohéritiers saisis d'une même hérédité (§ 4, *ibid.*), entre un héritier et un légataire (§ 5, *ibid.*), entre celui qui a payé par erreur une chose non due, et celui qui a reçu ce paiement (§ 6, *ibid.*). — Ces obligations réciproques varient avec les faits ou les rapports qui les produisent. Ainsi, les copropriétaires d'une chose commune, par exemple les codonataires, les colégataires auxquels le § précité donne mal à propos la qualification de *socii*, sont respectivement soumis à l'*actio de communi dividundo*, qui les oblige à se faire compte des fruits par eux perçus, des impenses exposées pour l'amélioration et la conservation de la chose commune, etc., etc. Les cohéritiers peuvent exercer entr'eux l'*actio familiæ erciscundæ*, dont le titre 2 du livre 10 du Digeste énumère avec détail tous les effets; l'héritier est exposé vis-à-vis des légataires à une action personnelle, *ex testamento*, dont nous avons parlé en traitant des legs; enfin, celui qui a reçu une chose qui ne lui était pas due et qui n'a été payée que par erreur est tenu de la restituer à celui qui l'a mal à propos livrée. — L'action accordée à ce dernier, pour obtenir cette restitution, est désignée sous le nom de *condictio indebiti*. Celui qui a ainsi reçu sans cause ou sur une fausse cause est assimilé à celui qui emprunte des choses fongibles à titre de *mutuum; is qui accipit obligatur, ac si mutuum ei daretur et ideo condictione tenetur* (§ 6, *ibid.*). L'analogie qui existait entre les obligations résultant d'un paiement de cette nature et celles qui dérivent d'un *mu-*

tuum, engagea Gaius et Tribonien à classer la *solutio indebiti* à côté de ce dernier contrat dans le titre consacré aux engagemens formés par la tradition d'une chose (Gaius, com. 3, § 91. — Just. Inst., *quid. mod. re contrah. oblig.*, § 1er). Le texte de Tribonien (*ibid.*) nous donne un exemple des conséquences de cette analogie ou plutôt de cette assimilation, en déclarant d'une manière positive (ce qui paraissait encore douteux au temps de Gaius, *ibid.*), que le pupille qui ne pouvait être soumis aux actions inhérentes au *mutuum* lorsqu'il avait reçu, sans le consentement de son tuteur, était également affranchi de la *condictio indebiti* (toutes les fois qu'il ne s'était pas enrichi avec la chose qui lui avait été indûment payée.) — Le principe qui autorise la répétition de la chose de la part de celui qui le livre par erreur, est soumis à quelques exceptions consignées dans le § 7 de *obligat. quæ quasi ex contract. nascunt.* (*ibid.*).

Résumer les énumérations qui précèdent, c'est révéler la pensée des jurisconsultes Romains relativement aux obligations qui se forment comme par un contrat, *quæ* QUASI EX CONTRACTU *nascuntur.* — Dans toutes les obligations qui dérivent d'un contrat, le *vinculum juris* prend naissance dans le consentement respectif des parties, dans le concours de leurs volontés librement exprimées, suivi, comme on l'a vu, tantôt de la tradition d'une chose, tantôt de formules sacramentelles, tantôt de l'écriture. Il n'en est plus de même par rapport aux obligations dont nous venons de parler dans ce titre. — Point de consentement respectif, point de concours de volontés, par cela même point de contrat, du moins entre le *negotiorum gestor* et le propriétaire dont l'affaire a été gérée, entre le tuteur et le pupille, enfin entre l'héritier et le légataire, encore moins entre celui qui a payé par erreur et celui qui a reçu, puisque selon la juste observation des textes, celui qui croyait payer au véritable créancier entendait plutôt dissoudre que créer une obligation, *qui solvendi animo, pecuniam dat, in hoc dare videtur ut distrahat, potius negotium quam contrahat.* Il faut encore remarquer, et ceci n'est pas sans importance, pour montrer dans leur jour les vices des définitions de la dernière école, que le consentement n'est pas même *tacite* ou présumable de la part de plusieurs personnes qui cependant n'en sont pas moins obligées, par exemple, de la part du tuteur qui subit malgré lui le fardeau de la tutelle; de la part de l'héritier nécessaire, dont les obligations vis-à-vis des légataires ne peuvent être la conséquence de son adition puisqu'il est héritier malgré lui. (Instit. liv. 2 , *de hæred. qualit. et diff.* , §§ 1 et 2.).

Dans toutes les espèces que nous venons de parcourir , les obligations qui existent ne dérivent donc pas d'un contrat ; nous n'adopterons même pas, d'après les observations qui précèdent , les traditions reçues en disant que ces obligations reposent du moins sur un consentement *tacite* que des motifs d'intérêt public ou privé font présumer.

La seule proposition exacte en cette matière est que ces obligations proviennent d'un droit *spécial* mais *positif.* Cependant on ne pouvait sous aucun rapport faire dériver ces obligations d'un délit , et dès-lors , par cela seul qu'elles offraient quelques analogies plus ou moins directes avec certains contrats , on a mieux aimé les comparer à cette dernière source d'engagemens. On les a donc considérées comme si elles avaient été formées par un contrat ; *si quidem non propriè ex contractu nasci intelliguntur , sed tamen quia non ex maleficio substantiam capiunt ,* QUASI EX CONTRACTU *nasci videntur.*

Les aperçus rapides que nous venons de présenter sur les sources d'obligations analogues aux contrats, sont calqués sur l'économie adoptée par Tribonien dans le titre précité des Institutes de Justinien. — Cette méthode n'est cependant pas la méthode historique. — Il sera facile de la rétablir à l'aide des notions suivantes :

Il est impossible d'admettre que déjà dans le cours de la 1re période , plusieurs obligations que nous venons de mentionner n'aient pas été réalisées, par exemple , les obligations des héritiers envers les légataires, des tuteurs envers leurs pupilles, des cohéritiers entre eux. Quant à l'origine des engagemens résultans de l'administration d'une chose commune , d'un paiement fait par erreur , elle est probablement d'une date postérieure à celle des obligations prémentionnées. — Mais ces engagemens sont à leur tour certainement antérieurs aux obligations dérivant de la *negotiorum gestio* qui ne dut surgir et se développer que dans le cours de la 2e période , sous l'influence des voyages lointains dont les Romains contractèrent l'habitude et surtout des fréquentes émigrations que nécessitèrent les orages des derniers temps de la république *.

---

* En traçant cette gradation historique , en rapport , à nos yeux , et avec la marche de toute civilisation , et plus spécialement avec la

TITRE III.

Des Obligations qui naissent d'un DÉLIT (quæ ex delicto
nascuntur) , *ou plutôt des délits considérés comme la
source de certaines Obligations.*

Le délit est un acte nuisible et repréhensible. — Parmi les
délits une large division distinguait ceux qui pouvaient être
poursuivis par tous les membres de la cité , de ceux qui ne
lésant que des intérêts privés , *quæ ad rem familiarem et
privatam pertinebant* , n'ouvraient une action qu'aux personnes dont les droits avaient souffert. — Aux premiers on
donna le nom de *délits publics* (Inst. *de public. judic.* , §
1er) , au second celui de *délits privés.*

Nous ne parlerons ici avec Gaius et Justinien (liv. 4 , tit.
1er et suivans) que des délits de la seconde espèce , en les
considérant tour à tour comme la source de certaines obligations , et par suite de certaines actions auxquelles ils sou-
mettent leurs auteurs. — Ces délits sont (d'après l'énumération des textes que nous venons d'indiquer) au nombre de
quatre , savoir : 1° le vol (*furtum*) , 2° le rapt (*rapina*) ,
3° le dommage causé dans les cas prévus par la loi *Aquilia*
(*damnum*) , 4° l'injure (*injuria*).

Nous consacrerons un paragraphe particulier à l'examen de
chacun d'eux , en faisant remarquer avant tout et comme pour
lier les théories qui vont suivre à celles qui précèdent , que
si les obligations dérivant des contrats sont multiples , en ce
sens que les unes naissent comme on l'a vu de la tradition
d'une chose , les autres des formules sacramentelles, etc. ,
toutes celles dont nous allons parler ont cela de commun
qu'elles dérivent toutes d'*un fait*, c'est-à-dire de l'acte constitutif du délit ou du méfait, *omnes ex* RE *nascuntur, id est ex
ipso maleficio.* (Gaius , *ibid.* 182. — Just., Inst. liv. 4 , *de
obl. quæ ex delict. nasc.* § 1er).

§ Ier.

Du *Vol* (furtum).

L'analyse des textes que renferment, au sujet du vol ,
les paragraphes 183 et suivans , jusques et y compris le

civilisation Romaine, nous nous sommes écartés des vues émises
par M. Hugo , *dans son Histoire du Droit Romain* (tom. 1er,
pag. 192 et 193), où nous soupçonnons quelques erreurs échappées
à son traducteur M. Jourdan.

208ᵉ des Institutes de Gaius et le titre premier précité du quatrième livre des Institutes de Justinien rapprochés du titre xxxi du livre 2 des Sentences de Paul , nous autorise à tracer le plan suivant pour l'examen des principes relatifs à cette source d'obligations : 1° quels sont les caractères constitutifs du vol , et combien d'espèces de vol distingue-t-on ; 2° quelles sont les obligations et les actions qui dérivent du vol ; 3° qui peut exercer ces actions et contre qui peut-on les exercer ? — Ce plan , il faut le confesser , est entièrement différent de l'ordre dans lequel sont classés les textes ; mais nous n'hésitons pas à croire qu'il rendra plus facile l'intelligence de ces textes, par cela seul qu'il repose tout entier sur la généalogie naturelle des idées.

I. *Quels sont les caractères constitutifs du vol , etc....* Dans le § 1ᵉʳ du titre précité, Tribonien empruntant le langage du jurisconsulte Paul (loi 8, § 3 , ff. de *furtis*) définit le vol, (*furtum,* mot technique dont l'étymologie se trouve dans le § 2 , *ibid.*) : *Contrectatio fraudulosa, lucri faciendi gratiâ , vel ipsius rei, vel etiam usus ejus possessionisve , quod lege naturali prohibitum est admittere.* Une autre définition de Paul caractérisait avec plus de concision le voleur, de la manière suivante : *Fur est , qui dolo malo rem alienam contrectat.* (Sentences, *ibid.* , § 1ᵉʳ).

Pour qu'il y ait vol il faut donc la réunion des conditions suivantes : 1° De la part de l'auteur du fait , intention frauduleuse et en même temps espérance de réaliser un profit , un lucre quelconque ; 2° déplacement , soustraction , usage de la chose. — Apprécions successivement chacun de ces caractères.

Il faut d'abord qu'il y ait 1° intention frauduleuse , dol mauvais, de la part de l'auteur des actes que nous venons de préciser. Tous les textes sont d'accord pour formuler à ce sujet cette maxime : *Furtum sine dolo malo , sine affectu furandi non committitur* (Gaius, *ibid.* , § 197. Justinien , Inst. , § 7 et 8, *ibid.*) ; *nemo furtum facit sine dolo malo.* (Ulp. , loi 50, § 2, ff. *de furtis*). — Aussi lorsqu'on s'est demandé si un impubère pouvait se rendre coupable de vol , on a répondu qu'il fallait examiner si par son âge il était susceptible d'avoir un discernement suffisant. (Gaius, *ibid.* , § 208. — Just. Inst., § 18). — Ce n'est pas encore assez d'avoir *l'affectus furandi;* les textes exigent encore , pour qu'il y ait vol, que l'auteur du fait ait voulu réaliser un bénéfice , obtenir un avantage quelconque pour lui-même ou pour un autre qu'il entendait gratifier , *lucri faciendi gratiâ*

(§ 1ᵉʳ , *ibid*); car l'observation suivante de Gaius est pleine de raison : *species lucri , est ex alieno largiri et beneficii debitorem sibi adquirere.* (Loi 54 , § 1ᵉʳ, ff. *de furtis*) — 2° L'intention , quelque perverse qu'elle soit , ne suffit pas , on l'a déjà dit , il faut encore un fait matériel *contrectatio... sola cogitatio furti faciendi non facit furem* , disait encore le jurisconsulte Paul (loi 1ʳᵉ, § 1ᵉʳ, ff. *de furtis*). — Ce fait peut consister ou dans la soustraction , dans le déplacement de la chose elle-même que l'on veut s'approprier, *contrectatio* ʀᴇɪ ɪᴘsɪᴜs; ou dans l'usage frauduleux de cette chose de la part de celui qui n'avait pas le droit de s'en servir , ou de la part de celui qui avait reçu ce droit , dans la substitu- tion d'un usage différent de celui qui lui avait été concédé , *furtum* ᴜsᴜs ; enfin de la part du propriétaire même , dans la soustraction de la possession de sa propre chose, possession qu'il avait conférée à un autre , *furtum* ᴘᴏssᴇssɪᴏɴɪs. — Ainsi le dépositaire qui se sert de la chose déposée , le commo- dataire qui fait servir la chose prêtée à des usages plus onéreux que ceux qui ont été réglés dans le commodat, commettent l'un et l'autre un vol par rapport à l'usage, *furtum usus*. Ainsi le débiteur qui , sans s'être libéré, soustrait au détriment de son créancier le gage qu'il lui avait livré *in securitatem debiti* , commet à son tour un vol de la possession (*furtum* ᴘᴏssᴇssɪᴏɴɪs) , de sa propre chose , *suæ rei furtum committit.* (Gaius, § 196 , 197 et 198 ; Just. Inst... § 6, 7, 10). — Les § 7 et 8 se livrent , au sujet du vol dont le commoda- taire peut se rendre coupable , à des précisions qui ne sont qu'une application des principes généraux relatifs à l'intention frauduleuse sans laquelle il n'y a jamais de vol. — La dernière partie du § 8 est remarquable, en cela que Justinien accorde l'*actio furti* et l'*actio servi corrupti* dans un cas où il punit la simple intention , par dérogation aux anciens principes qui exigeaient toujours un fait consommé. (Gaius, *ibid.* , § 198).

Quant à la nature des choses susceptibles d'être volées , tous les anciens jurisconsultes n'étaient pas d'accord sur le fait de savoir s'il était permis de ranger dans cette catégorie les choses immobilières comme les choses mobilières. — Mais dans le titre des *Usucapions* et des *prescriptions longi tem- poris*, Justinien nous a déjà appris que l'opinion de ceux qui avaient adopté l'affirmative fut définitivement proscrite , et que le vol ne pouvait plus être commis qu'à l'égard des choses mobilières, *abolita est quorundam veterum sententia exis- timantium etiam fundi locive furtum fieri posse.* (Iust.

liv. 2, tit. 6, *de usucap.*, § 7). — On pouvait d'ailleurs
se rendre quelquefois coupable de vol par la soustraction de
personnes libres (lorsqu'elles étaient *alieni juris*), comme par
la soustraction des esclaves. (Inst. *de obligat. quæ ex delicto
nasc.*, § 9).

Lorsqu'on veut classifier les diverses espèces de vol, on
remarque un dissentiment (peu profond à la vérité), dans
les théories des jurisconsultes Romains. — Servius-Sulpicius
et Masurius-Sabinus estimaient qu'il fallait en distinguer
quatre espèces, le *furtum manifestum*, *nec manifestum*,
conceptum et *oblatum*. — D'un autre côté Labéon n'admettait que la première division, parce que, selon lui, la seconde
se rattachait plutôt à des différences établies entre les *actiones
furti* par les circonstances accidentelles au vol, qu'elle ne
constituait une classification distincte de la première. — Cette
dernière théorie adoptée par Gaius, mais délaissée par Paul
(Sentences, tit. 22, de *furtis*, § 51), reçut plus tard la
sanction de Justinien.

Quoi qu'il en soit, après de nombreuses controverses dont
Gaius nous rend compte (*ibid.*, § 184), on considérait sous
Justinien comme voleur manifeste, *fur manifestus*, celui
1° qui avait été surpris sur le fait, *qui in ipso furto deprehenditur*; 2° ou qui avait été surpris dans le lieu qui venait
d'être le théâtre du délit, *is qui in eo loco deprehenditur
quo furtum fit*; 3° enfin, celui qui avait été surpris encore
saisi de l'objet volé, quelle que fût la nature du lieu où on
l'avait ainsi vu en possession de cet objet, pourvu qu'il ne fût
pas encore parvenu à l'endroit où il avait l'intention de le
déposer; *quamdiu eam rem fur tenens visus vel deprehensus
fuerit, antequam eò pervenerit quo deferre vel depo-
nere destinasset.* (Inst. § 3, *ibid.*). Ce n'était donc pas à
la manière dont le vol avait été commis, mais bien aux
preuves qui l'avaient constaté, que l'on s'attachait pour
déterminer la gravité du délit; et par suite la pénalité dont
nous parlerons bientôt, était proportionnée, non au délit,
mais aux preuves du délit[*]. Le voleur, *nec manifestus*,
était celui que l'on ne pouvait ranger dans aucune des trois
catégories dont nous venons de parler, *quod manifestum
non est furtum, id scilicet nec manifestum est* (*ibid.*).

---

[*] Nous aurons à examiner, pour expliquer ces dispositions, les différentes versions de Cujas (*Obs.* xxx. 12), d'Heinneccius (*Antiq.
Rom.*, tom. iv, *pag.* 490), et de Montesquieu (*Esprit des Lois*,
liv. xxix, *chap.* 13. — *Des lois Romaines sur le vol*).

Tribonien, qui ne reconnaissait d'après Labéon et Gaius
que cette première classification, a voulu cependant, pour nous
donner une idée des systèmes de Servius-Sulpicius et de Paul,
définir les autres espèces de vol dont nous avons parlé.
Il caractérise le *furtum conceptum* de la manière suivante :
CONCEPTUM *furtum dicitur*, *cum apud aliquem testibus
præsentibus furtiva res quæsita et inventa est* *, et le
furtum oblatum : OBLATUM *furtum dicitur cum res furtiva
ab aliquo tibi oblata sit*, *eaque apud te concepta sit utique
si eâ mente tibi data fuerit*, *apud te potiusquam apud eum
qui dedit conciperetur.* Enfin, on distinguait encore le
furtum prohibitum commis par celui qui s'opposait à la recherche d'un vol, recherche que l'on était prêt à faire *testibus
præsentibus* ; le *furtum non exhibitum*, commis par celui
qui n'avait pas exhibé ou représenté la chose volée que l'on
avait recherchée et trouvée en sa possession. (Inst. § 4, *ibid.*).

II. *Quelles sont les obligations et les actions qui dérivent du vol ?*

Après avoir énuméré les diverses espèces de vol que l'on
distinguait chez les Romains, examinons quelles obligations
elles imposaient à l'auteur du délit, ou plutôt à quelles
actions elles l'exposaient.

On comprend sans effort que le voleur, et après lui ses
héritiers, devaient être soumis vis-à-vis du propriétaire à
l'obligation de restituer la chose volée à son préjudice ; c'est
par l'action, désignée sous le nom de *condictio furtiva*,
que le propriétaire agissait contre l'auteur du vol et contre
ses héritiers, bien qu'ils eussent cessé de posséder l'objet volé.
— Que s'ils le possédaient encore, le propriétaire avait en
outre la *vindicatio* dont il pouvait également user contre les
tiers qui auraient été en possession des mêmes objets.

Indépendamment de cette obligation de restituer la chose
volée, le voleur était soumis personnellement à titre *de peine* **
à d'autres obligations que nous allons faire connaître, obligations qui ne passaient point à ses héritiers, mais dont il était

* Gaius nous donne des détails fort curieux sur l'appareil du
propriétaire de l'objet volé procédant à la recherche du délit. Il cherche en même temps à deverser le ridicule sur ces usages (Inst. .
§ 192 et suiv.) qui peuvent cependant s'expliquer par des motifs
naturels et religieux, ainsi que le fait observer M. Michelet, *Histoire de la rép. Rom.*, tom. Ier, notes des pages 354-355.

** L'obligation de restituer la chose volée n'avait évidemment
rien de pénal.

quelquefois , tenu vis-à-vis d'autres que le propriétaire de l'objet volé , par une action spéciale dérivant du délit , *actio furti.* Ces obligations , purement pénales, qui variaient selon la nature du vol , n'ont pas toujours été les mêmes dans toutes les phases de la jurisprudence. — Plusieurs distinctions deviennent donc indispensables.

Gaius nous apprend à ce sujet (§ 189) que la loi des Douze Tables prononçait contre le vol manifeste une peine capitale d'après laquelle , lorsque l'auteur de ce vol était une personne libre, *verberatus addicebatur ei cui furtum fecerit.* Il est d'autant plus difficile de déterminer de nos jours la nature de cette peine , que d'après le témoignage du même jurisconsulte , les anciens Romains eux-mêmes n'étaient pas d'accord à cet égard. — Si le voleur était un esclave , on le précipitait du haut de la roche Tarpéienne après l'avoir battu de verges , *servus virgis cæsus , de saxo dejicitor.* Les dispositions de cette loi parurent trop rigoureuses aux Préteurs , qui les tempérèrent dans leurs Édits en substituant à l'égard des esclaves comme des hommes libres , une peine pécuniaire , à la peine capitale. Cette peine fut du quadruple (*quadruplum*) qui se calculait, non pas sur la valeur de l'objet volé , mais généralement sur l'intérêt des personnes lésées par le délit et sur les risques que le vol leur avait fait courir.

Les Décemvirs avaient condamné le voleur, non manifeste à la peine du double (*pœna dupli*) que les Préteurs conservèrent. — Sous Justinien , ces principes ne subirent aucune modification. (Inst. § 5 , *ibidem*).

Quant aux peines destinées à punir les autres espèces de vol que nous avons énoncées , il suffit, pour les connaître , de consulter le tit. xxxi des Sentences de Paul , *de furtis*, et le § *ibid.* , Inst. de Justinien. — Dans le même texte Tribonien nous fait remarquer que les actions auxquelles ces vols donnaient lieu tombèrent en désuétude , et qu'ils furent tous confondus avec le *furtum nec manifestum.*

III. *Des personnes qui peuvent exercer l'actio furti.* — La restitution de l'objet volé , ne peut être poursuivie (nous l'avons dit) tantôt par la *vindicatio* , tantôt par la *condictio furtiva*, que par le propriétaire ou par ses héritiers. — Il n'en est pas de même des peines pécuniaires du *quadruple* et du *double* , indépendantes , comme on le sait, de l'action en restitution. — En effet , l'action du vol , *actio furti*, qui a pour but la condamnation à une de ces peines , est atribuée à tous ceux qui ont intérêt à ce que la chose se fût conservée : d'où la conséquence qu'elle pouvait appartenir à plusieurs personnes à la fois , *furti actio competit ei cujus interest rem salvam esse,* disait Gaius (*ibid.*, § 203). Elle est donc ouverte à d'autres que le propriétaire de cette chose , lorsque ceux-ci ont intérêt à sa conservation, et réciproquement elle ne peut être accordée au propriétaire que lorsqu'il a un intérêt semblable. (*Ibid.* , Inst. Justin. , § 13). — Les § 14, 15, 16 et 17 (*ibid.*) appuient cette distinction par divers exemples. — Dans le premier sens , un créancier gagiste est toujours intéressé à la conservation du gage qui lui a été remis par son débiteur , sans distinguer si celui-ci est solvable ou non , parce que , dit Tribonien , *expedit ei pignori potius incumbere quam in personam agere.* Il est donc fondé, quoique non propriétaire du gage , *licet dominus non sit* , à exercer *l'actio furti.* — Dans un sens inverse , lorsque le propriétaire d'un objet l'a remis à un ouvrier , à un artiste qui , par un contrat de louage , s'est chargé de le polir ou de le réparer moyennant un salaire , si cet objet vient à être volé entre les mains de l'artiste , ce dernier aura seul l'action du vol , parce que responsable de la perte de l'objet vis-à-vis du propriétaire, il est seul intéressé à sa conservation. — Le propriétaire fondé à obtenir , par l'action dérivant du louage (*actio conducti*) , une juste indemnité de la part de l'ouvrier , sera, puisqu'il est désintéressé , privé de *l'actio furti,* pourvu toutefois que la solvabilité de l'ouvrier lui présente une garantie entière. En effet , si celui-ci était insolvable, *l'actio conducti* étant alors illusoire , *l'actio furti* serait ouverte au propriétaire , tandis qu'elle serait par la raison contraire refusée à l'ouvrier. Les mêmes principes applicables au commodat (lorsque la chose a été volée entre les mains du commodataire responsable de ce vol d'après les précisions que nous avons faites en parlant de ce contrat), reçurent sous Justinien certaines modifications que ce prince a consignées dans le § 16, *ibid.* On peut déduire facilement de ces théories que le dépositaire qui garant (en thèse), de son dol seulement , ne répond pas également de ses fautes ou de sa négligence , serait privé de *l'actio furti,* dans les cas où l'objet déposé aurait été volé entre ses mains. (*Ibid.* § 17).

Après avoir ainsi déterminé les personnes qui pouvaient exercer *l'actio furti,* il est naturel de s'occuper de celles qui étaient exposées à la même action. — Notons d'abord que tout vol ne donne pas action contre tous ses auteurs indistinctement ; car les rapports de puissance qui existent entre ces auteurs et les propriétaires des objets volés, peuvent s'opposer à l'exercice de *l'actio furti*. — Sans doute le fils de famille qui soustrait frauduleusement un objet appartenant à l'ascendant sous la puissance duquel il est placé, se rend par ce fait coupable de vol, *furtum quidem facit*; l'objet volé tombe dans la classe des choses furtives, *in furtivam causam cadit*; il ne peut plus être *usucapé*, tant que le vice que le délit lui imprime n'aura pas été purgé, ainsi qu'on l'a expliqué en traitant de l'usucapion. (Inst. livre 2, tit. 6, § 3 et 8). — Mais l'ascendant pourrait-il exercer *l'actio furti*, alors que toute action suppose des patrimoines distincts entre celui qui l'exerce et celui contre lequel elle est exercée? — Les même théories sont applicables au vol commis par des esclaves au préjudice de leurs maîtres.

A cette exception près (du moins d'après les Institutes) *l'actio furti* peut toujours être intentée contre l'auteur principal du délit, *adversum furem*, et de plus contre tous ceux qui ont aidé le voleur de leurs secours et de leurs conseils, qui ont favorisé sciemment et d'une manière active (que le § 11 explique par plusieurs exemples) la perpétration du vol, *adversus eos quorum operâ et consilio furtum factum est* (§ 11, *ibid.*), et enfin contre ceux qui auraient reçu et sciemment recelé les objets volés, *qui scientes rem furtivam susceperint et celaverint*. (§ 4 *in fine*, *ibid.*).

Les complices et les receleurs, quelle que soit la nature du vol commis, ne sont jamais considérés que comme des voleurs non manifestes. (Loi 34, ff. *de furtis*. — Inst., § 4, *ibid.*). Mais en retour les obligations dont ils sont tenus sont indépendantes de celles du voleur, en ce sens que bien que celui-ci ne soit soumis à aucune action, par exemple, à cause de ses rapports de puissance avec le propriétaire de l'objet volé, ils n'en seront pas moins exposés eux-mêmes à *l'actio furti* (Inst. § 12, *ibid.*).

Soumis sous ces rapports à un droit différent, tous ceux qui ont commis le vol, leurs complices, les receleurs ont cela de commun que *l'actio furti* est limitée à leurs personnes, qu'elle ne peut pas être donnée contre leurs héritiers, suivant la maxime écrite dans le titre 12 du 4ᵉ livre des Inst. *de perpet. et temporal. action..* : *Est certissima juris regula, ex maleficiis pœnales actiones in hæredem rei non competere.*

§ II.

Du RAPT *ou du vol commis avec violence* (rapina).

Le rapt, *rapina*, est une espèce de vol ; il ne se distingue du vol ordinaire que par la circonstance de la violence à l'aide de laquelle il a été commis. A cause de cette aggravation du délit, le Préteur avait introduit une action toute particulière à laquelle les jurisconsultes donnèrent par contraction le nom de *vi bonorum raptorum* (pour *actio bonorum vi raptorum*)... *propriam actionem ejus delicti nomine Prætor introduxit.* Gaius, dont nous rapportons les expressions, ne parle de cette action que dans un seul paragraphe (209 *ibid.*), tandis que Tribonien en a fait le sujet du titre 2 du 4ᵉ livre de *vi bonorum raptorum.* — Pour comprendre les caractères de cette action il suffira de la rapprocher de l'*actio furti* dont nous avons parlé dans le § précédent.

Le voleur ordinaire, manifeste ou non manifeste, s'environne du mystère, *clam aufert*; le ravisseur au contraire ne craint pas la publicité puisqu'il ose recourir à la violence pour consommer le délit. En haine des moyens qu'il emploie, les jurisconsultes lui impriment la qualification flétrissante de *fur improbus* (Gaius, *ibid.*), et par leurs Édits dont on trouve les termes dans un fragment d'Ulpien (loi 2, ff. *de vi bon. rapt.*). les Préteurs le condamnent à la restitution du quadruple. — Pour déterminer la quotité de cette restitution, on ne prenait plus en considération comme dans le vol ordinaire tout l'intérêt du demandeur, mais taxativement la valeur réelle de l'objet volé, soit que le rapt fût manifeste ou qu'il ne le fût pas, avec cette précision cependant, que dans le quadruple était comprise la valeur de l'objet volé, ce qui réduisait les effets de la peine au triple. — L'action à l'aide de laquelle cette restitution pouvait être réclamée n'était donc pas purement pénale. — Elle devait être intentée dans le délai d'un an ; exercée après l'expiration de ce délai, elle se réduisait *in simplum.* — Par cet ordre, si le ravisseur était puni plus sévèrement que le *fur nec manifestus*, sa condition était d'un autre côté moins rigoureuse que celle du *fur manifestus*, puisque ce dernier se trouvait tenu de la restitution de l'objet volé indépendamment de la peine du quadruple. Cependant celui qui se préoccupe des graves condamnations prononcées contre les ravisseurs par les lois Julia, *de vi publica et de vi privata* (Sentences de Paul, tit. 26, liv. 5), reconnaît

13

bientôt que le rapt n'était pas traité plus favorablement que
le vol, surtout lorsqu'il considère que l'*actio furti* était
toujours accordée dans tous les cas où il y avait lieu à l'*actio
vi bonorum raptorum*. (Just., Inst. *ad prœm.*, *ibid.*).

Par des règles analogues à l'*actio furti*, l'Édit n'accordait
l'*actio vi bonorum raptorum* que lorsqu'il y avait eu mauvaise foi, intention frauduleuse de la part du ravisseur.
— Cette solution était en harmonie avec la pureté des principes et néanmoins elle devint le prétexte des plus graves
abus de la part de ceux qui se croyaient autorisés à se faire
justice eux-mêmes en entrant, à l'aide d'une violence colorée
par des titres plus ou moins légitimes, en possession des
objets mobiliers ou immobiliers qu'ils soutenaient leur appartenir. Touchés de ces inconvéniens, les Empereurs
Valentinien, Théodose et Arcadius jugèrent avec raison
qu'il était convenable de mettre un frein à des voies de fait
toujours odieuses. — Par une de leurs Constitutions, datée
de l'an 389 de l'ère chrétienne, ces empereurs déclarèrent
que celui qui se mettrait en possession par violence d'une
chose mobilière ou qui envahirait une chose immobilière,
serait tenu, s'il en était propriétaire, de la restituer au possesseur évincé et perdrait en même-temps tout droit de propriété sur cette chose, et s'il n'était pas propriétaire, d'en
payer la valeur au possesseur, indépendamment de la restitution qu'il était toujours obligé de lui faire. (Loi 7, Cod.,
undè vi). — Justinien rappelle ces dispositions répressives,
trop sages pour qu'il ne les conservât pas. (§ 1er, *ibid.*).

§ III.

*Des Obligations résultant du dommage causé à la pro-
priété d'autrui, dans les cas déterminés par la loi
Aquilia (Damnum).*

Dans la loi des Douze Tables les Décemvirs n'avaient pu
passer sous silence les obligations dont serait tenu celui qui,
sans aucun droit, aurait causé par imprudence ou autrement un dommage (*damnum*) à la propriété d'autrui. —
D'autres élémens législatifs s'étaient encore occupés du même
objet, lorsque vers la fin du 4e siècle de la fondation de
Rome, selon les uns * ou vers la fin du sixième siècle selon

---

* D'après M. Ducaurroy, en l'année 528 de la fondation de
Rome; d'après M. Giraud, en 468; et selon M. Ortolan, en 367.

d'autres, un plébiscite doté du nom de loi *Aquilia* (parce qu'il avait été proposé aux Plébéiens par le tribun *Aquilius Gallus*), dérogeant à toutes les lois antérieures, vint promulguer un programme nouveau des obligations auxquelles, dans certains cas donnés, était assujetti celui qui préjudiciait à la fortune d'autrui.

Ce plébiscite eut égard principalement, pour déterminer le mode et la quotité des réparations, à la manière dont le dommage serait causé, à la nature de l'objet ou du corps lésé, et aux circonstances qui accompagneraient le fait dommageable. — Hâtons-nous d'aborder l'examen de ses dispositions qui constituaient trois chefs bien distincts :

Le premier chef, dont Gaius nous a conservé la formule, statuait sur le dommage, *damnum*, causé par celui qui aurait donné la mort à l'esclave d'autrui ou à un quadrupède de l'espèce de ceux que les textes désignent sous le nom de *pecudes*, parce que réunis en troupeaux ils vivent de pâturage........, *de quadrupede quœ pecudum numero est... de iis tantum quœ gregatim proprie pasci dicuntur* (Inst., tit. 3, *de lege Aquiliâ*, § 1er). Son texte limitatif ne s'appliquait pas aux autres animaux (sauf toutefois l'exception consignée dans la loi 2, ff. *ibidem*) qui, d'après leur nature ou leur instinct sauvage, ne peuvent être assimilés à ceux dont nous venons de parler. (*Ibid.* Inst., § 1er). Ce texte était ainsi conçu : *Qui servum servamve, alienum alienamve, quadrupedem vel pecudem, injuriâ occiderit, quanti id in eo anno plurimi fuerit, tantum œs dare domino damnas esto* (loi 2, *ad leg. Aquil.*). On le voit, le coupable était tenu de payer au propriétaire de l'esclave ou de l'animal occis, une somme égale à la valeur la plus forte que le corps détruit avait, non au jour de sa mort, mais dans le cours de l'année qui l'avait précédée, *non tanti teneatur quanti mortis tempore, sed quanti in eo anno plurimi fuerit*. Reproduisant ainsi la lettre du plébiscite (§ 214), Gaius a le soin de nous faire remarquer que par la force de ces principes la réparation se trouvait souvent supérieure au dommage causé. Le coupable devenait par cela même responsable du préjudice qui aurait pu être commis par d'autres, même de ceux qui auraient pu être la suite d'un cas fortuit dans le cours de l'année antérieure au délit *.

---

* M. Hugo, *Histoire du Droit Romain*, tome 2, note de la page 459.

— L'action accordée à celui qui avait souffert était donc *pénale*; et dès-lors elle ne pouvait pas être donnée contre les héritiers de l'auteur du dommage. (Inst. § 9, *ibid.*).

Paul nous apprend que pour apprécier le dommage ou plutôt la valeur du corps qui a péri, il ne faut pas prendre en considération le prix d'affection que ce corps pouvait avoir aux yeux du propriétaire, mais seulement sa valeur commune (loi 33, ff. *ad leg. Aquil.*). — Gaius nous avertit d'un autre côté (Inst. § 212, *ibid.*) que l'estimation sur laquelle l'indemnité sera calculée, ne doit pas être limitée à la valeur *absolue* du corps détruit, qu'elle doit s'étendre à sa valeur *relative* à d'autres objets ou plutôt à la dépréciation que sa destruction fait éprouver à ces objets, enfin qu'il faut avoir encore égard aux bénéfices dont la même perte prive le propriétaire. — Cette dernière théorie, qui n'émanait pas de la lettre du plébiscite, reposait sur l'interprétation des Prudens, ainsi que l'atteste Tribonien ; *illud non ex* VERBIS *legis, sed ex* INTERPRETATIONE *placuit, non solum perempti corporis æstimationem habendam esse.. sed eo amplius quidquid prætereâ, perempto eo corpore, damni vobis illatum fuerit.* (Inst. § 10, *ibid.*). — Les exemples proposés dans le même texte ne laissent rien à désirer pour l'intelligence de cette proposition.

Telle était la doctrine qui s'était formée sur le premier chef du plébiscite.

Le second chef était relatif (nous le savons depuis la découverte du manuscrit des Institutes de Gaius, *ibid.*, § 215) à l'adstipulateur qui avait libéré le débiteur en fraude du stipulant auquel il était adjoint. — Ses dispositions étant déjà tombées en désuétude du temps d'Ulpien (Loi 27, § 4, ff. *ad leg. Aquil.*), Tribonien se borne à mentionner ce dernier fait dans ses Institutes.

Quant au troisième chef qui nous a été conservé par Ulpien (§ 5 *ibidem*) il s'appliquait aux dommages causés par la simple blessure faite à l'esclave ou au quadrupède d'autrui, par la mort ou de simples blessures, quelle qu'en fut la nature (§ 13 *ibidem*), enfin par de simples détériorations ou lésions causées sur toute espèce d'animaux sans distinction, et sur toute espèce d'objets inanimés appartenant à autrui.... *Cæterarum rerum, præter hominem et pecudem occisos, si quis alteri damnum faxit, quod usserit, fregerit, ruperit, injuriâ; quanti ea res erit in diebus triginta proximis, tantum æs domino dare damnas esto.* (*Ibidem*, § 13). Gaius et Tribonien ont généralisé le sens de ce troisième chef en disant : *Capite tertio de* OMNI CÆTERO *damno cavetur.*

D'après son texte, l'estimation du corps qui avait été entièrement détruit ou seulement dégradé s'opérait pour le calcul du montant de l'indemnité, sur des bases différentes de celles que nous avons posées en parlant du premier chef du même plébiscite. — En effet, on considérait ici la valeur la plus forte que la chose avait eue, non plus dans le cours de *l'année* antérieure au dommage, mais seulement dans les *trente jours* qui l'avaient immédiatement précédé, *non quanti in eo anno , sed quanti in diebus triginta proximis ea res fuerit.* (Gaius, *ibid.* 218. — Justin. Inst... § 14, *ibid.*).

Les 1er et 3e chefs (nous passons le 2e sous silence par les motifs déjà déduits) statuaient donc sur des objets différens et produisaient des actions dont le résultat n'était pas le même. — Ils étaient cependant régis par des principes communs sous les rapports suivans :

1° Le propriétaire du corps qui avait été détruit ou lésé, n'avait l'action en réparation du dommage dérivant de la loi *Aquilia* , que lorsque ce dommage avait été causé INJURIA , c'est-à-dire à tort, par un fait que le droit ne pouvait justifier , *generaliter injuria dicitur omne quod non jure fit.* — INJURIA *ex eo dicta est eo quod* NON JURE *fuit.* (Ulp. , loi 1re, ff. *de injuriis*). Alors seulement il y avait dommage proprement dit (*damnum*) ; car Ulpien précisant l'acception de ce mot dans le Vocabulaire de la science du droit, disait *: Damnum nemo facit, nisi quid fecit quod facere jus non habet.* (Loi 15 , ff. *de divers... regul. juris antiq.*) — La responsabilité de l'auteur du fait qui a causé le préjudice existe d'ailleurs , soit que cet auteur ait à se reprocher ou son dol, ou bien une faute , une négligence quelconque de sa part quelque légère qu'elle soit , ne constituât-elle qu'une simple impéritie de l'art qu'il exerce , n'eût-il même aucune intention de nuire (loi 5 , § 1er, ff. *ibid.*). De là cette conséquence corrélative que si l'accident nuisible ne caractérise qu'un cas fortuit , s'il n'a été amené par aucune espèce de faute , ou de négligence , ou d'impéritie de la part de celui qui en est l'auteur, enfin si celui-ci n'a fait qu'exercer un droit légitime, il sera affranchi de toute obligation, *itaque impunitus est ,* disait Gaius (Inst. § 210 , *ibid.*), *qui sine culpa et dolo malo* , CASU *quodam damnum committit.* Tribonien a reproduit ces théories (Inst. § 3 et 14, *ibid.*), qu'il a le soin d'expliquer par de nombreux exemples consignés dans les § 2 , 4 , 5 , 6 , 7 et 8 , *ibid.*

2° Par une seconde précision encore commune aux mêmes
chefs de la loi *Aquilia*, il faut que le dommage ait été causé
par le contact et la collision d'un corps animé avec un autre
corps animé (selon le 1ᵉʳ chef), animé ou inanimé (selon
le 3ᵉ chef), *si* corpore *damnum fuerit datum....* corpus
læsum fuerit (Instit. § 16 , *ibid.*). En d'autres termes , il
faut qu'un corps humain ait, par l'usage de l'un de ses membres ou d'un instrument étranger (loi 9 , liv. 11, ff. *ibid.*),
détruit entièrement ou seulement lésé , fracturé un autre
corps, et cela d'une manière *directe* et *immédiate.* Si le
dommage n'était qu'un résultat indirect et immédiat de l'action de l'homme, son auteur ne resterait certainement pas im-
puni ; mais la partie qui a souffert ne pourrait plus agir contre
lui d'après la lettre de la loi *Aquilia* ; elle n'aurait , d'après
l'esprit de la même loi , qu'une action utile. — Quelle pouvait donc être l'intention dominante des auteurs du plébiscite,
si ce n'est de comprimer les passions violentes, de punir plus
sévèrement les délits corporels et de placer d'une manière
toutes péciale sous la protection des lois les esclaves et les
animaux nécessaires à l'agriculture ?

Empruntons pour faire ressortir les distinctions que nous
venons de proposer , les exemples que nous offrent Paul
(loi 7, ff. *ibid.*) et Tribonien (§ 16 *ibid.*). — J'ai précipité
de mes propres mains , des hauteurs d'un pont ou de la rive,
dans le fleuve , votre esclave qui a bientôt péri. — Vous
aurez contre moi l'action directe , émanant du texte même de
la loi *Aquilia* , parce que mon fait personnel est la cause
directe et immédiate de la mort de votre esclave. — Mais
j'ai arbitrairement renfermé un de vos esclaves que j'ai laissé
mourir de faim , ou bien sachant que cet esclave était atteint
de fureur, j'ai remis entre ses mains un glaive avec lequel il
s'est donné la mort , *furenti gladium porrexi.* Dans ces deux
hypothèses je suis, il est vrai, la cause de la perte de l'esclave;
mais je ne l'ai pas tué de mes propres mains, *non occidi.* Entre
mon fait et la mort de cet esclave il n'y a pas indivisibilité
d'action , comme dans notre première espèce, *causam mortis
tantum præstiti* (Paul *ibid.*) ; vous n'aurez contre moi que
l'action utile (*actio utilis*) de la loi *Aquilia* (Gaius , *ibid.*
§ 219).

Enfin , si je vous ai causé un dommage , sans néanmoins
détruire ni détériorer le corps au sujet duquel vous éprouvez
ce dommage, par exemple, si touché de commisération pour
un de vos esclaves que vous aviez chargé de chaînes , je l'ai
délivré de manière à lui laisser prendre la fuite , *si mise-*

ricordiâ ductus... servum compeditum solverim ut fugeret... privé de l'action directe et de l'action utile de la loi *Aquilia,* vous ne pourrez exercer contre moi qu'une action *in factum.* (Inst. § 16 , *ibid.*).

§ IV.

Des INJURES *considérées comme la source de certaines obligations* (de injuriis.)

Nous l'avons dit dans le paragraphe précédent, le mot *injuria*, dans la science du droit, s'entend de tout fait contraire au droit.... *omne quod jure non fit.* — Mais en dehors de cette acception générique, les textes donnent à la même locution des acceptions spéciales qui se modifient avec les nuances particulières du fait injuste.... Ainsi Tribonien nous fait remarquer (Instituts livre 4, titre 4 *de injuriis*, *ad præmium*), qu'elle est quelquefois synonime d'iniquité ou d'injustice (*iniquitas, injustitia*), par exemple lorsqu'on l'applique au Préteur ou au juge (*judex*) qui ont prononcé d'une manière contraire au droit. — Quelquefois encore elle n'exprime qu'une faute (*culpam*) qui a produit un dommage, comme dans les cas prévus par la loi *Aquilia.* Enfin, relative à d'autres théories, elle devient l'expression d'un affront reçu, d'un outrage, d'un acte de mépris (CONTUMELIA *à contemnendo*).

Cette dernière acception spéciale est celle que Tribonien donne au mot *injure* dans le titre 4 prémentionné du 4e livre des Instituts.

Pour bien faire comprendre l'esprit qui respire dans tous les textes de ce titre, une seule observation nous a paru nécessaire.

La loi *Aquilia*, on ne l'a pas oublié, suppose toujours un dommage matériel causé par suite d'une imprudence, d'une faute, d'une impéritie, indépendamment de toute mauvaise intention de la part du coupable, de tout désir de sa part de préjudicier à autrui, de blesser ses intérêts ou de l'offenser.

Le fait dommageable est par lui-même le principe des actions directes ou utiles qui dérivent les unes de la *lettre*, les autres de l'*esprit* du plébiscite. — La personne qui exerce ces actions n'a qu'un but, celui d'obtenir la réparation du préjudice que sa fortune a éprouvé. C'est le patrimoine lésé qui , par l'organe de son propriétaire , demande à être réintégré , à être rendu indemne.

Il n'en est pas de même en matière *d'injures* , d'après le sens particulier que nous donnons ici à cette locution.

Ce n'est plus en effet le fait matériel qui constitue l'injure , mais bien l'intention qu'avait son auteur de blesser l'honneur , la réputation , la dignité d'un autre , de porter atteinte à ses facultés physiques ou intellectuelles , de violer son droit de propriété , de l'empêcher d'exercer les droits qu'il tient du droit naturel , du droit des gens ou du droit de la cité.

L'injure existe abstraction faite de tout préjudice matériel, et si un préjudice de cette nature a été la conséquence du fait injurieux , l'action qu'exerce la personne injuriée , n'a pour objet que de venger l'affront reçu , d'obtenir une réparation , une réhabilitation morale, VINDICANDA *injuria...* VINDICTÆ *judicium* (Paul , Sentences , *tot. tit. de injuriis* , § 11). — Mais cette réparation étant impossible , les législateurs des temps primitifs ne trouvèrent qu'un genre de satisfaction à offrir à l offensé , c'est-à-dire des condamnations pécuniaires.

Ces premiers aperçus suffisent pour empêcher toute espèce de confusion entre les théories relatives à la loi *Aquilia* (que l'on pouvait d'ailleurs invoquer lorsque l'injure concourait avec les faits dommageables spécialisés par cette loi *) et celles qui vont suivre. — Ils permettent encore de préjuger des diverses manières dont l'injure peut être commise et des caractères qu'elle doit avoir pour donner lieu à des actions dont nous expliquerons bientôt la nature et les effets. — C'est là tout le plan que nous allons suivre.

Ulpien , distinguant d'après Labéon les diverses manières dont une personne pouvait être injuriée , disait : *injuria fit aut* RE, *aut* VERBIS (l. 2 , § 1 , ff. *ad leg. Aquil.*). — Paul écrivait de son côté (Sentences *de injuriis* § 1er) : *injuriam patimur aut in corpus aut extra corpus.*

D'après cette dernière division on était injurié 1° *in corpus* , lorsque le corps était , ou devenu l'objet de sévices , de blessures plus ou moins graves , ou pollué par des actes de violence contraires à la chasteté , *verberibus et illatione stupri* ; 2° *extra corpus* , par des propos et des discours

---

* Ulpien nous en fournit un exemple remarquable dans la loi 25 , ff. *de injuriis.*

offensans tenus à haute voix en présence de plusieurs personnes (*conviciis*)... , par la publication d'écrits calomnieux et diffamatoires (*carminibus.... famosis libellis*)...

En dehors de cette division principale , ou plutôt d'après son second membre , il est encore injurié celui dont on offense la pudeur (Paul loi 10 , ff. *ibidem*) ; celui qui étant personne libre est revendiqué méchamment par un autre en qualité d'esclave (Gaius loi 12 , ff. *de injuriis*) ; celui dont le domicile a été violé (Paul loi 23 , *ibid.*) ; celui dont les biens ont été saisis par un créancier supposé qui , de mauvaise foi , a profité de l'absence de son prétendu débiteur (Gaius , § 220); — Enfin celui qui est empêché d'exercer ses droits de propriétaire , etc.

Ces divers faits et tous autres analogues, (car les exemples que nous venons d'offrir ne sont pas limitatifs, Gaius 220 *ibid.* — Instit. Justin. *de injuriis*, § 11) ne deviennent injurieux que lorsque celui qui en est l'auteur , 1° a commis un acte arbitraire et agi sans aucun droit légitime , suivant cette maxime : *injuriam non facit qui jure suo utitur* ; 2° que son intention a été d'outrager , de blesser la réputation ou l'honneur , etc.. . , car l'injure tout entière consiste dans l'*intention* : *injuria in* AFFECTU *facientis consistit* ; disait Ulpien loi 3 , § 1er , ff. *de injuriis*). On en concluait naturellement que le furieux , l'impubère encore privé de discernement , étaient incapables de se rendre coupables de ce délit.

Il n'est pas nécessaire que les discours ou actes injurieux aient été proférés ou réalisés *directement* contre la personne même qui se prétend injuriée. Les jurisconsultes puisant toutes leurs inspirations dans la nature même de cette espèce de délit , reconnaissent avec raison qu'un citoyen romain peut être injurié ou directement en sa propre personne , ou par voie de conséquence, à cause des personnes avec lesquelles il est en rapport de puissance ou d'affection légitime. Ulpien dont les fragmens sur l'Édit , sujet de ses travaux les plus estimés , ont presque fait tous les frais du titre du Digeste *de injuriis* , écrivait encore à ce sujet : *aut per semetipsum alicui fit injuria , aut per alias personas* (loi 1re *ibid.* , § 3.)

L'injure faite au descendant refluera donc sur l'ascendant à la puissance duquel il est soumis ; l'outrage adressé à l'épouse réfléchira sur son époux ; l'affront fait à la cendre du testateur rejaillira sur son héritier (*ibid.* § 4 , 5 et 6), pourvu toutefois que telle ait été, que telle ait pu être l'intention de l'auteur de l'injure (Paul sentences *de injuriis* § 3).

L'esclave que le droit confond presque toujours avec les

14

choses, ne peut être personnellement injurié ; mais les faits qui ne sont pas injurieux pour lui revêtent ce caractère à l'égard de son maître, *servis ipsis quidem nulla injuria fieri intelligitur, sed domino fieri per eos videtur.* — On exige ici que l'intention manifeste de l'auteur ait été de faire remonter l'injure jusqu'au maître, et de plus que les excès dont l'esclave a été victime offrent des caractères de gravité ou d'atrocité qui ne seraient pas nécessaires pour constituer l'injure vis-à-vis d'une personne libre. Tribonien précise cette double condition dans les termes suivans : *cùm quid* ATROCIUS *commissum fuerit et quod apertè ad contumeliam domini respicit.*

Les peines répressives du délit d'injures, ont subi de nombreuses variations.

D'après la loi des XII tables, la peine était, pour un membre rompu, le talion ; pour un os brisé ou froissé, s'il s'agissait du corps d'une personne libre, la condamnation au paiement d'une somme de 300, et s'il s'agissait du corps d'un esclave, de 150 *as.* — Ces peines pécuniaires avaient paru suffisantes, dit Gaius, à cause de l'état de grande pauvreté, qui fit la force et le bonheur de Rome naissante : *videbantur in illis temporibus, in magná paupertate, satis idoneæ istæ pecuniariæ pœnæ* (Iust. *ibid.* § 223 — Just. Inst. *ibid.* § 7).

En modifiant ces principes le Préteur autorisa la partie qui venait lui demander la formule de l'action (*injuriarum*) à évaluer elle-même la peine pécuniaire. Le judex devant lequel les contendants étaient renvoyés, pouvait sans contredit réduire cette évaluation, lorsqu'il la reconnaissait excessive, en ayant égard aux circonstances énumérées par Tribonien dans la dernière partie du § 7 *ibid*, mais il ne pouvait jamais l'augmenter.

Toutefois en matière d'injures ATROCES, soit à cause de la nature même du fait injurieux, ou du lieu dans lequel l'injure avait été commise, ou de la condition, de la dignité de la personne injuriée (Iust., *ibid* § 9), le Préteur avait le soin lorsque les parties étaient en sa présence (*in jure*), de déterminer la quotité du *vadimonium*, c'est-à-dire, des garanties ou des sûretés que le défendeur devait offrir dans certains cas au demandeur qui promettait de se représenter au jour fixé (Gaius Inst. comm. 4, § 184 et suivans). Cette quotité, était considérée comme l'évaluation de la peine pécuniaire, dont la condamnation devait être prononcée, par le juge qui reconnaîtrait l'existence de l'injure, *si simul constituerit Prætor quantæ pecuniæ nomine fieri debeat* VADIMONIUM, *hâc ipsâ quantitate taxamus formulam,* disait

Gaius (*ibid.* 224); et bien que d'après la pureté des principes ce *judex* conservât toujours la faculté de modérer cette évaluation dans sa sentence, il la respectait le plus souvent, par déférence pour l'autorité du magistrat, *propter ipsius prætoris auctoritatem*; *non audet minuere condemnationem* (*ibid.*).

Après la loi des XII Tables, et à côté du droit honoraire, l'histoire nous révèle la loi *Cornelia*, qui sous la dictature de Cornélius-Sylla dont elle emprunta le nom, prononça des peines fort sévères, lorsque l'injure avait lieu de l'une des trois manières suivantes : *Si quis pulsatus, verberatus, domusve ejus introita sit.*

Paul résumait donc avec une grande exactitude les différentes sources de l'*actio injuriarum*, lorsqu'il écrivait : *injuriarum actio ex lege* (la loi des XII tables), *ex more* (les usages sanctionnés par l'édit des Préteurs) , *aut mixto jure* (la loi *Cornelia*) *introducta est*. (sentences *ibid.* , § 6 , 7 et 8).

Ce résumé doit être suivi, d'après l'enchaînement des idées, de l'énumération des personnes qui pouvaient demander au Préteur la formule de cette action, enfin de celles contre qui elle pouvait être demandée.

La personne contre laquelle ont été dirigés les actes injurieux est-elle engagée dans les liens de la servitude ?

Le maître, nous l'avons dit, a seul, dans les cas que nous avons déjà déterminés (§ 3 , *ibid.*), l'*actio injuriarum*. — Que si l'esclave est commun à plusieurs, ou bien s'il appartient à l'un pour la nue propriété, à l'autre pour l'usufruit, enfin s'il s'agit d'une personne libre possédée de bonne foi en qualité d'esclave, il faudra suivre les précisions et les distinctions que Tribonien a cumulées dans les § 4 , 5 et 6 (*ibid.*).

La personne injuriée est-elle libre, et néanmoins placée sous la puissance ou sous la protection d'une autre ? L'action sera ouverte à plusieurs personnes en même temps. — Prenons pour exemple l'espèce proposée par Nératius et reproduite par Paul (loi 1ᵉʳ., § , ff. *de injuriis*). Mon épouse qui est encore *filia familias* est injuriée ; l'*action* sera ouverte en même temps à mon épouse, à son père et à moi-même, *et mihi et patri ejus, et ipsi*, lorsque (comme nous l'avons déjà remarqué) l'auteur du délit a pû avoir l'intention en injuriant une fille de famille, une épouse, de faire réfléchir l'outrage sur son père, sur son époux. — Le Préteur qui aurait vécu dans le cours du 3ᵉ siècle de la fondation de Rome aurait-il refusé l'*actio injuriarum* à l'époux de Lucrèce si indignement outragée par un fils des Tarquins ? Plus tard n'aurait-il pas été heureux de l'accorder au père de l'infortunée Virginie, obligé de poignarder sa fille pour la soustraire à l'effrénée lubricité de son ravisseur Appius ? *

Je pourrai donc agir en mon nom personnel comme a u nom de mon épouse, sauf toutefois, ce qui est digne d'être noté, que le montant des condamnations se réglera non sur la considération personnelle de celui qui agit, mais sur celle de la personne au nom de laquelle l'action est intentée (Ulp. et Paul loi 30, 31, ff. *de injuriis*).

Pour connaître ceux qui sont exposés à cette action, laissons parler Ulpien (loi 11, ad prœm.), dont Tribonien a reproduit le langage (Inst. § 11 *ibid.*) : *Non solum is injuriarum tenetur qui fecit injuriam, hoc est qui percussit, verum ille quoque tenetur qui dolo fecit, vel qui curavit ut cui mala pugno percuteretur.* — Ce ne sont donc pas seulement les auteurs directs du délit, mais plus généralement tous ceux qui l'ont favorisé activement, tous ceux qui en sont les fauteurs, que l'action doit atteindre et frapper.

Si d'après tout ce qui précède, l'injure n'existe qu'en raison de l'intention de celui qui l'a commise, elle se mesure aussi sur les sentimens ou plutôt sur les ressentimens, sur la profondeur de la blessure, de l'ulcération morale de celui qui l'a reçue. Paul a eu le soin de nous le faire remarquer en disant Sentences *ibid.* § 1er *quod (injuria) ex affectu, uniuscujusque* PATIENTIS *et facientis æstimatur.* Il faut en déduire cette conséquence que l'action est détruite par le pardon ou l'oubli de la personne injuriée ; *hæc actio dissimulatione aboletur* dit Justinien d'après Paul § 12, et d'après Ulpien loi 11 § 1er *ibid.*

Nous ne passerons pas à un nouvel ordre d'idées sans consigner ici deux observations communes aux quatre espèces de délits privés qui précèdent. Elles sont relatives à l'option et au cumul dont jouit la partie lésée par rapport aux actions qu'elle peut exercer.

Pour obtenir la réparation du dommage que le délit privé a causé, la partie lésée pourra agir, ou criminellement, *criminaliter*, ou civilement, *civiliter*. — Ainsi en parlant de la loi *Aquilia*, Gaius nous fait remarquer que le maître d'un esclave peut, *capitali crimine reum facere eum qui*

---

* On sait que l'institution des Préteurs ne remonte qu'à la fin du 4e siècle de la fondation de Rome.

occiderit vel hac lege damnum persequi. De son côté , Tribonien dans le titre *de injuriis* pose le même principe : *in summá sciendum est de omni injuria eum qui passus est , posse vel criminaliter agere, vel civiliter.* (Inst. § 10, *ibid.*). Ces précisions sont très-importantes en ce que les deux actions sont soumises à des règles différentes , et quant à la manière de procéder en justice (Ulp. loi 3 , ff. *de privatis delictis*), et quant aux principes à l'aide desquels la contestation est appréciée et jugée (Justin. Inst. § 10 , *ibid.*).

2° Un même délit , lorsqu'il est complexe , peut en outre donner lieu à plusieurs actions civiles. — *Nunquam plura delicta concurrentia faciunt ut ullius impunitas detur , neque enim delictum ob aliud delictum minuit pœnam ,* l. 2 , ff. *de privat. delict.*). Pour mieux expliquer sa pensée le jurisconsulte propose plusieurs exemples parmi lesquels il suffira de citer ici le premier : vous avez soustrait frauduleusement un de mes esclaves et vous lui avez donné la mort ; comme *voleur* vous serez tenu vis-à-vis de moi par *l'actio furti* , et comme *meurtrier* par *l'action* de la loi *Aquilia.* Il faut enfin remarquer que l'exercice de l'une de ces actions n'empêchera pas plus tard d'exercer l'autre , *neque altera harum actionum alteram consumit* (§ 1er *ibid.*)

TITRE IV.

Des obligations qui se forment COMME PAR UN DÉLIT (de obligationibus quæ quasi ex delicto nascuntur).

De même qu'à côté des obligations qui naissent d'un contrat , nous avons placé des obligations qui se forment comme par un contrat , *quasi ex contractu* , nous allons , à côté des obligations dérivant d'un délit , parler de celles qui se forment comme par un délit , QUASI EX DELICTO.

Tribonien dont nous suivons ici la méthode , étrangère comme on le sait à Gaius , s'en occupe dans un titre spécial , le titre 5 du 4e livre, Instit. *de obligationibus quæ quasi ex delicto nascuntur.*

Toutes les théories qui s'y trouvent consignées se rapportent à une précision que nous avons eu le soin de faire en parlant de la loi *Aquilia.*

On n'a pas oublié à ce sujet, que les actions directes ou utiles dérivant de la lettre (*ex verbis*) , ou de l'esprit (*et interprétation*) de ce plébiscite ne pouvaient être exercées que dans des cas déterminés , lorsqu'un corps avait été détruit entièrement, ou seulement détérioré par un corps humain. —

Tout autre dommage résultant du fait de l'homme, mais en dehors des précisions du plébiscite, donnait lieu à une action *in factum* (Instit. , *de lege aquil.*, § 16). — Tribonien nous offre ici quelques exemples analogues de dommages qui rentrent dans cette dernière catégorie et qui par cela même font éclore les mêmes obligations et les mêmes actions.

L'auteur de ces dommages ne s'est rendu coupable d'aucun délit ; mais d'un autre côté il est encore moins lié par un contrat vis-à-vis de ceux dont les intérêts ont souffert. Il faut cependant qu'il répare le préjudice causé ; et dès-lors, par cela seul qu'il a été imprudent ou négligent, s'il n'a pas été coupable, on a dit que ses obligations étaient formées comme par un délit.

Le premier exemple de semblables obligations que nous rencontrons dans le *præmium* du titre précité, est relatif au juge qui a rendu une sentence injuste, et qui par ce fait seul, n'eût-il mal jugé que par imprudence, par impéritie, par ignorance des préceptes du droit (et à plus forte raison s'il a prévariqué, s'il s'est laissé corrompre), s'oblige à indemniser celui des contendans dont il a sacrifié les intérêts. — En prononçant cette sentence il s'est, pour ainsi dire, approprié le procès qu'il a faussement apprécié , *litem suam fecit* , disent les textes avec cette énergie et ce bonheur d'expressions qui constituent un des caractères particuliers de la jurisprudence Romaine. Dès-lors il sera condamné à titre *de peine* au paiement d'une somme qui sera arbitrée par le nouveau juge appelé à statuer sur le litige, *in quantum de ea re æquum religioni judicantis videbitur , pœnam sustinebit.*

Le second exemple est relatif à la responsabilité du propriétaire ou locataire, ou de celui qui habite, à tout autre titre, dans le bâtiment ou l'appartement d'où ont été projetés des corps solides, ou répandus des liquides susceptibles de nuire à autrui, (si) *dejectum effusumve aliquid est , ita ut alicui noceret.* — Quel que soit l'auteur de cet acte nuisible, le possesseur du lieu, d'où les matières ont été projetées ou répandues, est responsable du préjudice causé. — Il en est de même de celui qui a laissé placé ou suspendu *positum aut suspensum* , sur la voie publique , *ea parte quâ vulgo iter fit* , un corps dont la chûte serait de nature à léser les passans ; il serait passible, à titre de peine, d'une condamnation au paiement d'une somme de dix pièces d'or, par le fait seul de son imprudence et sans qu'aucun dommage eût été causé. Il n'est même pas nécessaire ici pour être soumis à cette peine, que l'on habite la maison, il suffit que l'on eût le droit de l'habiter en qualité de propriétaire de locataire ou à tout autre titre (Ulp. , loi 5 , ff. , *de his qui effuderint*).

Quant aux peines prononcées contre les habitans des maisons ou tous autres bâtimens pour la réparation du dommage réel occasionné par le projet de solides ou l'effusion de liquides , Tribonien nous apprend qu'elles variaient selon la condition de la personne lésée, la gravité du dommage éprouvé, qui devait être calculé en raison de toutes les pertes causées et de toutes les dépenses qu'avaient entraînées le fait dommageable , enfin , en raison des profits que l'accident empêcherait désormais de faire, *judex enim computare debet mercedes medicis præstitas , cæteraque impendia , quæ in curatione facta sunt; prætereà operas quibus caruit aut cariturus est ob id quod inutilis factus est* (*ibid.*).

La responsabilité de ces peines pèse en principe , nous l'avons déjà fait remarquer, sur celui qui est possesseur actuel de l'édifice , *ex quo aliquid dejectum effusumve est*...... On n'examine pas si celui qui possède est ou n'est pas personnellement l'auteur du fait auquel le droit attache des peines. Dans tous les cas sa responsabilité est la même , parce qu'il doit répondre de l'imprudence des personnes qui habitent sous le même toit que lui. — De là dérive cette conséquence constatée par Tribonien, que si le fils de famille avait une habitation distincte et séparée de l'habitation de son père , *si seorsum à patre habitaverit*, celui-ci ne serait plus garant des actes de la nature de ceux dont nous venons de parler ; (§ 2 , *ibidem*) , le fils serait seul exposé aux actions dont ces actes deviennent le principe. — Cette théorie est déclarée commune par le même texte au fils de famille, qui , investi des pouvoirs de juge , a assumé sur sa tête , tous les risques du procès , par l'effet de la sentence injuste qu'il a rendue.

Le paragraphe 3 et dernier du même texte (auquel nous n'avons pas cru devoir donner de longs développemens) s'occupe de la responsabilité qui pèse sur les commandans d'un navire , *exercitores navis* , sur les maîtres d'hôtellerie et toutes autres personnes qui font profession de loger et recevoir , *exercitores cauponæ aut stabuli* , à l'égard des vols commis ou du préjudice causé de toute autre manière au préjudice des passagers et des voyageurs , par ceux qu'ils ont employés au service des navires ou de ces hôtelleries ou autres établissemens. — Aucun délit , aucun méfait personnel ne peut être reproché à *l'exercitor* lui-même puisque nous le supposons entièrement étranger au vol ou au dommage dont on se plaint ; il n'est d'un autre côté tenu par aucune sorte de contrat vis-à-vis des propriétaires des parties lésées,

Mais comme il doit s'imputer d'avoir accordé sa confiance à des employés ou à des commis infidèles , *reus est quod operâ malorum hominum uteretur* (§ 3 , *in fine* , ibid.) , on le déclare obligé , *quasi ex maleficio* , à réparer le préjudice causé.

Il en est de même du juge qui a mal jugé, ou du possesseur des bâtimens au sujet desquels nous avons fait les précisions qui précèdent , lorsque les actes entraînant des peines , sont émanés de leurs esclaves, de leurs enfans habitant avec eux. Le juge, quelle que soit la pureté de ses intentions, a toujours à se reprocher de n'avoir pas apprécié convenablement le procès.... *peccasse aliquid intelligitur* (*ad præmium. Ibid.*). Le possesseur n'est également obligé ni par un délit , ni par un contrat quelconque , et néanmoins il est responsable, il est obligé comme par un délit , *quasi ex maleficio* , parce qu'il doit s'imputer de n'avoir pas exercé une surveillance assez active sur tous ceux qui habitent avec lui.

L'action accordée aux parties lésées , dans les divers cas que nous venons d'énumérer , est l'*actio in factum.* Cette action , transmissible aux héritiers de ces parties , ne sera pas également donnée contre les héritiers de l'auteur du dommage , *actio quæ hæredi quidem datur , adversus hæredem autem non competit* , (§ 2 , *ibid.*).

En traitant les obligations qui se forment comme par un délit nous avons parachevé l'exploration des quatre *sources* des obligations et par cela même épuisé la *première partie* de notre plan relatif à l'examen des obligations et des actions.

Toutefois nous n'entrerons pas dans l'examen des *Actions* , sans jeter un regard en arrière et placer les matières que nous avons rapidement parcourues sous le jour de quelques idées empruntées à l'histoire et à la philosophie du Droit.

Il ne nous a pas été difficile de saisir la gradation qui existe dans l'histoire des obligations dont nous venons d'énumérer les *sources.*

Le peuple qui, au pied de l'Aventin , fonde une cité nouvelle composée d'élémens grossiers , sinon barbares (pour la plupart) du moins peu civilisés , ne se préoccupe d'abord , en matière d'engagemens , que de tout ce qui fait impression sur ses sens, des traditions , des conventions déjà exécutées par l'une des parties...... et ces traditions se rapportent aux contrats indispensables à la vie...... au *mutuum* (prêt de choses fongibles),.... au *commodat* , au *dépôt* , et à ceux qui dénotent la défiance naturelle chez des hommes de cette époque.... au *gage*.

Bientôt lorsqu'il aura secoué les langes de son berceau, lorsqu'il aura commencé à bégayer le langage de la vie civile, il trouvera dans les paroles formulées une cause nouvelle d'obligations. — Cette cause est un progrès amené par la nature même des choses, par la marche probable de l'esprit humain.

Les obligations verbales, celles que l'on appellera plus tard *stipulations* à cause des souvenirs attachés à leur origine, augmentent ainsi le nombre des contrats. — Ces formules sacramentelles, devenues l'expression d'un consentement obligatoire, survivront, chose remarquable ! à toutes les révolutions intellectuelles dont l'histoire a retracé le cours; elles ne tomberont que sous les coups de la réforme d'un empereur de Constantinople. Pourquoi leur influence a-t-elle donc été si tenace ? Parce que le génie Romain est un génie sombre et mystique, dans le sein duquel la vieille Étrurie déposa un jour tous ses mythes et ses traditions; parce que la politique du Patriciat s'est emparée de ces prédispositions pour retenir le Plébéien enlacé dans les réseaux d'une législation dont il ne pourra jamais bien comprendre le mécanisme si sévère et si compassé.

Ainsi dans le droit tout est articulé et mesuré avec une exactitude mathématique. La cité humaine comme la cité Divine n'est que rhytme et que mystère ; le bâton des augures en sera le symbole.

Il ne faut pas dès-lors s'étonner que ce droit soit long-temps inflexible.

Dans le langage du législateur comme dans le langage du père de famille, le matérialisme prédomine.

Quand des engagemens sont une fois formés, il ne faut plus en consulter que la lettre, et cette lettre il faut la respecter avec tout ce qu'elle a d'étroit ou d'injuste. Ce n'est pas seulement dans les rapports de ses citoyens entr'eux que Rome fait prévaloir ce rigorisme ; elle l'applique elle-même dans ses relations avec les cités rivales ou ennemies. — Elle détruira Carthage parce qu'elle a promis de respecter non pas *urbem* mais *civitatem*.

Mais le matérialisme doit entrer tôt ou tard en lutte avec le spiritualisme, et il est dans la nature de celui-ci d'être toujours vainqueur.

A Rome, ses succès s'annoncent par l'introduction des contrats parfaits par le seul consentement. (Ces contrats sont d'ailleurs l'expression du mouvement social, de l'extension du sol, etc., etc.)

Ils se dessinent surtout par le principe de l'*interprétation*

15

admis dans les conventions et par les tempéramens de
l'équité qui deviennent la conséquence de ce principe. —
Le Préteur est monté sur son tribunal, et là, organe intelligent des sympathies nationales, il a proclamé l'avènement
d'une ère nouvelle, l'alliance du Droit avec la justice. —
Cependant les inspirations du Droit naturel ne pénétreront
pas dans le domaine de la jurisprudence. A peine si le
Christianisme pourra donner quelque éclat et quelque fixité
à ses pâles et vacillantes lueurs que les jurisconsultes du
beau siècle de la jurisprudence n'avaient eux-mêmes saisies
que d'une manière fugitive.

En retour, les entraves qui avaient gêné la liberté des
conventions humaines, les difficultés qui résultaient, en
matière de stipulations, et de la différence des idiômes et de la
défense de choisir pour *terme*, des époques données, disparaissent. — Elles disparaissent fort tard, il est vrai, puisqu'il fut réservé à Justinien de les supprimer. Mais qui ne
voit que jusqu'au règne de ce prince, si le progrès est
certain, il est toujours fort lent ; qu'en droit civil comme
en politique, chaque réforme, pour être durable, est le résultat d'une lutte, le prix d'une conquête souvent douloureuse ;
que jusqu'à Justinien les innovations sont timides et partielles,
que lui seul procède par révolution ?

Sous son règne, les complications de la jurisprudence se
dissipent..... l'unité et la simplicité triomphent. Nous en
avons trouvé un exemple dans les fidéjusseurs qui remplacent
exclusivement les *sponsores* et les *fidepromissores*. — La
preuve testimoniale qui avait depuis long-temps perdu la
confiance des hommes, perd enfin son autorité aux yeux du
législateur lui-même ; les documens écrits l'emportent désormais sur les documens verbaux. — Ce fut encore un
progrès.

Ces aperçus, quelque incomplets qu'ils soient, ne suffisent-
ils pas pour donner une idée convenable de la marche du
droit Romain, de sa progression toujours ascendante, au
milieu de tant d'obstacles et de vicissitudes, vers le principe
de l'équité, de la raison et de l'émancipation intellectuelle ?

Les inductions que réfléchissent les textes relatifs aux *délits*
considérés comme la seconde source des obligations, nous
conduiraient évidemment à des résultats identiques. Partout
nous retrouverions des traces certaines de la dualité originaire du peuple Romain, des conquêtes d'une législation
modérée sur l'âpreté primitive de la jurisprudence.

Ainsi le droit des Romains n'est pas seulement l'expression
vivante de leur civilisation nationale, il est encore l'expres-

sion (ceci est digne de remarque) de toutes les civilisations en général.

L'humanité ne saurait sortir de la progression qu'il a parcourue. — En d'autres termes, dans l'histoire de ce peuple, et spécialement dans son droit, nous retrouvons toutes les phases de l'humanité, son enfance, son éducation, son âge viril ; peut-on ajouter : et son point d'arrêt ? Personne n'oserait l'affirmer.

Vico avait, mieux que tout autre, saisi ces vérités d'un ordre supérieur. Elles enflammèrent son génie, et lui inspirèrent ces conceptions admirables par la puissance d'une synthèse dans laquelle les plus hauts enseignemens de la politique viennent se fondre avec les secrets les plus intimes de la religion et de la jurisprudence.

Quand Vico a démontré le problème qui désormais aurait la hardiesse de le contester ?

Et cependant le Droit romain est encore de nos jours le point de mire de tous les traits d'une censure envenimée ! On le méconnaît et on le calomnie ; car on l'accuse, qui le croirait ? de n'être qu'un tissu de dispositions bisarres et incohérentes, qu'un foyer de subtilités et de puérilités indignes de la raison humaine.

Sans doute nous serons tous entraînés vers ces fausses idées, si égarés par d'injustes préventions, nous nous arrêtons à l'enveloppe souvent froide des textes, dédaignant de pénétrer jusques dans le cœur de ses doctrines. — Mais sachons briser le joug que nous imposent à notre insu nos usages et nos mœurs. Affranchis des préjugés de notre civilisation remontons le cours des âges; essayons de reconstruire l'histoire juridique du peuple Roi, et sous ses ruines poétiques et sacrées où sommeillent tant de glorieux souvenirs, nous saurons retrouver tous les titres du genre humain. A travers des masques, depuis long-temps déchirés, nous reconnaîtrons visiblement, dans leurs nudités, toutes les passions rivales s'agitant dans la main d'une Providence qui sait les conduire à ses fins.

Honneur aux jurisconsultes et aux philosophes modernes dont les efforts incessans tendent à replacer sur une voie si large le mouvement scientifique enrayé depuis deux siècles dans une ornière si profonde ! — Gloire aux dépositaires des nobles inspirations du génie Napolitain, aux Ganz, aux Niébürh et aux Ballanche, qui se livrent tous les jours à des explorations nouvelles dans le monde que sa raison avait découvert ! Un jour viendra, et ce jour n'est pas éloigné où leurs méthodes seront seules en possession de l'enseignement qu'elles doivent nécessairement envahir.

Alors, peut-être, les amis de la plus belle de toutes les sciences n'éprouvèront plus le regret d'entendre ces doléances périodiques que forment quelques organes du pays sur les vices de l'enseignement du Droit en France.

Encore cette année, au moment même où nous traçions les dernières lignes de ce travail, les mêmes plaintes ou plutôt les mêmes censures tombaient du haut de la tribune nationale.

Quelle opinion faut-il se former de ce reproche permanent ?

Si pour en faire ressortir la légitimité, ses auteurs daignaient enfin nous révéler le programme raisonné d'une méthode supérieure à celle qui est actuellement suivie, nous pourrions du moins mettre la main à l'œuvre pour réaliser les réformes qui nous seraient indiquées. Mais que l'on se borne vaguement à signaler le mal sans nous faire connaître ni ses caractères, ni le remède propre à le guérir, c'est là ce que nous ne pouvons comprendre de la part de quelques esprits dont nous respectons les intentions, sans accepter cependant leurs censures comme l'expression d'une incontestable vérité.

Et à quelle époque ces plaintes, d'autant plus graves qu'elles émanent d'hommes plus haut placés, viennent-elles retentir au milieu de nous ? C'est lorsque la rénovation se fait partout sentir ? lorsqu'une École nouvelle se pose pleine de foi dans l'avenir, en présence des traditions surannées des disciples dégénérés d'Heinneccius, de leurs méthodes étroites, de leurs théories sans séve et sans couleur, fière de sa mission de réconcilier avec les études sévères et substantielles les générations qui grandissent ?

Que si par les reproches dont nous parlons, on veut dire que l'enseignement est incomplet, qu'il est temps de créer un enseignement supérieur, que des chaires d'histoire, de philosophie du Droit et de législations comparées sont indispensables, surtout qu'il serait urgent et conforme aux premières notions de la justice, avant de doter de faveurs nouvelles certaines Facultés privilégiées, de rendre à d'autres qui ont la conscience de n'avoir jamais démérité, des sources d'instruction, qu'elles ont long-temps possédées, nous comprendrons tout le mérite de ces observations ; nous nous associerons de toutes nos forces à un vœu déjà plus d'une fois exprimé.

Nota. L'examen des *actions* et de l'*extinction des obligations* deviendra le sujet d'une dernière livraison.

Toulouse, Imprimerie de Pr. MONTAUBIN.

PROGRAMME

D'UN

Cours de Droit Romain,

4e ET DERNIÈRE LIVRAISON DE LA 2e PARTIE DU COURS,

CONTENANT

L'EXPOSÉ HISTORIQUE DES PRINCIPALES RÈGLES DU DROIT ROMAIN

RELATIVES

AUX ACTIONS ET A L'EXTINCTION DES OBLIGATIONS ;

MATIÈRES TRAITÉES DANS LES TITRES XXX DU 3e LIVRE,

6 ET SUIVANS DU 4e LIVRE DES INSTITUTES DE JUSTINIEN,

ET PLUS SPÉCIALEMENT D'APRÈS LE COMMENTAIRE 4 DES INSTITUTES DE GAIUS.

PAR M. BÉNECH,

AVOCAT A LA COUR ROYALE, PROFESSEUR DE DROIT ROMAIN
A LA FACULTÉ DE DROIT DE TOULOUSE.

TOULOUSE.

IMPRIMERIE DE Pr. MONTAUBIN,

PETITE RUE SAINT-ROME, N° 1.

1837.

INTRODUCTION

Exposé du plan suivi pour l'étude des ACTIONS, *et de l'*EXTINCTION DES OBLIGATIONS.

On n'a pas oublié la division tripartite que nous avons proposée dans notre précédente Livraison, pour l'exploration des *Obligations* et des *Actions*.

Elle consiste dans le développement successif ;

1º Des sources ou des causes efficientes des Obligations ;

2º Des effets des Obligations ou des Actions ;

3º Enfin de l'Extinction des Obligations.

La première de ces trois subdivisions étant épuisée, il ne nous reste plus, pour compléter nos cadres, et mettre en même temps la dernière main à notre Programme, qu'à parler des deux autres.

Devions-nous, en préludant à l'examen des Actions, faire ressortir l'intérêt que présentent les théories relatives à cette branche de la Jurisprudence ? Mais qui ne sait qu'elles constituent la clef de la science , qu'elles sont , par rapport au Droit ce que le soufle de la vie est par rapport aux êtres animés ?

On sait aussi que depuis plus d'un siècle l'étude des Actions était presque généralement délaissée , ou plutôt qu'elle consistait tout entière dans une pâle et froide analyse des tit. VI et suivans du 4ᵉ livre des Institutes de Justinien.

Ces sources étaient cependant bien insuffisantes pour donner aux jeunes légistes des notions exactes sur ces matières.

Voici pourquoi :

Les textes dont nous parlons se réfèrent principalement à des classifications des actions considérées tantôt sous le point de vue de leur origine , tantôt sous le point de vue de leur cause finale , etc. — Les notions historiques y sont on ne peut plus rapides........ A peine remarque-t-on çà et là , dans quelques paragraphes isolés , quelques documens fugitifs sur le nouveau mode d'instruction des procès , sur les réformes introduites par les Empereurs chrétiens.

Quel est cependant le jeune ami des lois qui voudrait aborder ces fragmens ainsi décolorés , sans avoir une connaissance du moins sommaire de l'organisation judiciaire à laquelle ils se rattachent ? Que lui importe de savoir qu'il y avait des actions *in personam* , *in rem* , des actions *mixtes* etc., etc.... , s'il ne sait en même temps devant quel magistrat on pouvait les exercer , et quel était le mécanisme établi pour en assurer le succès ?

Il faut donc prédisposer son esprit par un tableau succint des diverses juridictions chez les Romains , et des divers moyens de procéder en justice successivement admis. — Ce tableau bien que synthétique n'en doit pas moins être complet , et pour atteindre ce but , remonter à la première des phases de la procédure , c'est-à-dire aux *legis actiones* , en dessinant principalement la procédure formulaire , en vigueur depuis Cicéron , jusqu'aux révolutions contemporaines du triomphe du Christianisme.

En effet , cette seconde procédure ayant fleuri , d'après les termes que nous venons de poser, pendant le beau siècle de la jurisprudence , on ne saurait , sans l'exploration préalable de ses règles , pénétrer l'esprit des fragmens des jurisconsultes qui écrivaient sur le droit à cette époque.

D'un autre côté , malgré les différences profondes qui séparent la jurisprudence du Bas-Empire de celle dont nous venons de parler , on remarque dans les Institutes plusieurs textes qui se rapportent aux théories que celle-ci avait consacrées. — Ce sont des extraits de formu-

les, des mots alors sacramentels * qui se sont glissés inaperçus dans l'œuvre des compilateurs de Justinien. On ne peut espérer de les comprendre en les isolant de l'ensemble
auquel ils appartiennent. Il en est de ces textes comme des débris des monumens d'un autre
âge ; vous les interrogerez vainement si vous ne connaissez le style de l'architecture qui les
a produits.

Ces considérations démontrent que l'examen exclusif des Institutes de Tribonien ne
serait pour nous qu'un travail imparfait, stérile et, on me permettra de le dire, plus d'une
fois dépourvu d'attraits.

Le professeur doit dès-lors pour vivifier son sujet, pour le traiter avec quelque espérance
de captiver ses auditeurs, agrandir ses proportions en les rattachant aux bases de l'organisation politique et au développement des mœurs nationales.

Tous les élémens de l'histoire romaine sont par cela même, principalement pour ces
théories, d'un immense intérêt. Il contribuent, plus qu'en toute autre matière, à faciliter
l'intelligence de la gradation des idées, de la série des propositions scientifiques émanées
des anciens jurisconsultes.

Parmi ces jurisconsultes, Gaius doit sans contredit occuper ici le premier rang. —
Nous l'avons déjà énoncé dans les prolégomènes de la livraison précédente ; le Commentaire
quatrième de ses Institutes pouvait seul rendre la vie à l'étude des actions. Le développement des diverses magistratures des Romains et la symétrie de leur procédure y
laisse encore, il est vrai, beaucoup à désirer. On voit que ce jurisconsulte présupposait aussi,
de la part de ceux qui méditeraient son livre, la connaissance déjà acquise de tous ces
élémens préjudiciels. Mais les phases principales de la Jurisprudence y sont tracées avec
une netteté que l'on chercherait vainement ailleurs ; la procédure formulaire surtout,
loi vivante de son siècle, s'y trouve expliquée d'une manière très-satisfaisante.

Pourquoi faut-il que la science enrichie par la découverte d'un manuscrit si intéressant,
ait à déplorer les lacunes qu'il présente ? Elles sont ici plus graves que dans les trois autres
commentaires. Le lecteur préoccupé de l'examen des textes voit grandir tout-à-coup, par

---

* Ainsi, par exemple, comment celui qui ne connaîtrait pas la procédure formulaire expliquerait-il ces
premiers mots du § 33, du titre VI *de Actionibus*, aux Institutes de Justinien : *Si quis agens in* INTENTIONE
suâ.... et ce fragment de formule : SI APPARET DARE OPORTERE, inséré dans le § 14, *ibid*.... et ces
mots : *omnium actionum quibus inter aliquos apud judices* ARBITROSVE, *de re quacunque quæritur?* (§ 1,
Ibid.), etc., etc.

les vides qu'il rencontre sur ses pas , des difficultés qui plus d'une fois restent insur-montables, et s'échapper ainsi une vérité que son intelligence croyait avoir conquise.

L'Ecole nouvelle qui s'est emparée de ce commentaire avec une sorte d'avidité , pour l'ex-plorer et le commenter dans tous les sens , a fait de nombreux efforts pour combler ou du moins pour atténuer ces lacunes et restaurer les textes mutilés ou corrompus. Ces efforts , il faut bien le dire , n'ont peut-être pas obtenu jusqu'ici tous les résultats que l'on avait le droit d'en attendre. *

Malgré ces regrettables défectuosités , le livre de Gaius n'en est pas moins devenu le sujet principal de notre travail sur les Actions. Celui qui ne l'aurait pas mûrement inter-rogé ne saurait se flatter de posséder des idées exactes sur cette partie du droit ; il semble d'ailleurs que les injures du temps l'ont rendu plus précieux pour nous , et nous l'ont transmis ainsi revêtu d'une consécration dont nous aimons toujours à respecter le caractère.

Il ne faut pas s'attendre cependant à rencontrer dans notre œuvre , disséqués un à un et bientôt juxta-posés , tous les textes de ce commentaire. L'étude à laquelle nous nous sommes livrés nous a convaincus que le luxe des citations aurait imprimé ici à nos théo-ries une monotonie inévitable d'exécution , et le plus souvent l'ennui inséparable des nomenclatures trop minutieuses de formes et d'institutions tombées depuis long-temps dans l'oubli.

Une analyse rapide mais substantielle nous a paru suffisante. Telle doit toujours être selon nous la marche du professeur ; car il y a en lui deux personnes bien distinctes dont les travaux ne sauraient être les mêmes : l'ami de la science qui ne doit pour lui rien négliger , chercher à ne rien méconnaître , et l'organe de l'enseignement qui ne doit reproduire , en présence de ses auditeurs , que le résumé de ses études , que le digeste synthétique de ses propres élucubrations.

Ces observations expliquent la méthode que nous avons adoptée pour l'examen des Actions.

Il sera divisé en trois titres :

Le premier sera consacré à un aperçu rapide de l'organisation judiciaire des romains en matière civile ;

---

* On trouve la restitution de quelques-uns de ces textes , d'après MM. Unter-Holzner et Dupont , exposée dans la *Thémis*, tom. 6 , pages 86 et suivantes.

Le second à l'instruction ou à la marche de la procédure ;

Le troisième à la classification des Actions.

Dans ces cadres viendront se fondre tour à tour tous les textes des divers titres du 4ᵉ livre des Institutes de Justinien, qui convergent tous vers ces deux points fondamentaux : nomenclature des actions, aperçus sommaires des différences entre la procédure d'autrefois et celle du Bas-Empire.

Un seul titre restera en dehors des divers membres de ces divisions : c'est le titre XV *de Interdictis*. Nous en ferons le sujet d'un Appendice aux théories des Actions.

Par cet ordre, la série de tous les autres titres de Tribonien sera entièrement brisée ; mais la méthode, j'ose le dire d'avance, n'en souffrira pas ; car aucune économie, du moins plausible, n'a présidé à ce pêle-mêle de rubriques et de paragraphes. Plus d'une fois nous nous sommes demandés, en les décomposant, comment les partisans de la méthode exégétique avaient pu s'asservir à calquer servilement leurs doctrines sur des cadres si mal enchaînés.

La marche que nous avons à suivre pour l'examen de la troisième partie de la deuxième subdivision du Cours, c'est-à-dire de l'*Extinction* des *Obligations*, est si simple, que nous avons jugé inutile d'exposer ici la liaison des idées sur lesquelles elle reposera.

Les formalités voulues ayant été remplies , tous les Exemplaires non revêtus de la signature de l'auteur seront réputés contrefaits.

Institutes de Justinien.

SUITE DE LA 2ᵉ SUBDIVISION DE LA 2ᵉ PARTIE DU COURS ;

DES OBLIGATIONS ET DES ACTIONS.

DEUXIÈME PARTIE.

DES ACTIONS.

TITRE PREMIER.

*Aperçu rapide de l'organisation judiciaire des
Romains en matière Civile.*

Dans l'histoire de toutes les cités, l'organisation judiciaire
se lie nécessairement et d'une manière intime à la forme du
gouvernement ou plutôt à l'ensemble de l'organisation politique dont elle constitue un des ressorts les plus importans.
Il faudrait donc, pour traiter convenablement cette matière, explorer toutes les bases sur lesquelles fut successivement assis le gouvernement des Romains ; interroger tour
à tour l'économie de tous ses pouvoirs, sous la monarchie,
sous la république et sous l'empire ; en un mot reconstruire
les destinées de ce peuple, depuis son origine jusqu'au siècle
de Justinien.

De semblables développemens, on le comprend aisément,
seraient en dehors des limites que trace autour de nos cadres
la nature de notre travail, et dès-lors nous nous bornerons à
proposer ici quelques aperçus rapides sur l'organisation judi-

ciaire des Romains, en matière *civile* seulement. — Quel est en effet le but unique vers lequel doivent tendre tous nos efforts ? Éclairer les textes des Instituts de Justinien sur les actions, préparer les esprits à l'intelligence de ces textes si froids et si arides, lorsqu'on les aborde sans prélude, et au contraire si attachants et si animés lorsqu'on les met en communion avec la vie de l'histoire *.

Personne n'ignore que Rome devint par suite de ses conquêtes si rapides, le chef d'un corps immense, colossal, dont les parties touchèrent bientôt à toutes les extrémités du monde connu. Si le génie guerrier produisit ces résultats prodigieux, le génie politique sut en féconder les avantages, en ménager la durée. Dans ce vaste empire, les membres ne vécurent jamais de la vie qui resta toujours propre à la tête ; ils ne furent jamais associés que d'une manière imparfaite aux destinées de la cité éternelle. Leur association ne fut pas d'ailleurs réglée sur des bases égales ; aussi devons-nous dans l'examen de l'histoire de ce peuple, et surtout dans l'examen de ses lois, distinguer le droit en vigueur à Rome, de celui qui resta propre à l'Italie, et ne pas confondre enfin le sort des provinces avec celui du reste de l'empire.

Nous maintiendrons cette méthode indispensable dans l'étude des principes relatifs à l'organisation judiciaire en matière civile, au sujet de laquelle nous devons encore selon nos usages constans, tenir compte de toutes les vicissitudes qu'éprouva la cité Romaine, de ses diverses périodes de développement, de grandeur et de dégénérescence.

1. *De l'organisation judiciaire à Rome.* — Les premiers temps de Rome ne nous sont connus que d'une

---

* Le plus grand nombre des disciples de l'École moderne a reconnu, non-seulement la convenance, mais encore la nécessité de ces Aperçus Préliminaires. — Ainsi, lorsque notre savant confrère, M. Quinon, professeur de Droit à Grenoble, a traité les Actions, il a eu le soin de proposer à ce sujet l'ensemble de l'organisation judiciaire (*Jus Roman. secund. ordinem Instit.*, tom. 2, suite, page 289 et suivantes). — Plus récemment encore, un docteur distingué de l'École de Paris, M. Bonjean, a suivi avec succès cette marche dans son *Exposition Historique du système des Actions* (Extrait de la 4ᵉ livraison de l'Encyclopédie Catholique. *Paris, juillet 1836*). — L'introduction si remarquable de M. Giraud, *aux Élémens du Droit Romain*, par Heinneccius, renferme aussi de précieux documens à cet égard.

Ces travaux consciencieux dont les élémens ont été puisés dans des sources si nombreuses, dédommagent les jeunes amis de la science de la sécheresse avec laquelle certains interprètes ont traité cette partie historique du Droit.

manière très-imparfaite, malgré les généreux efforts auxquels se sont livrés les plus habiles érudits, pour nous donner, sur les premiers âges de cette cité, des notions exactes. Dans le plus grand nombre des récits parvenus jusqu'à nous, la vérité est pour bien peu de chose ; c'est principalement l'épopée qui domine avec tout ce qu'elle a d'héroïque et de fabuleux. Tite-Live lui-même confessait qu'il n'écrivait l'histoire nationale avec quelque confiance, qu'à dater des guerres Puniques. — Quels que soient les mystères qui environnent Rome naissante, il est cependant permis de conjecturer que les Rois, magistrats principaux de la cité, furent d'abord seuls investis du pouvoir judiciaire, qu'ils prononcèrent sur toute espèce de différens et sans appel ; que bientôt leur juridiction fut restreinte aux causes les plus graves, et que l'on pouvait appeler de leurs décisions dans l'assemblée du peuple.

Rome n'avait pas encore vécu trois siècles, lorsqu'à son gouvernement monarchique une révolution aristocratique vint substituer violemment un gouvernement dont les formes furent républicaines. Deux consuls sont investis par les suffrages du peuple, de tous les pouvoirs qui avaient été le partage de l'autorité royale. Dans la somme de ces pouvoirs se trouvait nécessairement comprise l'autorité judiciaire. — Mais les guerres sont incessantes ; les peuplades du *Latium* essayent, tous les jours, d'étouffer dans son berceau la nation dont elles semblent prévoir les destinées. — Le premier devoir des consuls est donc de se consacrer aux soins de la guerre, de commander les armées ; l'impossibilité dans laquelle ils se trouvent de vaquer désormais à l'administration de la justice, rend nécessaire la création d'une magistrature spéciale. En l'année 387 la Préture est instituée. A côté du Préteur appelé d'abord à statuer sur les contestations qui s'élèveraient entre citoyens Romains (*prætor urbanus*) *, on vit bientôt se placer un Préteur chargé de rendre la justice aux étrangers que l'extension des relations sociales, et l'entraînement des conquêtes, faisaient affluer à Rome (*prætor peregrinus* **).— La même année où l'on institue la Préture, on crée l'Édilité curule. Indépendamment de certaines fonc-

---

* Nous verrons dans le titre suivant la manière dont le Préteur rendait la justice tantôt en prononçant lui-même, tantôt en renvoyant les contendans devant un arbitre juré.

** Le *Prætor peregrinus* connaissait encore des contestations entre des citoyens romains et les étrangers.

tions administratives , les Édiles curules sont saisis de
quelques attributions judiciaires , notamment de la connaissance des procès relatifs aux vices rédhibitoires de animaux
et des esclaves.

Plus tard , des charges nouvelles sont établies ; l'histoire
nous montre notamment les préfets de la ville et du prétoire,
devenus les fonctionnaires les plus éminens de la cité. — Les
Préteurs , dont le nombre s'était prodigieusement multiplié
sous Auguste et sous Nerva (*Pomponius* , loi 2 , ff. *de orig.
et progressu juris*), conservent , il est vrai , leur juridiction ordinaire en matière civile ; mais le préfet de la ville
évoque à son tribunal et les causes criminelles et celles qui
se réfèrent à la police ; il connaît des appels formés contre
les décisions des Préteurs. — Le préfet du prétoire, de son
côté , voit grandir tous les jours ses attributions. Déjà dans
les premiers siècles de l'ère chrétienne , ses arrêts étaient sans
appel, comme ceux qui émanaient des Empereurs eux-mêmes.

Pendant le beau siècle de la jurisprudence, la Préture
reste encore , malgré les démembremens qu'elle a supportés ,
en possession de la juridiction civile : son autorité ainsi
affaiblie , survivra aux réformes radicales que subira la société Romaine, sous les Empereurs chrétiens et notamment à
la division de l'empire, en quatre grandes préfectures,
jusqu'au moment où, dans le cours du 5ᵉ siècle de l'ère nouvelle , les Préteurs dépouillés insensiblement de tous leurs
priviléges par l'envahissement toujours croissant du despotisme impérial , seront remplacés par des préfets ou des lieutenans impériaux qualifiés de diverses manières.

Tels furent les magistrats tour à tour investis du pouvoir
judiciaire dans le sein de la cité.

II. *De l'Italie.* — Après avoir lutté long-temps contre les
armes Romaines , les divers peuples de l'Italie virent enfin
que leurs efforts étaient impuissans , et qu'il fallait se soumettre. Rome commença par vaincre les habitans du *Latium* ;
après eux et avec eux , elle vainquit les habitans de l'Italie
tout entière ; après l'Italie et avec l'Italie, elle vainquit le
monde entier.

L'Italie soumise (an 416 de la fondation de Rome) fut
traitée d'une manière bien plus favorable que les provinces.
Par suite des traités particuliers qui suivirent la victoire des
Romains , les cités vaincues conservèrent leur indépendance.
Rome devint il est vrai leur métropole commune; mais le
lien politique qui se forma par la conquête, n'empêcha pas
que celles-ci ne conservassent leur régime national , leurs lois
et leurs magistratures.

Cet état de choses, résultat admirable de la politique si habile des Romains, qui avaient le plus grand intérêt à se ménager l'affection et le dévouement des villes qui les environnaient, ne fut pas changé par la conclusion de la guerre *sociale*. L'Italie entière conservant les chartes qu'elle avait stipulées, fut admise au droit de suffrage, à tous les droits politiques, à toutes les capacités Romaines. Le régime municipal constitue le régime gouvernemental de l'Italie. Le pouvoir judiciaire est confié, sous la République, dans les municipes, à des magistrats électifs, connus sous le nom de Duumvirs; leur juridiction est fort étendue, peut-être même illimitée; mais les innovations de l'empire devaient altérer sensiblement leurs prérogatives. Sous Adrien, l'Italie est partagée en quatre départemens, placés sous l'autorité d'autant de consulaires. — Dans le 3ᵉ siècle, sous Aurélien, elle est remise tout entière à l'administration souveraine d'un *correcteur*. — Enfin sous Constantin, elle forme une des quatre préfectures de l'Empire, et se trouve régie, comme les trois autres, par un lieutenant de l'Empereur, désigné sous le nom de *préfet du Prétoire*, ayant sous ses ordres plusieurs autres magistrats ou délégués dont nous parlerons bientôt.

Ces graves changemens qui portèrent une altération profonde à l'indépendance de l'Italie, deshéritèrent ses magistrats municipaux de la plus grande partie de leurs privilèges. L'autorité des Duumvirs diminua visiblement, leur juridiction fut considérablement restreinte, leurs décisions purent être soumises à la juridiction supérieure du Préteur urbain, ou du lieutenant de l'Empereur.

III. *Des provinces.* — Le sort des provinces, c'est-à-dire des pays conquis* par les Romains (en dehors de l'Italie) fut beaucoup plus rigoureux que celui de l'Italie. — Pour elles, après leur soumission, plus d'indépendance, plus de nationalité. Livrées à la merci des vainqueurs, elles subissent toutes les conditions que ceux-ci voudront bien leur imposer; elles sont placées sous le joug de l'autorité toujours arbitraire, des administrateurs que Rome leur envoie successivement, sous le nom de proconsuls et de propréteurs.

Ces administrateurs concentrent dans leurs mains tous les pouvoirs, le pouvoir militaire, le pouvoir administratif et le pouvoir judiciaire. — On sait jusqu'à quel point quelques-uns d'entr'eux abusèrent de leur autorité. Cicéron a

---

* *Provinciæ appellabantur*, dit Festus, *quòd populus Romanus eas provicit id est ante vicit.*

rendu immortel le nom de Verrès qui semble avoir résumé en sa personne toutes les exactions , tous les actes de vexation et d'iniquité dont les pays vaincus devaient être les victimes de la part des gouverneurs romains.

Après la journée d'*Actium* , Auguste prend les rênes de l'état. Il fait deux parts des provinces, les unes sont réservées au peuple romain , les autres à l'empereur ; le sénat est chargé de l'administration des premières : on les appelle *Provinciæ senatus* , *Provinciæ populi romani* ; elles sont placées sous l'autorité d'un proconsul *. — Le proconsul est investi du pouvoir judiciaire , il a les mêmes attributions que le Préteur à Rome. — Les fonctions des Ediles y sont remplies par les Questeurs (Gaius , Instit. , comm. 1er , § 6). Les provinces que l'empereur s'est attribuées , *Provinciæ Cæsaris* , sont gouvernées par un de ses lieutenans auquel on donne généralement le nom de *Præses provinciæ*. — Le gouverneur ou président était juge souverain , tant pour les causes civiles que pour les causes criminelles. — D'après la nature même de son titre , il ne pouvait avoir d'autre supérieur que l'empereur lui-même dont il était le représentant direct.

Nous l'avons déjà dit , par une innovation que Dioclétien avait préparée , Constantin divise tout l'empire romain en quatre grandes préfectures, savoir : les Gaules , l'Italie , l'Orient et l'Illyrie. — A chacun de ces grands gouvernemens est préposé un dignitaire sur la tête duquel roulera toute administration : ce dignitaire est le Préfet du Prétoire , *Præfectus Prætorio*. — Sous ses ordres sont placés divers administrateurs connus sous le nom de *Rectores provinciæ* , *Proconsules* , *Vicarii* , *Præsides*.

Chacune de ces préfectures est divisée en diocèses.

La juridiction repose désormais sur les bases suivantes : Pour les procès civils et criminels , le premier degré est attribué aux *Rectores provinciarum* , l'appel aux gouverneurs de diocèses : une espèce de puissance de révision ou de cassation est exercée par les préfets du prétoire. ** En dehors de ces pouvoirs on voit surgir l'institution de nouveaux

* L'Égypte , réduite en province sous Auguste , avait une organisation particulière. Nous en donnerons une idée dans nos explications orales. — On peut consulter encore à ce sujet M. Bonjean , loc. cit. , pages 11 et 12.)

** Giraud , *Introduction aux Elémens du Droit Romain* , par Heinneccius, pag. 535.

magistrats d'un rang inférieur que les textes qualifient de *Defensores civitatum*. Ces magistrats, dont les fonctions consistaient d'abord à protéger les cités provinciales contre l'oppression des lieutenans impériaux, obtiennent à la fin du 4e siècle de la fondation de Rome, le droit de juger les affaires qui n'excèdent pas 50 solides. — Justinien proroge leur juridiction jusqu'à 300 solides.

Bientôt, auprès de la juridiction séculière, surgit la juridiction ecclésiastique avec ses tribunaux conciliateurs et ses audiences épiscopales (*audientia episcopalis*) dont la compétence grandit visiblement sous les successeurs de Constantin.

Cependant Rome et Constantinople ne sont pas comprises dans la grande division dont nous venons de parler. A Rome le pouvoir judiciaire subit à cette époque les grandes modifications que nous avons déjà fait connaître. — Il ne nous reste plus qu'à parler de Constantinople.

IV *Du pouvoir judiciaire à Constantinople.* — Dans la cité qui devint la capitale de l'empire Romain, la justice devait être, trop souvent, l'œuvre du bon plaisir du souverain. — Si les procès s'instruisaient et se jugeaient, pour la forme, par l'intermédiaire du préfet de la ville et d'un Préteur dont l'institution remonte à Constance, en vérité c'était la volonté du prince ou de ses courtisans qui décidait, dans un grand nombre de cas, les différens portés devant ces juridictions.

La même influence pesait sur toutes les juridictions du monde Romain, depuis la substitution du gouvernement impérial au gouvernement républicain. Elle était le résultat inévitable des tendances nouvelles qui devaient bientôt absorber toutes les libertés nationales.

Nous l'avons remarqué en parlant des diverses sources du droit : les constitutions impériales ayant obtenu force de loi, on distinguait parmi les actes émanés de l'autorité souveraine 1° les rescrits, *rescripta*, *epistolæ* ou réponses adressées par les empereurs aux particuliers qui leur avaient adressé des questions particulières sur le droit. Ces rescrits étaient obligatoires pour le juge. La réponse du prince tranchait le différent. 2° Les décrets qui n'étaient autre chose que des décisions rendues par le prince sur des contestations particulières dont il avait évoqué la connaissance (Inst. *de jure nat. gent. et civil.* § 6.—Gaius Inst. comm. 1, § 6).

Si d'un autre côté on considère que les parties qui avaient à se plaindre de la sentence émanée d'une juridiction civile étaient autorisées, après avoir épuisé tous les degrés de juridiction ordinaire, à constituer par un dernier appel le prince arbitre souverain du procès ; enfin que le système des appels se développe principalement à des époques contemporaines, il sera facile de comprendre que sous l'empire, la justice résidait entièrement dans la personne de l'Empereur.

A Rome, la magistrature esclave de la politique sous les Pontifes patriciens, vénale sous les Chevaliers, n'a été indépendante que dans de rares intertervalles sous les beaux jours de la république ; et dans l'Italie, tant que celle-ci fut en possession de ses franchises municipales.

Dans les premiers siècles de l'ère chrétienne les jurisconsultes qui écrivirent sur le droit, et qui appartenaient assez généralement à l'élite de la société Romaine en opposition avec les tendances du despotisme, contribuèrent puissamment à maintenir cette indépendance dans le sein de la cité. Mais en dehors de ces périodes, dans les provinces, à toutes les époques ; dans l'Italie, après le partage de l'empire, le caprice des proconsuls, des gouverneurs, des présidens, plus tard le bon plaisir des préfets du Prétoire, a toujours prédominé d'une manière plus ou moins saillante.

Nous ferons remarquer en terminant, que par une sage institution, qui paraît s'être conservée dans toutes les phases de la jurisprudence, les magistrats ne rendaient presque jamais la justice sans être environnés d'un certain nombre d'assesseurs dont ils prenaient les avis. — L'opinion des assesseurs n'avait rien d'obligatoire ; mais leurs observations pouvaient être d'un grand secours pour celui qui était appelé à prononcer.

TITRE II.

Examen des principales règles de la procédure suivie devant les juridictions ordinaires en matière civile.

Si les diverses phases de l'histoire Romaine ont fait passer sous nos yeux tant de nomenclatures diverses de magistrats, successivement investis de la juridiction ordinaire, elles vont nous offrir encore de nombreuses variations par rapport à la marche des procédures suivies devant ces juridictions.

Pour classer convenablement nos idées à ce sujet, nous diviserons cette partie de l'histoire juridique en deux grandes périodes. Dans la première, nous parlerons de la procédure qui se divisait en deux parties bien distinctes, l'une s'accomplissant en présence du magistrat investi de la juridiction, (*magistratus qui jus dicit*), et l'autre en présence du juge, de l'arbitre, des *recuperatores* qui jugent (*judicant*) en vertu du renvoi que le magistrat leur a fait. Cette procédure complexe fut suivie jusqu'au règne de Dioclétien. *

Dans la seconde période nous traiterons de la procédure qui ne se composait que d'une seule phase puisque le ministère de l'*arbiter*, du *judex* ou des *recuperatores* ayant été supprimé, le magistrat prononçait seul sur le différent qu'il évacuait ; elle commence à Dioclétien, et s'étend jusqu'à Justinien.

Chacune de ces périodes deviendra le sujet d'un chapitre particulier.

CHAPITRE PREMIER.

De la Procédure avec intervention du Judex, *de l'Arbitre,*
ou des Recuperatores **.

Nous devons distinguer à ce sujet, d'après les Instituts de Gaius, qui malgré leurs regrettables lacunes, ont répandu tant de jour sur ces matières long-temps méconnues, la procédure relative aux *legis actiones*, et aux *formules*. Ce chapitre sera dès-lors subdivisé lui-même en deux paragraphes.

§ Ier.

Des Legis Actiones.

Les actions de la loi, *legis actiones*, constituent un mode particulier de procéder en justice pour arriver à un résultat définitif, à un jugement, et quelquefois un mode d'exécution des jugemens ou de réalisation de certains droits privilégiés. — Elles ne forment pas d'ailleurs, seules, la procédure tout entière ; il importe dès-lors, pour les bien saisir, d'exposer rapidement l'ensemble de cette procédure, dont quelques-unes d'entr'elles formaient une partie intégrante.

Tous ceux qui observent la marche ordinaire de l'esprit

---

* Pendant la durée de cette période, nous le remarquerons plus tard, le magistrat ne renvoyait pas toujours les contendans devant un *judex* : il jugeait quelque fois seul, et la procédure n'avait alors qu'une seule phase. — Mais c'était là l'exception, et dès-lors nos divisions n'ont rien de contraire aux principes reçus.

** Nous ferons connaître bientôt quelles étaient les fonctions attribuées à ces divers élémens de l'organisation judiciaire.

3

humain, les jurisconsultes et les historiens qui méditent sur les antiquités Romaines, sont amenés à penser, que dès l'origine la plus reculée la procédure ne fut autre chose qu'un véritable combat. Un peuple dont la civilisation était naissante, et surtout dont le pouvoir judiciaire n'offrait encore aucune organisation régulière *, devait voir naturellement dans la supériorité acquise à la force ou à l'adresse, l'expression ou le témoignage irrécusable du bon droit. — Qui ne sait qu'au moyen-âge, nos pères replongés dans les ténèbres de la barbarie, donnèrent au résultat de ces luttes le nom de jugement de Dieu?

Quoi qu'il en soit, long-temps à Rome le mode d'exercer un droit en justice conserva des traces profondes de l'état primitif des choses. Le demandeur interpellait son adversaire et le sommait de le suivre devant le magistrat, en lui adressant des paroles solennelles consacrées par l'usage **. Le défendeur résistait-il à cette interpellation? le demandeur pouvait l'entraîner de vive force, *obtorto collo*, et si ses efforts étaient impuissans il prenait à témoin du fait des membres de la cité en prononçant ces mots sacramentels : *licet antestari*.

Le défendeur pouvait cependant se dispenser de se rendre devant le magistrat, en présentant un tiers qui prenait sa place. Ce tiers qui devenait garant des suites du procès, est désigné sous le nom de *vindex*.

Lorsque les deux contendans se trouvaient en présence du magistrat, l'exercice de l'action variait selon la nature des *procès*. On distinguait en effet les procès relatifs à la propriété d'une chose mobilière ou immobilière des procès relatifs à une obligation.

Dans les procès de la première espèce, les contendans se livraient, en présence du magistrat, à une sorte de pantomime représentative du combat judiciaire.

Ce combat n'était autre chose que la revendication réciproque, de leur part, de l'objet litigieux.

S'agissait-il d'un objet mobilier qui avait été transporté en présence du Préteur au milieu du *forum* ? Le demandeur en revendiquait solennellement la propriété en prononçant des paroles consacrées (Gaius Inst., comm. 4, § 16) et en le frappant avec une baguette, symbole de la lance Romaine, qui était à son tour le symbole de la conquête et de la pro-

* Vico, *Philosophie de l'Histoire*, tom. 2, pag. 289.

** *In jus veni, in jus sequere*, etc.

priété Romaine, *festucâ autem utebantur*, dit Gaius (*ibid.*)
*quasi hastæ loco, signo quodam justi dominii ; maximè
enim sua esse credebant quæ ex hostibus cepissent, undè
in centumviralibus judiciis hasta præponitur.*

Le défendeur se livrait, à son tour, aux mêmes actes, et
prononçait les mêmes paroles toujours formulées d'une manière solennelle. — De son côté le magistrat après cette pen-
tomime, enjoignait aux deux contendans de se dessaisir de
l'objet litigieux : MITTITE AMBO HOMINEM et ses ordres étaient
immédiatement exécutés. — Aussitôt les deux contendans se
provoquaient respectivement, pour témoigner de la conscience
qu'ils avaient l'un l'autre de l'injustice des prétentions de
son adversaire, à la consignation d'une somme d'argent entre
les mains du Pontife. La quotité de cette consignation variait
selon la matière et l'importance des procès ou la faveur de la
cause (Gaius § 14, *ibid.*). La somme consignée par celui qui
perdait son procès était acquise non à son adversaire, mais
au culte public.... *ad sacra publica... in publicum cedebat.*
De là on lui donna le nom de *sacramentum*, et par dérivation de cette locution l'action reçut le nom de *actio* SACRA-
MENTI. — Celui des contendans qui n'avait pu consigner la
somme fixée, était admis à fournir une caution que l'on désignait sous le nom de *prædes sacramenti.*

S'agissait-il d'un objet mobilier dont le transport eût été
trop difficile, ou d'un objet immobilier, on n'en apportait
qu'une partie, qu'une légère fraction devant le Préteur. La
revendication s'exerçait sur cette partie, comme sur le tout,
selon le mode que nous venons d'indiquer, après quoi les
parties procédaient à la consignation du *sacramentum.*

Enfin le Préteur statuait encore sur la possession pendant
le procès et exigeait une caution de la part de celui qu'il
déclarait possesseur provisoire de l'objet litigieux. — Cette
caution qui garantissait à l'adversaire dans le cas où il viendrait à triompher, la restitution et du principal et des fruits,
était désignée sous le nom de *prædes litis et vindiciarium*
(§ 14 *ibid.*).

Il ne pouvait en être de même dans les procès relatifs à une
obligation. — L'action étant alors personnelle, aucune pantomime n'avait lieu. — Après que le demandeur avait fait
connaître devant le Préteur, l'objet de sa réclamation, si
elle était contestée par le défendeur, les deux contendans
se provoquaient respectivement à la constitution du *sacramentum* comme dans les actions *in rem.*

C'était encore une règle invariable, quelle que fût la
nature du procès ;

1° Que dans tous les cas où l'affaire ne pouvait se terminer devant lui , au premier jour de la comparution , le Préteur exigeait du défendeur la promesse qu'il se représenterait au jour fixé , promesse qui devait être garantie. — Ces garanties étaient désignées sous le nom de *vadimonium* *. Le *vadimonium* variait selon le genre des causes , ainsi que l'explique Gaius dans le § 184 et suivans du comment. 4 de ses Institutes (*ibid.*).

2° Que lorsque l'*actio sacramenti* était accomplie , le Préteur jugeait le procès ; ou bien , après avoir précisé les questions qu'il présentait , posé les principes d'après lesquels ces questions devaient être décidées , il renvoyait les contendans devant un *judex* ou tout arbitre dont nous parlerons dans le § suivant.

Ce *judex* , dès l'origine , était probablement désigné immédiatement après la réalisation du *sacramentum* ; mais il paraît qu'après une loi spéciale dont parle Gaius , § 14 *ibidem* , cette nomination n'avait plus lieu qu'après un délai de trente jours.

Le juge étant nommé , les parties s'ajournaient à comparaître devant lui après trois jours ; *posteà quam judex datus esset, comperendinum diem, ut ad judicem venirent, denuntiabant.* Chacun des contendans faisait alors en présence de ce juge un exposé rapide de sa prétention et développait ensuite les moyens propres à la soutenir (*ibid.* § 15 *in fine*). Enfin le juge prononçait la sentence qui devenait le dernier terme du procès.

Dans quels cas le Préteur retenait-il la connaissance du procès ? dans quels cas au contraire se bornait-il à organiser le *judicium* , en renvoyant les contendans devant un *judex*? C'est là une question qu'il est impossible de résoudre , vu le défaut de documens précis en cette matière.

* Dans notre précédente livraison, pag. 106 , *in fine*, on lit au sujet du *vadimonium* relatif à l'*actio injuriarum* : Le Préteur avait le soin lorsque les parties étaient en sa présence, *in jure*, de déterminer la quotité du *vadimonium*, c'est-à-dire des garanties ou des suretés que le défendeur devait offrir dans certains cas au demandeur qui promettait de se représenter au jour fixé.

Il y a là une transposition à rétablir, et il faut lire : « que le défendeur qui promettait de se représenter au jour fixé devait offrir au demandeur, etc. , etc. »

Une autre inexactitude s'est glissée , *ibid.* , pag. 52, au sujet des *nomina transcriptitia* ; au lieu de lire : l'écriture était destinée ici, comme dans les *Arcaria Nomina*, à certifier seulement l'existence de l'obligation ; il faut lire , en rétablissant la négation qui y été omise « l'écriture n'était pas destinée ici, etc. , etc. »

L'*actio sacramenti* était sans contredit la plus importante et la plus usitée de toutes les actions de la loi. Gaius nous apprend qu'elle constituait le droit commun, *generalis erat* (§ 13 *ibid.*). Aussi lui a-t-il assigné le premier rang parmi les quatre autres qu'il énumère bientôt après, et qu'il désigne sous le nom de *judicis postulatio*, *condictio*, *manus injectio*, *pignoris capio*. (§ 12 *ibid.*).

La *judicis postulatio* et la *condictio* étaient comme l'*actio sacramenti*, une forme de procéder en justice, *forma agendi....*, *genus agendi.....* (*Pomponius*, *l.* 2, ff. *de orig. et progressu juris.*)

Il est néanmoins très-difficile, à cause d'une large lacune que nous présente le manuscrit de Gaius, de préciser l'objet et le caractère de la *judicis postulatio*. Se confondait-elle avec la demande du juge qui avait lieu aussi dans l'*actio sacramenti* ? Si elle en différait quel était son caractère et son objet spécial ?

Il n'est pas permis de penser que la *judicis postulatio* fît double emploi avec l'*actio sacramenti*, car s'il en eût été ainsi, comme on l'a fait remarquer, Gaius n'aurait énuméré que quatre actions de la loi au lieu de cinq.

Ces deux actions étaient donc distinctes et l'opinion la plus spécieuse est à nos yeux celle qui admet l'existence de certaines causes dans lesquelles les parties qui n'étaient pas tenues de courir le risque du *sacramentum*, par exemple dans les actions de *bonne foi*, devaient cependant réclamer du magistrat la délégation d'un *judex* ou plutôt d'un *arbiter* *.

Quant à la *condictio*, nous savons seulement 1° qu'elle consistait dans la sommation faite par le demandeur au défendeur, d'avoir à se trouver au trentième jour devant le Préteur pour y voir nommer un juge ; 2° que cette troisième action de la loi fut établie par la loi *Silia* à l'égard des demandes relatives à une somme d'argent déterminée, et par la loi *Calpurnia* à l'égard de tous les procès qui se référaient à tout autre objet certain et déterminé.

Mais lorsqu'on se demande quelle pouvait être l'utilité de cette troisième action, alors que par l'*actio sacramenti* et la *judicis postulatio* on paraissait pouvoir atteindre le même but, on éprouve pour la solution de la question des difficultés d'autant plus inextricables pour nous que les érudits

---

* Cette opinion, émise par M. Bonjean nous a paru préférable à celle d'Heffter.

du temps de Gaius étaient eux-mêmes fort embarrassés pour les expliquer. (Instit. *ibid.* § 18 , 19 et 20).

Ainsi nos idées sont aussi vagues sur la *judicis postulatio* et la *condictio* qu'elles sont précises sur l'*actio sacramenti* , sauf toutefois les incertitudes que doivent laisser encore dans nos esprits les deux lacunes du § 15 des Institutes de Gaius.

Quoi qu'il en soit , si ces trois premières actions de la loi constituaient un moyen d'arriver à un jugement , la quatrième et la cinquième de ces actions étaient des moyens violens d'exécution des jugemens et , dans quelques cas , de réalisation de certains droits particuliers *.

Il est donc impossible de confondre leur objet.

Ces deux dernières actions étaient , d'après Gaius dont nous devons toujours suivre les erremens , puisqu'il est le seul guide sûr en cette matière , la *manus injectio* et la *pignoris capio.*

La *manus injectio* consistait dans la prise au corps du débiteur condamné , à laquelle se livrait le créancier en prononçant certaines paroles consacrées (*ibid.* , § 21). Il suffit de lire le dernier membre du même paragraphe pour connaître les résultats de cette *appréhension de la personne* à laquelle on ne pouvait recourir que dans les cas nominativement prévus par les lois. C'était sans doute dans l'œuvre des Décemvirs que l'on trouvait l'énumération de ces espèces privilégiées ; mais on voit que par la suite plusieurs lois postérieures autorisèrent divers créanciers dont le titre était autre qu'un jugement (Iust. *ibid.* , § 23 , 24) , à employer ce mode d'exécution. Ces lois , et notamment la loi *Furia Testamentaria* , la loi *Marcia* modifièrent dans ces espèces particulières et les effets de la *manus injectio* , et la manière dont elle devait s'opérer. (§ 23 , 24 et 25 *ibid.*).

Si la *manus injectio* constituait un mode d'exécution forcée sur la *personne* du débiteur , la *pignoris capio*

---

* Dans l'extrait de la dissertation de M. Dupont , couronnée par l'Université de Liège, en 1821 (tom. 4, pag. 453) les *Legis Actiones* sont caractérisées de la manière suivante : « Elles n'avaient rapport » qu'à l'instruction préliminaire des procès et à l'exécution des ju- » gemens, *executio sententiarum* ». — Ces idées nous paraissent inexactes , soit parce que les *Legis Actiones* ne font rien pour l'*instruction* proprement dite de la cause , soit parce que certaines actions de la loi ne sont pas l'exécution d'un jugement (Gaius , com. 4 , § 23). — Nous avons cru devoir dès-lors modifier ces propositions que quelques docteurs ont adoptées avec trop de facilité.

n'était autre chose qu'un mode d'exécution sur ses *biens*. —
Elle s'introduisit à la faveur des mœurs reçues dans les
camps. A l'exemple du soldat romain qui , selon les usages de
l'époque , pouvait revendiquer certains droits d'une manière
violente, et se faire lui-même justice (Gaius *Inst.*, *ibid.*, § 27)
le créancier fut autorisé à saisir réellement à titre de gage
les objets appartenant à son débiteur. Cette saisie , autorisée
dans certaines circonstances déterminées par les lois (§ 28 ,
ibid.) , devait être accompagnée de la prononciation de paroles solennelles. Elle constituait une action de la loi , différente de toutes les autres , 1° en ce qu'elle se réalisait extra-
judiciairement en dehors de la présence du Préteur , comme
en l'absence de l'adversaire , c'est-à-dire du débiteur ; 2° en
ce que , contrairement aux principes du droit commun, elle
pouvait avoir lieu même un jour néfaste. — Ces différences
notables firent contester son agrégation au nombre des *legis
actiones* ; mais le plus grand nombre des jurisconsultes
s'étaient cependant prononcés en sa faveur, à cause des paroles
consacrées qui devaient l'accompagner , paroles que Gaius
n'a pas cru devoir reproduire (*ibid.*, § 29).

En résumant les notions qui précèdent, sur les cinq actions
de la loi , les trois premières se réfèrent à des moyens juridi-
ques d'obtenir un jugement ; les deux dernières à l'exécution
des jugemens, et à l'exercice de certains droits privilégiés ;
elles se composent en général , comme on l'a vu , et de faits
(*facta hominis*) , et de paroles sacramentelles qui devaient
accompagner ces faits.

Les faits ou actes qui entrent dans leur mécanisme
nous en révèlent l'origine antique. Elles ne sont en quelque sorte que la régularisation ou l'imitation des moyens que
les hommes à peine en société emploient pour soutenir et
revendiquer leurs droits , moyens dont la violence est naturellement la base. *

Expression vivante de l'âpreté des mœurs primitives de
Rome , les actions de la loi étaient inflexibles et immuables
comme les textes auxquelles elles empruntaient leur autorité.
Le jurisconsulte Gaius nous fait comprendre tout le matérialisme dont elles étaient empreintes , lorsqu'en expliquant
la dénomination qu'on leur avait donnée , il écrivait : *Actiones quas in usu veteres habuerunt* LEGIS ACTIONES *appella-*

---

* Extrait de la Dissertation précitée de M. Dupont sur la procédure des *Legis Actiones* chez les Romains. — (*Thémis* tom. 4 ,
pag. 451 et suiv.)

bantur , vel ideò quod legibus proditæ erant , quippe tunc edicta Prætoris quibus complures actiones introductæ sunt nondum in usu habebantur ; vel ideò quia ipsarum legum verbis accommodatæ erant et ideò immutabiles , proindè atque leges observabantur (§ 12 *ibid.*). — Elles étaient donc calquées non sur l'esprit mais sur la lettre , et sur la lettre étroite des lois ; la moindre erreur , la moindre inexactitude dans l'exercice de ces actions entraînait la perte du procès : *ex nimia subtilitate veterum qui tunc jura condiderant, eo res perducta est , ut vel qui minimum errasset litem perderet* (*ibid.* § 30). — Le même jurisconsulte rapporte à ce sujet l'exemple de ce romain qui se plaignant qu'un autre eût coupé ses vignes , succomba dans son action parce qu'il avait employé le mot propre *vites* au lieu de se servir de la locution générique d'*arbores* que l'on trouvait seule inscrite dans la loi des XII tables (§ 11 *ibid.*). — On considérait d'ailleurs comme un principe constant en cette matière , principe en harmonie avec l'ensemble de la jurisprudence , que tout contendant devait exercer par lui-même les actions dout nous venons de parler ; qu'il n'était jamais permis d'agir au nom d'autrui , *nomine alieno* , sauf les rares exceptions dont parle Gaius (*Inst. ibid.* , § 82), et Tribonien (Inst. liv. 4 , *De his per quos.... , ad præmium.*).

Tels furent, d'après Gaius, les caractères et les développemens des *legis actiones* [*]. — Quant à leur destinée , nous l'avons déjà rapidement exposée selon le récit de Pomponius (loi 2 , ff. *de orig. et prog. jur.*), dans notre esquisse générale de l'histoire du droit romain [**]. On n'a pas oublié à ce sujet que les formules organiques de ces actions étaient mystérieusement enfouies dans le collége des Pontifes. Mais au milieu du 5ᵉ siècle de la fondation de Rome , le secrétaire d'un patricien , Flavius , publie ces formules et révèle en même temps le secret des jours fastes et néfastes. Désespéré de cette fatale indiscrétion qui va le priver d'un grand moyen d'influence politique , le patriciat compose de nou-

---

[*] M. Dupont professe cette opinion (*Thémis* 4 , pag. 454) , qui est généralement accréditée , que les *Legis Actiones* appliquées d'abord à la juridiction *contentieuse* exclusivement, furent plus tard étendues aux actes de la juridiction *volontaire*, qui devaient être célébrés devant le magistrat , tels que *l'Adoption* et *l'Émancipation* , etc. Mais M. Hugo a prouvé (*Histoire du Droit Romain*, tom. 1, pag. 200 et 201) que ces deux objets n'avaient pas le moindre rapport entr'eux.

[**] *Vid.* 2ᵉ Édition de la première livraison , page 33.

veau des formules qu'il n'indique plus cette fois que par
leur lettre initiale. Vaine précaution ! Un siècle après, une
nouvelle indiscrétion a lieu. — Sextus-Ælius-Catus publie
encore le recueil de ces formules.

Ces révélations furent pour le plébéien une véritable
conquête ; on ne peut s'empêcher de les considérer comme
une révolution. *

Bientôt après, les actions de la loi tombèrent en discrédit
à cause du rigorisme outré de leurs formes ; le patricien ne
cherchait plus à les maintenir puisqu'elles n'étaient désormais un mystère pour personne. De son côté le plébéien
désirait peut-être ardemment leur suppression, par cela seul
qu'elles lui rappelaient la domination sous laquelle il avait
si long-temps gémi. Aussi ne pouvant résister long-temps à
ces causes diverses, elles furent successivement abrogées
par la loi *Æbutia* et par les deux lois *Julia* ** (Gaius *ibid.*).
On ne les conserva plus que dans deux cas seulement, précisés
par Gaius (*ibidem*, § 31). Les formules leur furent substituées comme nouveau moyen de procéder en justice, *effec-
tumque est ut per concepta verba, id est per* FORMULAS
litigaremus, disait Gaius (*ibid.* § 30).

Examinons l'économie de cette procédure nouvelle.

§ II.

De la Procédure Formulaire.

La procédure formulaire succède, nous venons de le dire,
aux *legis actiones*. Cette substitution dont la date précise
est inconnue, était déjà accomplie, du moins en grande
partie, au temps de Cicéron. — Les formules entrèrent dès
lors en possession du domaine de la procédure qu'elles
conservèrent pendant le beau siècle de la jurisprudence,
depuis Cicéron jusqu'à Dioclétien et probablement jusqu'au
règne de Constantin qui, par une de ses constitutions, abro-
gea toutes les formules en général. Nous ne devons pas être
surpris dès lors du soin qu'a mis Gaius, si laconique sur les
legis actiones, d'exposer avec une sorte de complaisance
dans tout le reste du commentaire 4 de ses Institutes, les

* *Vid.* Vico, *de Universi juris uno principio.*

** La chronologie de ces lois a partagé les érudits. D'après
Haubold, la loi *Æbutia* aurait été rendue vers l'année 528 de la
fondation de Rome. — Les deux lois *Julia* auraient été publiées l'une
vers l'année 708 et l'autre vers l'année 729 (*Vid. Tab. chron.*, et
les observations d'Heffter).

4

théories relatives à la procédure formulaire. L'analyse rapide de l'ensemble de l'instruction des procès fera connaître plus facilement la nature et l'objet des formules.

Sous le régime dont nous parlons, comme sous celui des *legis actiones*, l'ajournement ou la citation en justice conserve son caractère d'acte privé, susceptible d'être réalisé (du moins en théorie) par des moyens violens. Toutefois la violence ne pouvait être employée contre certaines personnes privilégiées. D'un autre côté un descendant ne pouvait appeler en justice son ascendant, l'affranchi son patron sans en avoir obtenu la permission du Préteur (Ulpien, loi 4, ff. *de in jus vocando*). — Des peines pécuniaires étaient prononcées contre les demandeurs qui ne respectaient pas ces sages prohibitions. — Gaius a cru devoir nous conserver une formule d'action pénale accordée à un patron qui se plaignait d'avoir été appelé en justice au mépris de cette formalité (Instit., com. 4, § 46), et le § 3 du tit. XVI des Institutes de Justinien, *de pœn. temer. litigant.*, §. 3, prouve que ces principes avaient survécu aux nombreuses innovations que le droit avait subies.

Le demandeur, en présence du Préteur, indiquait à son adversaire l'action qu'il se proposait de demander, *edebat actionem*. Le défendeur ainsi instruit pouvait s'expliquer immédiatement, ou réclamer un renvoi en fournissant le *vadimonium* dont nous avons déjà parlé. — Dans tous les cas s'il résistait, le demandeur réclamait du Préteur la délivrance d'une action. — Le défendeur proposait alors ses exceptions; si la demande n'était pas contraire au droit, si les faits sur lesquels elle reposait étaient contestés, le Préteur, après avoir entendu les parties, accordait l'action *, et les renvoyait pour recevoir le jugement devant un juge qualifié tantôt de *judex*, ou d'*arbiter*, tantôt devant des *recuperatores*, ou des *centumvirs*. **

---

* C'est en ce sens que dans tous ses Édits le Préteur disait : JUDICIUM DABO...... ACTIONEM PERMITTAM.

* Le *Judex* était une espèce de juré que les parties pouvaient choisir parmi toutes les personnes inscrites pour cet objet sur des listes dressées par le Préteur et qu'il avait le soin de tenir publiques. Ces personnes devaient réunir diverses conditions d'éligibilité.

Si les contendans ne pouvaient s'accorder, le Préteur nommait lui-même le *Judex*, et si celui-ci était récusé on procédait à la nomination par la voie du sort.

Le *Judex*, ainsi nommé, prenait dans certaines causes, à cause de l'extension de ses pouvoirs, le nom d'*Arbiter*.

Si le *Judex* ou l'*Arbiter* jugeait seul, il n'en était pas de même

Si la demande répugnait aux principes du droit , par exemple si elle était fondée sur une cause honteuse , ou bien si les faits prouvés n'étaient susceptibles de produire aucune obligation, enfin , si l'une des parties déférait le serment à son adversaire , le Préteur prononçait lui-même ; aucun renvoi n'avait lieu. — Le procès était définitivement terminé , *denegatur actio....* (Ulpien et Pomponius , l. 26 27, ff. *de verb. obligat.....*) *præcluditur omnis agendis via.....* (Dioclét. et Maxim., l. 23 , *cod. de acceptilat.*).

Dans tous les cas où ce renvoi était ordonné , le magistrat avait le soin de préciser les questions de fait et de droit que le juge aurait à résoudre , et lui conférait le pouvoir de condamner ou d'absoudre ; ce tissu de précisions rédigées par écrit constituait la *formule* réglementaire et constitutive de l'action accordée. — De là nous donnons à la procédure , ainsi instruite ou organisée , la dénomination de procédure *formulaire*.

La formule que le Préteur rédigeait en ayant égard ou à ses propres Édits ou au droit civil (*Ibid.* § 46) , était donc complexe. Gaius nous apprend qu'elle se composait de quatre parties principales qui sont la *demonstratio*, l'*intentio* , l'*adjudicatio* , la *condemnatio* (§ 39 *ibid.*). La *demonstratio* était l'indication de la cause qui donnait lieu au litige, *pars formulæ quæ præcipuè ideo inseritur ut demonstretur res de quâ agitur.* L'*intentio* embrassait les prétentions ou plutôt les conclusions du demandeur ; *ea pars quâ actor desiderium suum concludit.* Dans l'*adjudicatio* était renfermé le pouvoir déféré par le Préteur au *judex* d'adjuger à l'un des plaideurs la propriété exclusive d'une chose qui était commune entr'eux , comme par exemple dans les actions en partage d'une hérédité , dans les actions en partage d'une chose commune..... *ea pars formulæ quâ permittitur judici rem alicui ex litigatoribus adjudicare.* Enfin la *condemnatio*

des *Recuperatores* qui étaient toujours en nombre plus ou moins considérable. Il paraît que leur nom venait de ce qu'ils étaient chargés le plus souvent de faire opérer des restitutions , et que le Préteur leur renvoyait la connaissance des affaires urgentes de leur nature.

Les *Centumviri* étaient , comme les *Recuperatores* , en nombre pour juger ; ils composaient un tribunal dont les attributions d'abord fort étendues , ainsi que le prouve un fragment de Cicéron , furent plus tard sensiblement restreintes. Les divers juges dont nous venons de parler avaient le soin de se faire assister , comme les magistrats , d'un certain nombre d'assesseurs dont ils recueillaient les avis avant de prononcer.

était la partie par laquelle le Préteur donnait au *judex* le droit de condamner ou d'absoudre , *ea pars formulæ quâ judici condemnandi absolvendive potestas permittitur* (§ 40 , 41 , 42 et 43 *ibid.*). Les exemples que propose le même jurisconsulte nous dispensent du soin d'entrer dans de plus longs développemens. *

Tels sont les élémens *principaux* de la formule ; il en est encore d'autres *accessoires* qui viennent s'y adjoindre accidentellement et selon les diverses nuances que présentent les procès. Gaius les désignait sous le nom générique d'*adjectiones* (Inst. *ibid.* § 129). Avant de les faire connaître , nous consignerons ici les observations suivantes :

1° Tous les élémens principaux des formules ne sont pas essentiels. Ainsi , par exemple , on ne retrouve l'*adjudicatio* que dans les procès entre cohéritiers , entre copropriétaires , entre voisins dans l'action en bornage.

2° L'*intentio* est sans contredit la partie la plus importante et pour ainsi dire le *criterium* de la formule , puisqu'elle contient les conclusions du demandeur. Elle doit fixer d'une manière toute particulière l'attention de celui-ci ; car si son *intentio* est plus large que son droit , en d'autres termes s'il demande plus qu'il ne lui est dû , il succombe dans son action , *si quis in intentione* ** *suâ plus complexus fuerit, rem perdit* disait Gaius , *nec à Prætore in integrum restituitur* (Instit. comm. 4, § 53). — Les paragraphes suivans expliquent les différentes causes qui peuvent faire que l'*intentio* soit plus étendue que le droit du demandeur. Tribonien les résumera plus tard d'après Gaius (*ibid.* § 54 et suivans) de la manière suivante : *plus autem quatuor modis petitur*, RE, TEMPORE, LOCO , CAUSA. (Inst. Just., liv. 4 *de action.* § 33). La lecture des textes que nous venons d'indiquer suffit pour donner une idée exacte de ces théories.

Les peines attachées à la *plus-pétition*, qui ne peut d'ailleurs jamais se rencontrer *in incertis formulis....* , *cum*

* Ainsi dans la formule. suivante : *Judex esto. Quod Aulus Agerius Negidio hominem vendiderit , si paret Negidium A. Agerio sextertium decem millia dare oportere, judex Negidium. A. Agerio sextertium decem millia condemna : si non paret absolve.* Ces mots *Judex esto* constituent le reuvoi devant le juge ; *quod A. Agerius Negidio hominem vendiderit* , sont la démonstration ; *si paret* (pour *apparet*) *sextertium decem millia dare oppórtere* l'intentio ; enfin *judex Negidium A. Agerio sextertium x millia condemna* , *etc.* , la condemnatio , ou le pouvoir de condamner ou d'absoudre.

** Eu était-il de même relativement à la *condemnatio* et à la *démonstratio*? (*Vid.* Caius, *ibid.* , § 57 et 58)

certa quantitas non petatur (Gaius comm. IV , *ibid.* § 54)
ne sont pas encourues par celui qui demande *moins* qu'il
ne lui est dû. La seule conséquence d'une semblable demande
est d'empêcher son auteur de réclamer le surplus de ce qui
lui reste dû (c'est-à-dire ce qu'il avait omis de comprendre
d'abord dans l'*intentio*) , pendant le cours de la même
Préture (§ 56).

3° Le juge (*judex*) doit de son côté ne jamais perdre
de vue, dans la sentence qu'il prononcera , les pouvoirs que
lui confère la *condemnatio* ; s'il s'écarte de ces pouvoirs en
plus ou en *moins* il fait le procès sien , *litem suam facit* ,
il contracte les obligations dont nous avons déjà déterminé
les causes et les effets , en parlant des engagemens qui se
forment comme par un délit (*Instit. de obligat. quæ quasi
ex delict. nasc.,... ad præmium*).

Examinons maintenant les parties accessoires (*adjectiones*)
de la formule.

L'adjonction de ces parties provient de différentes causes
et notamment des exceptions , des prescriptions et du concours des personnes par le ministère desquelles on peut agir
sous l'empire de cette procédure moins rigoureuse en cela
comme en tant d'autres points , que la procédure des *legis
actiones*.

Parlons d'abord de *l'exception*.

L'exception inconnue sous la procédure des *legis actiones*
(Gaius , Inst. *ibid.* , § 108) prit naissance avec la procédure formulaire ; elle n'était autre chose qu'une restriction
éventuelle apportée par le Préteur à la *condemnatio* , qu'une
condition à laquelle la condamnation ou l'absolution était
subordonnée. Ulpien , dans un de ses fragmens , caractérisait
l'exception de la manière suivante: *Exceptio dicta est quasi
quædam exclusio... ad excludendum id quod in intentionem condemnationemve deductum est.* Protéger les défendeurs contre une condamnation inique, tel est le motif qui dé-
termina les Préteurs à promettre et accorder dans certains
cas des exceptions....*Exceptiones comparatæ sunt defenden-
dorum eorum gratiâ cum quibus agitur* , disait Gaius (*ibid.*
§ 116). Les jurisconsultes et notamment Gaius (Inst. *ibid.*
§ 116 et 117) semblent n'avoir rien négligé pour nous faire
saisir les causes toutes particulières qui naturalisèrent cette
protection accordée à l'équité , à la bonne foi , contre les
demandes , qui pour être basées sur les principes du droit
civil n'en étaient pas moins odieuses. Il arrivait en effet plus
d'une fois que l'*intentio* était conforme aux principes rigoureux, et néanmoins que la condamnation du défendeur aurait

consacré une injustice manifeste. Il était alors permis au défendeur , pour éviter cette condamnation , d'invoquer les faits ou les conventions qui rendaient cette [condamnation inique et d'obtenir du Préteur au moment où il réglait la formule, qu'il modifiât la *condemnatio* ou les pouvoirs du *judex* , en ne l'autorisant à condamner que dans le cas où la preuve des faits et des conventions articulées ne serait pas établie. Cette modification devait être insérée dans la formule elle-même , car le *judex* esclave de la *condemnatio* n'aurait pu sans cela admettre de sa propre autorité un moyen contraire aux prescriptions du droit civil. Le Préteur EXCEPTAIT donc de la condamnation le cas où les allégations du défendeur seraient prouvées ; de là l'étymologie de l'EX- CEPTION. On peut proposer à ce sujet , d'après Gaius , l'exem- ple suivant : vous avez stipulé de moi le paiement d'une somme d'argent , et j'ai fait une promesse conforme à votre interrogation ; me voilà lié vis-à-vis de vous. Plus tard nous avons convenu par un simple *pacte* que vous ne me réclameriez pas la somme promise et cependant, au mépris de cet accord, vous agissez contre moi en vertu de l'*actio ex stipulatu*. Votre action est évidemment fondée en droit civil , car les pactes n'ayant rien d'obligatoire aux yeux de ce droit, celui que nous avons fait n'a pu détruire mon obligation dérivant de la stipu- lation, *obligatio pacto convento non tollitur* (*ibid.* § 116). Ce- pendant , il serait contraire à l'équité que je fusse condamné ; j'invoquerai alors devant le Préteur la convention qui a eu lieu , et celui-ci , en rédigeant la formule de l'action qu'il vous accordera n'autorisera le *judex* à me condamner que dans le cas où il n'aurait pas été convenu que vous ne me réclameriez pas la somme litigieuse. L'*exceptio* sera conçue de la manière suivante : *Si inter Aulum Agerium et Nume- rium Negidium* NON CONVENIT NE EA PECUNIA PETERETUR.

Les exceptions sont donc conçues dans une forme négative en opposition directe avec l'*intentio... omnes exceptiones in contrarium concipiuntur....* Elles rendent comme nous l'a- vons déjà dit , la condamnation conditionnelle ; *exceptio ita formula inseritur ut conditionalem faciat condemnationem* (Gaius , comm. 4 *ibid.* § 119). Le demandeur est bien tou- jours tenu de justifier de son *intentio* ; mais dès qu'elle est justifiée, le défendeur est obligé de prouver à son tour les faits sur lesquels repose son exception. La proposition suivante d'Ul- pien : *reus in exceptione actor est* , est devenue un adage que la jurisprudence a toujours conservé (*l.* 1 *ff. de excep. et præscriptionibus*).

Toutefois l'exception qui , au premier abord , paraissait

être juste , pourrait entraîner une décision inique , dans tous les cas par exemple où des faits , des accords postérieurs à ceux sur lesquels l'*exceptio* se base en ont détruit ou modifié le fondement. Le demandeur lésé par cette exception ne doit pas rester alors privé des moyens de la paralyser , et le Préteur lui accorde alors une exception à l'exception elle-même , exception que le texte qualifie , à cause de son objet, du nom de *replicatio* , réplique ; *quia per eam replicatur atque resolvitur jus exceptionis* (§ 126 *ibidem*). REPLICATIO *est* QUASI EXCEPTIONIS EXCEPTIO , disait le jurisconsulte Paul (loi 22 , ff. *de excep. et replicat.*).

Ainsi , dans l'espèce déjà proposée , si par un second *pacte* , dérogatoire au premier , nous avons convenu , en dernière analyse, que vous pourrez réclamer de moi les quantités que je vous dois *ex stipulatu* , et que cependant je puise dans le premier accord en vertu duquel vous vous êtes interdit de me demander l'exécution de ma promesse , une exception contre votre action , de votre côté , vous puiserez dans notre dernière convention une exception contre ma propre exception , c'est-à-dire une réplique : *quia iniquum est te excludi exceptione , replicatio tibi datur ex posteriore pacto, hoc modo :* SINON POSTEA CONVENERIT UT EAM PECUNIAM PETERE LICERET. — La réplique est donc à l'exception , ce que l'exception elle-même est à l'*intentio*. — La réplique peut à son tour être paralysée par une *duplique* du défendeur, etc. (Inst. § 127 , 128 et suivans, *ibid.*).

L'exception n'étant insérée par le magistrat , dans la formule que pour autoriser le *judex* à prendre en considération des moyens auxquels il n'aurait pu sans cette autorisation, avoir égard , on doit en conclure que ces exceptions étaient innées dans les actions *bonæ fidei* puisque le juge était dans ces actions toujours investi, nous le verrons bientôt, du droit de juger *ex æquo et bono* (Inst. *de actionibus* § 30). C'est là ce qui faisait dire au jurisconsulte Ulpien : *in bonæ fidei judiciis exceptiones insunt.*

Introduites dans la jurisprudence par les édits Prétoriens, sous l'influence des considérations d'équité et notamment des exigences de la bonne foi , les exceptions reçurent dans certains cas la consécration du droit civil; on peut en citer pour exemple l'exception de *division* accordée aux fidéjusseurs par le rescrit d'Adrien. Il était donc permis à Gaius de dire en indiquant les sources de ces moyens propres à combattre l'action (*exceptionem oppugnare*): *exceptiones autem alias Edicto prætor habet propositas , alias causâ cognitâ accomodat : quæ omnes , vel ex legibus , vel ex*

*his quæ legis vicem obtinent , substantiam capiunt ,
vel ex juridictione Prætoris proditæ sunt (ibid.* § 118).
Les exceptions se divisaient d'ailleurs en plusieurs catégories. On distinguait les exceptions *péremptoires* des exceptions *dilatoires* ; les exceptions *litis dividuæ* ; les exceptions
cognitoriæ et procuratoriæ au sujet desquelles il faut encore
consulter Gaius (Inst. *ibid.* , § 122 et suivans).

Les exceptions *péremptoires , peremptoriæ*, étaient celles
qui pouvaient être opposées en tout temps, et qui par cela
même étaient inévitables pour le demandeur... *quæ perpetuo
valent nec cvitari possunt (ibid.* § 121); les exceptions
dilatoires, celles qui ne pouvaient être opposées que pendant
un temps limité, *quæ ad tempus nocent.* — Il importait au
demandeur d'acquiescer aux exceptions dilatoires dès qu'elles
lui étaient opposées ; car si sans égard pour elles il perse-
verait dans l'exercice de son action, il devait nécessairement
succomber, d'après les conséquences qu'entraînait sa plus-
pétition (§ 123 *ibid*).

On trouve dans les paragraphes 122 et 124 *ibid.* , l'explication des exceptions *litis residuæ* et des exceptions *cognitoriæ*. Enfin on distinguait les exceptions qui étaient inhérentes à la dette réclamée, *quæ rei cohærent* , et qui
pouvaient être invoquées par toutes les personnes tenues au
paiement, telles que les *sponsores* et les *fidejussores* , de
celles qui étaient personnelles à un seul débiteur, et dont il
pouvait seul se prévaloir. Les premières étaient désignées sous
le nom d'exceptions *réelles* , les secondes sous celui d'exceptions *personnelles* (Paul loi 7 , ff. *de exceptionibus.*
— Just. Inst. liv. 4 tit. 14 *de replicat.*, § 4).

Gaius fait suivre les modifications ou plutôt les additions
adjectiones , qu'entraîne dans la formule l'insertion des
exceptions , des additions que peuvent entraîner aussi les
prescriptions , *præscriptiones*.

Si comme nous l'avons vu , les exceptions avaient été admises dans l'intérêt exclusif du défendeur, il n'en était pas
de même des *præscriptiones* qui furent introduites tantôt
dans l'intérêt du défendeur , tantôt au contraire dans l'intérêt du demandeur.

Le même jurisconsulte explique les prescriptions reçues
dans l'intérêt du demandeur, *pro actore*, de la manière suivante : j'ai stipulé de vous que vous me payerez tous les ans
une certaine somme d'argent. A l'expiration de chaque
année, je ne puis il est vrai exiger de vous que les prestations échues; mais les prestations à échoir n'en sont pas
moins *in obligatione*... bien que je ne puisse encore les ré-

clamer. Qu'arriverait-il alors, lorsque pour la première fois j'agirais contre vous en paiement de la première annuité devenue exigible ? C'est que mon action embrasserait nécessairement la totalité de l'obligation, que cette obligation serait tout entière *in judicium deducta*, que mon *intentio* excéderait dès lors mes droits actuellement exigibles, et que par suite des peines attachées à la plus-pétition (Inst. *ibid.* § 53), je perdrais ma créance tout entière. Il m'importait alors, pour conserver tous mes droits intacts pour l'avenir, c'est-à-dire pour conserver la faculté de réclamer chaque prestation au fur et à mesure des échéances, de faire insérer dans la formule une clause restrictive et limitative de mes demandes à la somme de mes droits exigibles. Cette clause * reproduite par Gaius (§ 131 *ibid.*) est désignée sous le nom de *præscriptio*, parce qu'elle était inscrite en tête de la formule... PRÆSCRIPTIONES *autem appellatas esse ab eo quod ante formulam præscribuntur plusquam manifestum est* (§ 132 *ibid.*).

La jurisprudence ancienne admettait aussi certaines prescriptions dans l'intérêt du défendeur. Gaius en donne un exemple (*ibid.*), mais il faut remarquer que de son temps elles étaient déjà tombées en désuétude, et qu'elles avaient dégénéré en exceptions.

Nous ferons remarquer enfin, que l'intervention d'un *cognitor* ou d'un *procurator* dans le procès (Gaius *ibid.* § 86), ou bien les pouvoirs conférés au juge dans les actions

---

* Le Préteur se servait de ces mots : EA RES AGATUR CUJUS DIES FUIT. Cicéron (*de Orat.* 1, 37) appelle cette prescription : *vetus atque usitata exceptio ;* il cite les doctrines qui lui sont propres comme un exemple de l'ignorance où sont souvent les orateurs sur les principes les plus élémentaires de la jurisprudence. — Le traducteur de ce fragment, M. Andrieux, de l'Académie française (*collection de M. Panckoucke*, OEuvres de Cicéron, tom. 3, pag. 121 et suiv.), a fait un contresens palpable, puisqu'il écrit en termes formels que la prescription prémentionnée était accordée au *défendeur*.

Dans un autre passage du même traité (1, XXII), Cicéron disait en parlant de la formule usitée dans les *crétions* : *De his credo rebus ut in* CRETIONIBUS *scribi solet :* QUIBUS SCIAM POTEROQUE. — Le traducteur a écrit à ce sujet la note suivante (*ibid.*, pag. 215) : « Ceci faisait allusion aux successions acceptées sous bénéfice d'inventaire. » M. Andrieux ne songeait donc pas que le bénéfice d'inventaire n'a été introduit que sous Justinien (*Instit. Just.*, de *hæred. qualit. et different.*, § 6). — Quel anachronisme !.....

Nous avons cru devoir relever ces erreurs pour donner une idée des fautes que doivent nécessairement commettre les littérateurs même les plus habiles, lorsqu'ils ne sont pas versés dans les secrets de la science du Droit.

bonæ fidei (*ibid.* § 32) et en dernière analyse les fictions auxquelles le Préteur avait recours dans certains cas , donnaient lieu (*ibidem* § 34 , 36 , 37) à plusieurs autres précisions dans la formule.

Sous le régime si sévère des *legis actiones*, on ne pouvait, nous l'avons dit, agir en justice, au nom d'autrui, si ce n'est dans les procès relatifs aux intérêts du peuple , aux intérêts d'un pupile et dans des questions de liberté.

Le nombre de ces exceptions fut plus tard étendu par les dispositions de la loi *Hostilia* , dans certains cas particuliers, énumérés par Tribonien dans le tit. 12 du 4e liv. (*de iis per quos agere possumus, ad præmium*). Ainsi Gaius qui écrivait postérieurement à la suppression des *legis actiones*, nous apprend qu'il était permis de se faire représenter en justice par le ministère d'autrui, et spécialement par un *cognitor* ou un *procurator* (Inst. *ibid.* § 82). Cette dérogation aux anciens principes avait été la conséquence naturelle des causes multiples que Tribonien résumait plus tard en disant : *cœperunt homines per procuratores litigare, nam et morbus et ætas et necessaria peregrinatio , itemque aliæ multæ causæ sæpè impedimento sunt quominus rem suam exequi possint* (Just. Inst. liv. 4, *de iis per quos agere possumus, ad præmium*). Ces causes diverses furent donc le résultat, les unes de l'observation, les autres du développement des rapports sociaux.

Le *cognitor* était constitué par le demandeur ou le défendeur, au moyen de certaines paroles solennelles prononcées par le constituant en présence de son adversaire. Il devenait le représentant, l'image parfaite du constituant ou , plutôt, il était considéré comme le mandant lui-même, comme maître du procès *cùm in locum domini substituatur... merito domini loco habetur.* Il n'en était pas de même du *procurator* constitué par un simple mandat , conféré sans aucune formule en l'absence de l'adversaire et à son insu.... Quelques jurisconsultes avaient émis cette opinion, que le *procurator* pouvait se constituer sans mandat dans l'intérêt d'un plaideur, pourvu qu'il fût de bonne foi et qu'il cautionnât la ratification de la part du maître *modo bonâ fide accedat ad negotium*, disait Gaius , et *caveat ratam rem dominum habiturum* (*ibid.* § 84). Les paragraphes 86 et 87 nous font connaître les adjonctions que la présence d'un *cognitor* ou du *procurator* faisait insérer dans la formule.

Les différences essentielles qui distinguaient ces mandataires, exerçaient une grande influence sur leurs obligations.

Le *cognitor* étant , d'après le mode de sa constitution ,

représentant parfait de celui qui le constituait, n'est tenu personnellement à la prestation d'aucune caution : c'est le constituant seul qui, dans certains cas, est tenu de fournir celle dont nous allons bientôt parler. — Le *procurator* au contraire constitué en l'absence et souvent à l'insu du maître, est tenu de fournir caution pour garantir que ce maître ratifiera sa gestion... *satisdare jubetur ratam rem dominum habiturum*, surtout lorsqu'il représente un demandeur, (§ 98 *ibidem*). N'était-il pas juste en effet de prémunir l'adversaire des suites du désaveu que pourrait faire celui qui aurait été représenté sans mandat ? — Ces obligations des procureurs étaient consacrées par l'adage si connu : *nemo alienæ rei sine satisdatione defensor idoneus intelligitur* (§ 101 *ibid.*).

Les paragraphes 99 et 100 établissent les rapports qui existaient entre les obligations des *procuratores* et celles des tuteurs et des curateurs agissant en justice au nom de leurs pupilles ou des personnes soumises à la curatelle.

Les précisions auxquelles nous venons de nous livrer sur la nature des élémens divers qui entraient accidentellement dans la composition de la formule tendent à démontrer que les débats qui s'élevaient en présence du Préteur, pouvaient être quelquefois fort longs et fort compliqués, selon le caractère des moyens sur lesquels reposaient les *exceptions*, les *prescriptions* dont les plaideurs demandaient l'insertion.

Il faut remarquer encore que toujours, en présence du magistrat, les parties pouvaient s'obliger réciproquement à se fournir certaines garanties consistant soit dans un serment que devait prêter celui des contendans qui en était requis par son adversaire, pour attester qu'il agissait de bonne foi, *juramentum calumniæ* (Gaius Inst. *ibid.* § 172 et suiv.); soit dans des *sponsiones* et des *restipulationes* ayant pour objet, en matière d'actions réelles et dans quelques autres actions spéciales (Gaius Inst. comm. *ibid.*; § 13 et 93), le paiement d'une somme d'argent, de la part de celui qui succomberait dans le procès, somme dont l'adversaire devait profiter; soit enfin dans les garanties que devait offrir celui des plaideurs qui possédait pendant l'instance l'objet litigieux, pour assurer la restitution de sa part du principal et des fruits en faveur de son adversaire qui viendrait à triompher, ou du moins le paiement d'une somme égale aux valeurs de la condamnation, *litis æstimationem*, en d'autres termes, pour assurer l'exécution pleine et entière du jugement. Cette caution fut appelée, à cause de son objet même, *cautio judicatum solvi* (Gaius Inst., § 88, *ibid.*).

Lorsque le Préteur avait ainsi pourvu à l'instruction préliminaire du procès , en remettant au demandeur la formule
de son action , l'instance était définitivement engagée ; il y
avait lors *judicium acceptum* , *litis contestatio.* * La première phase de la procédure était accompli *in jure* : les
contendans se retiraient *in judicio* devant le *judex* ou l'*arbiter* , ou les *recuperatores* qui avaient été désignés pour
procéder au jugement.

Alors commençait devant ce juge délégué la seconde phase
de la procédure. — Les parties plaidaient elles-mêmes ou
faisaient plaider leur cause. À l'appui de leurs prétentions
respectives articulées dans l'*intentio* et dans l'*exceptio* , elles
produisaient leurs preuves , argumentaient du fait et du
droit : après avoir entendu leurs moyens respectifs, le *judex*
prononçait sa sentence en vertu de la *condemnatio.* —
Cette sentence (*sententia*) terminait le procès.

Les devoirs du *judex* étaient déterminés avec soin par
les divers élémens de la jurisprudence ; il ne pouvait s'écar-
ter des préceptes des lois, des Constitutions , des usages reçus
(Just. Inst. *de officio judicis ad præmium*). — Circonscrit
dans les limites que la formule lui avait tracées , il lui était
défendu de les outrepasser ; ainsi lorsque la *condemnatio*
était *certæ pecuniæ* , il ne pouvait condamner à des quantités moindres ou plus fortes que celles qui étaient mentionnées dans la formule , sans s'exposer à faire le procès sien ,
litem suam facere (Gaius Inst. , *ibid.* § 52) , et se soumettre par là aux obligations dont nous avons parlé en traitant
des engagemens qui se forment comme par un délit (Inst. *de
obligat. quæ ex delict. nascunt. ad præmium*). — Il contractait encore les mêmes obligations et assumait sur sa
tête tous les risques du procès , dans les cas prévus par le
second membre du § 52 précité. — Il devait en outre , quelque indéterminée que fût la *condemnatio* constitutive de
ses pouvoirs , déterminer par sa sentence la quotité des
condamnations qu'il prononçait , et convertir ces condamnations en une obligation de payer des sommes d'argent ,
puisque dans toutes les formules accompagnées d'une *condem-*

* La *litis-contestatio* était un point très-important à cause de
ses nombreux effets. — Elle opérait notamment un espèce de novation dans les droits des plaideurs , rendait perpétuelles les actions
temporaires , servait à déterminer vis-à-vis des cofidéjusseurs l'exercice du bénéfice du rescrit d'Adrien ,et entraînait d'autres résultats
que nous aurons le soin de faire connaître.

natio, celle-ci devait toujours être *ad pecuniariam* * *æstimationem concepta* (*ibid.*, § 48).

Les effets de cette sentence entraînaient des conséquences toujours graves pour celui des contendans qui succombait.

Dans certains cas, lorsqu'il avait contesté de mauvaise foi, les condamnations étaient aggravées, car elles s'élevaient souvent au double, *propter inficiationem lis in duplum crescebat* (*ibid. de obligat. quæ quasi ex contractu nascuntur*, § 7. — Just. *de pœna tem. litigant*, § 1. — Sentences de Paul *Quib. in caus. propr. inficiat. lis dupl.*)

Sous les *legis actiones* le *sacramentum* qu'il avait consigné était perdu pour lui et confisqué dans l'intérêt des *sacra publica*.

Sous la procédure formulaire, il était tenu de payer à son adversaire les quantités promises par la *sponsio* ou la *restipulatio* (Gaius Inst. com. 4, § 13).

Quelquefois enfin, d'après la nature de l'action dirigée contre lui, par exemple dans les actions *furti*, *injuriarum*, *pro socio*, il était couvert d'infamie.... *quibusdam judiciis damnati*, IGNOMINIOSI *fiunt*, disait Gaius (Instit. *ibid.*, § 182 et suiv. — Just. Inst. *de pœna.... tem. litigant.* § 2).

Pour se soustraire à ces peines réservées aux plaideurs téméraires (indépendamment de l'obligation de payer les dépens exposés) dans un but hostile à la multiplicité des procès (*ibid. ad præmium*) le défendeur qui reconnaissait le peu de fondement de ses prétentions était toujours admis avant la prononciation de la sentence à satisfaire à l'*intentio* du demandeur. — Le *judex*, ayant égard à cette offre, devait absoudre son auteur, bien qu'à l'époque où il y avait *judicium acceptum*, il dût être condamné. Les Sabiniens, partisans de cette doctrine, avaient formulé à ce sujet cet adage : *omnia judicia esse absolutoria*. Il est vraisemblable, du moins d'après le sens qu'on peut saisir à travers les textes mutilés de Gaius (*ibid.*, § 114), que cette opinion reçue plus tard sans exception (Just. Inst. ,liv. 4, tit. 12, *de perpetuis et temp. act.*) n'était admise par les Proculéiens que dans les actions *bonæ fidei* et dans les actions *in rem*.

---

* La condamnation se prononçait toujours en *argent*, dit M. Hugo (*Histoire du Droit Romain*, tome 1er, page 464), attendu que l'objet demandé était constamment considéré comme une somme numérique, sans doute parce que les dettes pécuniaires étaient les seules à l'égard desquelles l'exécution fût assujettie à une marche déterminée.

D'après tout ce qui précède on peut se former une idée exacte des théories de la procédure formulaire et reconnaître notamment 1° qu'elle était essentiellement différente des *legis actiones*, puisque les contendans n'avaient ni paroles sacramentelles à prononcer, ni pantomime à réaliser ; 2° qu'elle offre par ses deux phases si distinctes dont l'une s'accomplit devant le Préteur (*in jure*) ; l'autre (*in judicio*) devant le *judex*, une analogie frappante avec notre procédure par jurés en matière criminelle, et notre procédure devant les arbitres en matière civile, par suite d'un compromis ; 3° qu'elle est l'expression d'un système d'organisation judiciaire où domine l'indépendance et la liberté qui peuvent présider au choix du *judex* ; 4° qu'elle constitue un progrès sur les *legis actiones* en attestant et des mœurs plus civilisées et le prélude du divorce qui devait s'opérer entre le droit sacerdotal et le droit civil ; 5° enfin qu'elle se rattache évidemment à ce vaste ensemble de formes symétriquement compassées dont fut hérissée la jurisprudence romaine, et qu'elle est le couronnement de cet édifice dont tous les compartimens sont mesurés avec une précision que l'on rechercherait vainement dans les monumens des autres législations de l'Antiquité.

CHAPITRE II.

Da la Procédure en vigueur sous Justinien ou des Judicia extraordinaria.

Les caractères même de la procédure dont nous venons de parler semblent avoir marqué sa destinée et fixé d'avance le terme de son existence. — En effet, elle reposait tout entière sur des formules qui dans les dernières années du troisième siècle de l'ère chrétienne commencèrent à tomber en discrédit. D'un autre côté, elle admettait de la part des contendans le choix du *judex*, et ce choix constituait une des libertés les plus vitales dont un membre de la cité pouvait jouir. — Cette indépendance ne pouvait plus se concilier avec les idées de despotisme qui menaçaient toutes les franchises de la cité antique.

La procédure formulaire ne pouvait donc plus résister aux idées nouvelles qui se révélaient de toutes parts ; elle fut supprimée en l'année 294 de l'ère chrétienne par une constitution de Dioclétien. Ce prince enjoignit aux présidens des provinces de statuer eux-mêmes sur tous les différens qui leur étaient soumis, sans pouvoir renvoyer comme par le passé le jugement à un *judex*, sauf toutefois à l'égard des affaires d'une médiocre importance dont ils pouvaient déférer la connaissance aux magistrats d'un ordre inférieur, connus sous le nom de JUDICES PEDANEI (loi 2, Cod. *de ped. judic.*).

Par suite de cette grave innovation, la procédure ne se composa plus que d'une seule phase. Le magistrat instruisait seul le procès et le terminait par sa sentence.

Autrefois le magistrat pouvait, dans certains cas (Gaius, Inst. com. 2, § 278) retenir à son tribunal le jugement de certaines affaires, sans être tenu de les renvoyer ; mais c'était là l'exception ; aussi désignait-on la procédure sous le nom de *cognitio extraordinaria*, de *judicium extrordinarium*.

Le renvoi devant le *judex* ou un *arbiter* constituait le droit commun.

Depuis la constitution de Dioclétien au contraire l'exception est convertie en règle générale : aussi Tribonien écrivant à une époque où ce changement était déjà ancien, disait : *quotiens extraordinem jus dicitur, qualia sunt omnia judicia* (Inst. liv. 4, *de Interdictis*, § 8).

Dans le siècle qui suivit immédiatement celui de Dioclétien, Constantin supprima toutes les formules indistinctement (Loi 2, *Cod. de formul. et impet.*).

Plusieurs autres Constitutions apportèrent de nouveaux changemens aux théories de la procédure suivie dans le beau siècle de la jurisprudence, de telle sorte que sous Justinien les principes que nous avons analysés avaient subi les plus notables changemens.

Nous grouperons ici les plus importans.

L'ajournement en justice (*vocatio in jus*) avait perdu le caractère d'acte privé, il ne pouvait plus être donné d'une manière violente. — Un libelle rédigé par le demandeur et déposé par lui au greffe du magistrat, contenant ses conclusions était notifié au défendeur par un officier public. Le plus souvent le demandeur obtenait du prince un rescrit qui renvoyait les parties devant le magistrat et qui était préalablement notifié au défendeur. A compter de Théodose et Valentinien aucune demande de formule d'action n'est plus nécessaire ; un délai moral était accordé au défendeur pour comparaître devant le magistrat. Dès-lors le *vadimonium* d'autrefois, d'ailleurs tombé en discrédit depuis Marc-Aurelle devient tout-à-fait inutile. Les *sponsiones* et les *restipulationes* sont à leur tour tombées dans l'oubli. Le défendeur n'est plus tenu dans les *actiones in rem* à fournir la caution *judicatum solvi* ; la seule obligation qui lui est imposée c'est de garantir qu'il ne désertera pas l'instance avant que le procès soit terminé, *quod in judicio permaneat usque ad terminum* (Just. Inst., *de satisdat.*, § 2). — En retour, le *juramentum calumniæ* est imposé non-seulement aux parties mais encore à leurs avocats. — Les *cognitores* sont remplacés par les *procuratores* et ceux-ci peuvent être constitués bien plus facilement que dans le droit antérieur (Inst. tit. x *de iis per quos agere possumus.* § 1). Lorsque le *procurator* a été constitué par le demandeur en vertu du mandat insinué parmi les actes du magistrat, la *cautio de* RATO n'est plus exigée ; le *procurator* qui représente le défendeur est de son côté dispensé de fournir personnellement caution, mais le défendeur lui-même est assujetti à fournir la caution *judicatum solvi*, du chef du procureur seulement, et de garantir qu'il se présentera, lui personnellement, au moment où la sentence sera prononcée et qu'en défaut ses cautions exécuteront cette sentence.

La *plus-pétition* n'entraîne plus les peines rigoureuses dont nous avons déjà parlé ; l'empereur Zénon s'était borné à doubler la durée du terme en faveur du débiteur qui avait été poursuivi avant l'échéance. — Justinien déclara de son côté que dans tous les autres cas où il y avait *plus-pétition*, le demandeur rembourserait au défendeur le triple de tous les dommages qu'il aurait exposés, sans préjudice de l'excédant de salaire par lui payé aux *viatores* (Inst. § 24, 33, 34 *de actionib.*). — La *litis contestatio* qui existe maintenant dès que le demandeur a exposé son action devant le magistrat est deshéritée aussi de la plus grande partie des effets qu'elle produisait. — Il n'y a plus *d'exceptions* proprement dites. Tribonien leur a bien consacré un titre spécial, le titre 13 *de exceptionibus* où il les rappelle et leurs caractères (*ad præmium*), et les motifs qui les firent introduire, et les espèces dans lesquelles elles pouvaient être principalement invoquées (§ 1, 2, 3, 4, 5) et leur sources (§ 7), enfin leurs diverses classifications (§ 8, 9 et 10.) Le compilateur de Justinien a même cru devoir faire, des *répliques*, le sujet d'un titre spécial; (Institutes, titre 14, *de replicationibus*) ; mais l'*exception* n'en a pas moins perdu par l'effet de la suppression des formules son existence individuelle ; elle est en réalité désormais confondue, du moins quant à la forme *, avec les autres

* En traitant des *Interdits* dans l'Appendice qui doit faire suite à cette seconde partie, nous reconnaîtrons encore de nombreuses différences dérivant des mêmes causes

moyens de défense *. Les *præscriptions* ont éprouvé le même sort. Il n'est pas jusqu'à *l'action* elle-même , nous le prouverons bientôt , qui n'ait subi de graves changemens.

Si le magistrat qui cumule les fonctions divisées autrefois entre le Préteur et le *judex* n'est plus circonscrit dans les proportions étroites d'une *condemnatio*, il n'en est pas moins tenu de se conformer aux prescriptions du droit civil. Justinien lui rappelle tous ses devoirs (dans un titre spécial, le titre 17 *de officio judicis*) qui sont toujours les mêmes sous ce rapport , que le juge qui les viole continue à faire le procès sien. — La sévérité du droit ancien n'éprouve à ce sujet aucune altération.

L'obligation imposée au *judex* de déterminer une quantité fixe dans la condamnation, quelle que soit la nature de la demande , reste aussi la même pour des magistrats du Bas-Empire (Just. Inst. *de action.*, § 32). Seulement ils ne sont plus tenus , comme l'ancien *judex* , de condamner le défendeur au paiement d'une somme d'argent lorsque la demande a trait à un corps certain ou à tout autre objet.

Quant aux peines réservées aux plaideurs téméraires , elles ont presque conservé toute leur intensité primitive (Inst. *de pœna tem... litigantium*). Il ne pouvait entrer dans les idées de Justinien de les modérer.

On peut apprécier , à l'aide de ce tableau, la nature des innovations qui se succédèrent dans la procédure romaine depuis le beau siècle de la jurisprudence jusqu'à Justinien , et en le rapprochant de ceux que nous avons déjà esquissés au sujet des phases précédentes , il sera peut-être permis de juger convenablement l'ensemble de ces théories.

Il importe au jurisconsulte de les méditer avec soin parce qu'elles constituent la partie la plus intéressante du droit. Elles portent d'une manière encore plus saillante que toutes les autres le cachet des mœurs des diverses époques qu'elles ont traversées ; car la procédure est-elle autre chose qu'un drame permanent dans lequel les hommes entrent en lutte les uns contre les autres pour la conservation de ce qu'ils ont de plus cher , leurs intérêts individuels ? Dans cette lutte les passions descendent toujours ardentes et à découvert , à Rome surtout où le père de famille est avare et cupide par caractère. — Après sa patrie , le romain n'aime plus que son patrimoine ; s'il s'attache à ses dieux domestiques , c'est

* *Vid. Thémis* , tom. 6 , pag. 1 et suiv.

plus par intérêt que par sentiment ; s'il honore les dieux
de la cité, c'est moins par conviction que par politique. Au
dernier rang de ses affections sont relégués les membres de sa
famille, les enfans, la femme qui ne sont à ses yeux que
des corps, des choses et non des personnes.

Voyez comme son génie tout entier se dessine dans les
moyens qu'il emploie pour faire respecter ce patrimoine,
objet de sa constante sollicitude ! Quand il en revendique
la plus légère partie, il engage avec son adversaire un combat simulé ; il le provoque à ce combat par la violence.
S'il résiste, il le prend corps à corps, il le traîne malgré
lui au pied du tribunal du Préteur, et quand il l'a fait
condamner, il se saisit de sa personne, l'emmène prison-
nier dans sa maison, où il lui fera subir la torture,
le fouet, toutes les ignominies de l'esclavage, et si ses
membres ne sont pas un gage suffisant, il saura bientôt
se saisir violemment de ses biens. N'est-ce pas là l'homme
de la violence et de la conquête ? Ne reconnaissons-nous pas
à ces traits le fils du vieux *Latium*, le descendant des pas-
teurs Sabelliens, le Quirite né dans les camps, nourri,
élevé au milieu des camps, qui rentré au *Forum*, traite son
adversaire comme il traitait un ennemi sur le champ de ba-
taille, qui agit contre son débiteur comme il agissait sous
les drapeaux vis-à-vis des personnes chargées de fournir aux
besoins de la guerre, lorsque celles-ci lui refusaient, par
exemple, l'argent nécessaire pour l'achat du cheval dont il
devait se servir pour le combat, *æs æquestre* (Gaius Inst.,
ibid., § 27)?

Le bon droit est donc pour lui toujours synonime de force.
— A ses yeux la propriété se traduit toujours par la conquête. Aussi pour obtenir la propriété de l'objet litigieux,
il doit le saisir, le frapper de la baguette consacrée, symbole de la lance romaine ; et ce n'est pas seulement dans les
luttes judiciaires que ces formes se dessinent, elles se repro-
duisent dans tous les actes de sa vie civile. — Lorsque le
père de famille acquiert, il faut qu'il saisisse encore de sa
main l'objet qu'on lui mancipe; lorsqu'il veut adopter l'enfant
d'un autre, lorsqu'il veut être institué héritier, il faut toujours, à l'instant même, qu'il appréhende, qu'il devienne
propriétaire par une sorte de conquête ; c'est là que réside
pour lui le droit tout entier. Il le proclame énergiquement, car
il a dressé sa lance au pied du tribunal de ses centumvirs,
in centumviralibus judiciis hasta præponitur. (Gaius *ibid.*,
§ 16).

Il n'a pas oublié qu'il est lui-même l'œuvre de la conquête, que sur ce sol où il a bâti son Capitole, il n'a pu prendre pied qu'en l'arrosant de son sang, que ces épouses qui perpétueront sa race, il a été obligé de les enlever, que ces Dieux eux-mêmes auxquels il sacrifie, il les ravit un jour à l'Étrurie.

Ce n'est pas assez des actes du corps ; le romain accompagne la pantomime du duel judiciaire de la prononciation de paroles consacrées, dont il ne peut omettre ou changer une syllabe sans s'exposer à perdre ses droits (Gaius *ibid.*, § 3o). Ces paroles, cette pantomime, ces consignations qui doivent tourner au profit du culte public, ne sont-elles pas le symptôme certain de l'alliance étroite du droit civil avec le droit sacerdotal, le mystère né de l'impuissance de la parole qui ne s'exprime d'abord que d'une manière concrète et figurée, mais entretenu à dessein comme le dernier rempart qui reste à l'aristocratie et que la politique entretient et conserve avec le plus grand soin ? *

L'œuvre de cette aristocratie est ici surtout visible puisque la condition du Plébéien vient s'y dévoiler avec tout ce qu'elle a de malheureux, d'inique, de servile. — Comment pourra-t-il revendiquer ou défendre ses droits, et résister à l'oppression de la caste patricienne, lui qui dans sa pauvreté qu'entretient le fardeau des guerres, qu'aggrave la plaie dévorante de l'usure, ne pourra ni consigner l'*as* du *sacramentum* qu'exige le Pontife inexorable, ni trouver un seul répondant prêt à le cautionner ? Comment d'ailleurs articulera-t-il avec toute l'exactitude convenable les paroles si sévèrement compassées et se livrera-t-il au combat juridique, alors que les formules organiques de ces rites mystérieux lui sont inconnues ? et cependant l'erreur la plus légère le fera succomber ! Il pourra du moins se faire représenter par un ami, par un mandataire initié !... Mais non.... les lois sont inflexibles ; il faut qu'il agisse par lui-même ou qu'il renonce à ses droits ; *nemo alieno nomine lege agere potest* (Ulpien, loi 123, ff. de *divers. reg. jur. antiq.*).

Doit-on dès-lors s'étonner que le Patricien ait considéré comme une fatalité déplorable la divulgation de ces formules ? qu'il ait déposé son anneau d'or en signe de deuil et de désespoir ; et que le peuple de son côté ait fait sénateur, édile-curule et tribun le fils de l'affranchi qui venait de

* *Vid.* M. Michelet, *Histoire de la République Romaine*, tome 1er.

lui assurer le plus précieux de tous les droits , la connaissance de la procédure ?

Quand cette révolution s'opéra , Rome avait déjà grandi. — Bientôt ses mœurs se dépouillèrent de cette rudesse dont les avaient empreintes l'élément latin et l'élément sabellique. — La résistance a été vaincue en la personne de Caton. — Le siècle de Cicéron a vu se résumer en un seul homme ses progrès accomplis , ses exigences nouvelles , ses collisions sanglantes. L'orateur philosophe a su vouer au ridicule les rites de la procédure antique....* Les *legis actiones* sont abolies ; les *formules* viennent les remplacer.

La transition est ménagée, mais elle est manifeste et constitue un incontestable progrès ; elle devient plus saillante encore lorsque la vieille société romaine s'organise sur des bases nouvelles. — La violence est désormais bannie des actes de la procédure ; les mots consacrés perdent toute leur importance ; toutes les traces du matérialisme s'effacent successivement.

Certes , il est douloureux de voir à côté du tableau de ces réformes , les libertés nationales s'éteindre une à une sous l'action absorbante du despotisme impérial que son contact avec le despotisme Asiatique et les doctrines mal comprises du Christianisme sur l'origine des pouvoirs , rendent tous les jours plus intense. On regrette surtout que les lieutenans impériaux viennent prendre la place de l'arbitre juré que les parties avaient le droit de choisir elles-mêmes et que par cette substitution toutes les garanties d'indépendance et d'impartialité soient aussi confisquées au profit de l'arbitraire. — Mais ne puisons-nous pas en retour de puissantes consolations dans le spectacle du développement de ces juridictions religieuses qui proclament partout parmi les hommes des maximes d'union , d'ordre et de paix , et dans le triomphe d'une procédure plus rationnelle , et plus modérée sur une procédure empreinte de rigorisme , hérissée de formalités souvent captieuses appuyées par une sanction toujours sévère ? Rome antique , Rome d'Appius et de Caton désavouera sans doute ces innovations , mais elles seront applaudies des générations à venir qui en retireront d'inappréciables avantages.

Voilà (du moins en résumé) la procédure des romains , telle que nous l'ont faite les tranformations successives de ce peuple , réflétant ainsi , de la manière la plus fidèle sa vie

* *Pro Murenâ.*

tout entière , avec ses phases et ses péripéties , ses révolutions politiques , géographiques et religieuses , la série de ses magistratures dans le vaste territoire dont se compose son empire , dessinant son génie pour conserver , comme son génie pour conquérir , reproduisant enfin la gradation si sévèrement accentuée qui sépare son apreté primitive , de sa civilisation , l'ère de l'abaissement que lui fit subir le despotisme , de l'ère de ses gloires et de ses libertés. — Elle est donc une école vivante de mœurs publiques et privées , un foyer inépuisable d'enseignemens philosophiques qui apprennent à l'homme tout l'intervalle qui existe entre les sociétés naissantes et les sociétés grandies et bientôt dégénérées.

Le moment est venu de restituer à cette branche du droit antique le culte dont elle a été long-temps deshéritée ; car tout le monde sait que naguère encore on la proscrivait et on la dédaignait généralement comme indigne de devenir le sujet des travaux scientifiques. — Les rites mystérieux qu'elle atteste n'étaient aux yeux du plus grand nombre des interprètes qu'un élément parasite justement discrédité ; on n'y voyait que des fables du Droit ancien , qu'un fonds de théories surannées , sans intérêt comme sans utilité. Ainsi ce que l'on dédaignait dans l'étude du tableau , c'était le coloris ; ce qu'on laissait à l'écart dans l'exploration de l'arbre scientifique , c'était l'examen de la sève qui donne la vie à tous ses rameaux !

Qu'eût pensé d'un tel oubli , l'auteur de la *science nouvelle* et de la *philosophie de l'histoire* , lui qui avait si noblement vengé le droit romain de ces accusations que la prévention et d'autres passions peu généreuses suscitent encore contre ses dogmes ? Quand ses disciples n'auraient obtenu d'autre résultat que la réhabilitation de cette partie de la jurisprudence , la science leur serait redevable des services les plus éminens.

Il convient maintenant d'aborder le sujet du titre III, c'est-à-dire l'examen des actions telles que Justinien les a considérées dans ses Institutes.

TITRE III.

Divisions des Actions considérées sous leurs divers points de vue.

On vient de le voir , l'action est la vie , la réalisation du droit [*]. Le jurisconsulte Celsus qui florissait du temps d'Adrien et d'Antonin le pieux, avait défini l'action dans un de ses fragmens ; *nihil aliud est actio quam jus quod sibi debeatur judicio persequendi* (loi 51 ff. *de obligat. et actionib.*).

Cette définition pouvait être exacte à l'époque où elle fut émise, c'est-à-dire sous l'empire de la procédure formulaire, (par rapport aux actions dont *l'intentio in personam*, était exprimée par la formule suivante : *si paret (reum) dare aut facere oportere*, Gaius Inst. *ibid.* comm. 4, § 41). En effet l'action n'existait alors que lorsqu'elle était accordée par la formule délivrée par le Préteur. Le droit de demander l'action, était donc essentiellement distinct de l'action elle-même, puisque celle-ci s'identifiait pour ainsi dire avec la formule... *Le mot formule* est toujours synonime *d'action*, *formula petenti datur*... (Gaius Inst. comm. 3, § 222, *formula competit*... comm. 4, § 74). Mais sous la procédure qui fut substituée aux formules, à compter de Dioclétien, la définition a perdu son exactitude, il n'y a plus d'action proprement dite ; celle-ci se confond toujours avec le droit lui-même qui prend sa base dans les divers élémens de la jurisprudence, et qui peut être désormais exercé sans la permission du magistrat. — Il ne faut donc plus, bien que Tribonien ait emprunté littéralement le langage de Celsus (Inst., liv. 4, tit 6 *de actionibus ad præmium*) donner le même sens à la définition précitée, et tenir compte des modifications que la nature de l'action a éprouvées par l'effet des changemens qu'a entraînés la suppression des formules.

Sous quel rapport les *actions* sont-elles considérées dans les Institutes de Justinien ? Nous l'avons déjà énoncé dans notre introduction ; tous les textes du 4e livre de ces Institutes convergent vers de grandes divisions qui servent à classer les actions envisagées sous tous les points de vue qu'elles peuvent présenter.

Lorsque nous avons consulté les méthodes des divers interprètes à ce sujet, il ne nous a pas été difficile de reconnaître que leurs nomenclatures sont le plus souvent incomplètes ou défectueuses. Quelques-uns ne fondent dans leurs classifications que les textes du titre 6 *de actionibus* : d'autres s'attachent à des classifications plus larges ; mais elles rentrent plus d'une fois les unes dans les autres. Sans prétendre remplir les lacunes que présentent ces travaux, et

[*] M. Blondeau donne avec raison aux *Actions* le nom de *Droits Sanctionnateurs* (*Chrestomatie*, tome 1er, page 116).

offrir ici des cadres exempts de tout reproche, nous avons cru cependant devoir nous attacher avec quelque confiance aux divisions suivantes :

Elles sont au nombre de neuf ; on jugera s'il était possible de réduire ce nombre sans confondre des idées hétérogènes.

Dans la première division, nous considérerons les actions par rapport à la rédaction des diverses parties de la formule.

Dans la seconde, par rapport à leur cause finale ;

Dans la troisième, par rapport à leur origine * ;

Dans la quatrième, par rapport à l'étendue des pouvoirs du juge ;

Dans la cinquième, sous le point de vue des rapports arithmétiques qui existent entre l'*intentio* et la *condemnatio* ;

La sixième division sera prise dans la restriction des effets de la condamnation, par suite de certains rapports qui existent ou ont existé entre le demandeur et le défendeur ;

La septième, dans les rapports de puissance ou de propriété qui existent entre le défendeur et le corps intelligent ou non intelligent, auteur de l'engagement ou du fait productif de l'obligation ;

La huitième, dans la durée des actions ;

La neuvième, enfin, dans leur transmissibilité active ou passive.

L'exposé de ces nomenclatures suffit pour prouver que pour examiner les actions nous nous sommes placés au point de vue de la procédure formulaire. — Cette méthode nous était pour ainsi dire imposée, soit par le besoin de profiter des Institutes de Gaius, soit par le désir de faciliter l'intelligence des fragmens des jurisconsultes du beau siècle de la jurisprudence, qui écrivaient tous sous l'empire de la procédure formulaire.

Ce point de vue a de plus l'avantage de nous faire participer aux résultats toujours attachés à la méthode historique. — Le Droit de Justinien ne sera jamais bien compris par celui qui ne connaîtrait pas le droit antérieur, et notamment le droit des Pandectes. — Nous avons d'ailleurs déjà fait remarquer qu'un grand nombre de locutions cou-

---

* Ces nomenclatures ne reposent pas toutes, il est facile de s'en apercevoir, sur la généalogie naturelle des idées, en ce sens qu'il eût été peut-être plus convenable d'examiner avant tout l'*origine* des *Actions*, etc., etc..... — Mais nous avons cru pouvoir intervertir sans inconvénient, la gradation ordinaire, alors surtout que nos divisions ont été échelonnées de manière à s'éclairer les unes par les autres.

servées par Tribonien ne seraient pour nous qu'une série
d'énigmes sans la connaissance des formules.

1ʳᵉ DIVISION DES ACTIONS.

(Prise dans la teneur des formules).

Actions IN PERSONAM, IN REM (*et par connexité*), *action
personnelle* IN REM SCRIPTA, *action* (IN REM) PRÉJUDI-
CIELLE. — *Actions* MIXTES. — *Actions* VULGAIRES, NON
VULGAIRES. — *Actions* IN FACTUM, UTILES, EX PRÆS-
CRIPTIS VERBIS.

1ʳᵉ SUBDIVISION.

(Prise dans la conception de L'INTENTIO.)

Actions in personam, in rem, etc.

Nous l'avons déjà expliqué, l'*intentio* c'est-à-dire l'indication des conclusions du demandeur, *ea pars formulæ quâ
actor concludit desiderium suum* (Gaius comm. 4, § 49),
constituait le *criterium* de la formule. — Si cette *intentio*
était dirigée contre une personne déterminée nominativement, l'action était *in personam*, caractère qui nous a fait
donner à cette action le nom d'action *personnelle*. Si au contraire l'*intentio* n'indiquait qu'une énonciation faite en
termes généraux, sans désignation d'une personne, l'*actio*
était *in rem*, caractère que nous avons désigné, mais mal
à propos sous le nom d'action réelle. — Sans doute il fallait
bien que dans la formule le défendeur fût désigné, car sans
cela la demande ou plutôt l'exercice de l'action serait impossible. Mais la désignation dans ce cas n'était que dans la
demonstratio et non dans l'*intentio*. *

Dans quels cas le demandeur pouvait-il ainsi diriger ses
conclusions, c'est-à-dire son *intentio* contre une personne
déterminée ?

Elles devaient être évidemment fondées sur des rapports
personnels, sur des obligations dérivant d'un contrat ou d'un
délit; en d'autres termes le demandeur alléguait que la
personne contre laquelle il agissait, était obligée vis-à-vis de
lui, ou par un contrat ou par un délit. Aussi Gaius disait-il

---

* Il n'y avait donc à proprement parler que des actions *personnelles*. Cependant entraînés par l'exemple de tous les interprètes
nous traduirons ACTIO IN REM par *action réelle*, en modifiant d'après
l'explication qui précède, l'acception donnée à cette locution
dégénérée.

à ce sujet, en définissant cette action : *in* PERSONAM *actio est, quotiens cum aliquo agimus, qui nobis vel ex contractu vel delicto obligatus est, cùm intendimus dare facere, præstare oportere* (Inst. comm. 4 , *ibid.* § 2). Le langage du demandeur était donc celui-ci : *aio Lucium Titium mihi dare, facere oportere.*

Il en était bien autrement dans l'*actio in rem.* — Le demandeur ne prétendait plus que le défendeur était personnellement obligé ; il soutenait seulement avoir un droit *absolu* sur la chose , c'est-à-dire un droit de propriété parfaite, d'après le droit civil , EX JURE QUIRITIUM , ou un démembrement de cette propriété , un droit d'usufruit par exemple , un droit de servitude réelle... Sa demande n'avait donc rien de *relatif* à la personne; elle n'avait trait taxativement qu'à la chose considérée abstractivement de tout défendeur , et puisqu'il ne concluait pas directement contre l'adversaire , l'*intentio* était *in rem* , c'est-à-dire faite en termes généraux, sans désignation de la personne. Son langage était celui-ci : *aio fundum Capenatem esse meum ex* JURE QUIRITIUM *; *mihi jus esse eundi, agendi per fundum Capenatem.* Gaius expliquant ces dissemblances disait : *in* REM *actio est, quotiens aut corporalem rem intendimus nostram esse, aut jus aliquod nobis competere, veluti utendi aut utendi. — fruendi, eundi , agendi,* etc. (§ 3 *ibid*).

Malgré la suppression des formules, les précisions qui précèdent n'en conservèrent pas moins toute leur force, parce que le langage formulaire était en harmonie intime avec la nature des choses. On peut s'en convaincre en lisant les § 1 , 2 du titre 6 *de action.* (Instituts de Justinien) où l'on voit ressortir les différences essentielles que nous venons d'exposer.

Les actions *personnelles* étaient désignées sous le nom de *condictiones* (Ulpien loi 25 *ad prœm.,* ff *de oblig. et actionib.*). Ce mot avait , comme le fait remarquer Tribonien (Inst. *ibid.* , § 15) perdu son acception primitive.

En effet, nous l'avons vu, sous la procédure qui précéda les formules, la *condictio* était placée au nombre des *actions de la loi* ; elle consistait dans la sommation qu'adressait le demandeur au défendeur , pour que celui-ci se trouvât devant le magistrat , à l'effet d'y recevoir un juge (Gaius

---

* Cette précision que l'*intentio* devait être , dans ce cas, fondée sur des rapports de Droit Civil , se reproduit dans toutes les formules que Gaius nous a transmises (Inst. Com. 4 , § 34 , 36 , 93).

ibid. § 18). Ces actions étant tombées en désuétude, les jurisconsultes conservèrent cette qualification aux actions personnelles et qui étaient relatives au transport de la propriété d'une chose *certaine.* Ce fut sans doute par l'influence de l'origine de la *condictio* qui n'avait été primitivement admise au nombre des actions de la loi par les lois *Silia* et *Calpurnia*, que pour tout objet déterminé (Gaius comm. 4, § 19).

Les Jurisconsultes opposèrent aux *condictiones certi* les *condictiones incerti* ou plutôt *ex stipulatu.*

Par les premières, le débiteur était tenu de transporter la propriété d'une chose déterminée ,... on peut proposer pour exemple la formule suivante : *si paret* (pour *apparet*), *Numerium Negidium*, *Aulo Agerio*, *sextertium* DECEM MILLIA *dare oportere* (Gaius Inst. comm. 4 § 64). Par les secondes au contraire, on réclamait quelque chose d'incertain ou d'indéterminé, QUIDQUID *paret Numerium et Negidium Aulo Agerio dare, facere, oportere* (*ibid.*). Les fragmens de Gaius, loi 74 ff *de verborum oblig...* et d'Ulpien, loi 75 (*ibid.*) nous ont depuis long-temps appris à discerner les obligations génératrices de ces diverses actions.

Les actions *in rem* avaient reçu la qualification générique de *vindicationes* (Ulp. *ibid.* — Just. Inst.), et spécialement, celles qui avaient pour objet de garantir le droit de propriété, le nom de *rei vindicatio.* — Cette revendication spéciale s'opérait tantôt *per sponsionem*, tantôt au moyen de la formule, que les textes désignent sous le nom de *formula petitoria.* Gaius établit à cet égard des distinctions qu'il importe de consulter (Inst. comm. 3, § 94 et suivans , Just. Inst. tit. 6 *de action.* § 15). — Lorsque l'action a pour but de faire reconnaître en justice qu'une chose immobilière est grevée en faveur du demandeur, ou d'une propriété voisine, d'un droit réel, d'un droit constitutif d'une servitude, d'usufruit, elle emprunte alors à sa nature même le nom d'action *confessoire, veluti*, dit le texte, *si quis agat sibi jus esse fundo fortè vel ædibus utendi, fruendi, vel per fundum vicini, eundi, agendi...*

En sens inverse, si l'action a pour objet de faire déclarer qu'un immeuble n'est pas grevé d'un droit semblable, qu'il a conservé son état de liberté et de franchise primitive, l'action entièrement contraire à celle dont nous venons de parler, prend alors la dénomination d'action *négatoire* : *veluti, si quis intendat jus non esse adversario, utendi, fruendi, eundi, agendi aquamve ducendi.... istæ quoque actiones in rem sunt sed* NEGATIVÆ. — Dans l'action *confessoire*, c'est au demandeur qu'incombe l'obligation de prouver l'existence du droit réel qu'il veut faire consacrer. C'est là un principe général que le demandeur doit justifier le fondement de son action, que le défendeur n'a rien à prouver, qu'il ne suffit pas d'établir que la chose ou le droit réclamé n'est pas la propriété de celui-ci, mais que le point culminant du procès consiste à savoir si le demandeur est, lui, bien fondé dans ses prétentions, s'il est propriétaire, si le droit réel qu'il réclame existe.... Il en est autrement en matière d'actions *négatoires*. Le défendeur qui est en possession du droit contesté, n'en est pas moins tenu de prouver l'existence de ce droit, parce que les héritages étant naturellement libres, c'est à celui qui les soutient grevés d'une servitude, à justifier de l'existence de cette servitude. Dès-lors le défendeur joue le rôle du demandeur, *actoris partes sustinet*. — On doit remarquer avec le texte que ce genre de contestation ne peut jamais avoir lieu relativement à des choses corporelles, car le demandeur est toujours celui qui ne possède pas, et celui qui possède n'a pas, comme en matière de choses incorporelles, l'action négatoire à l'effet de contester le droit de son adversaire (§ 2, *ibid.*).

L'action *in personam* prenait le nom de *personalis in rem scripta* dans le cas spécial où celui qui se plaignait d'avoir été la victime de la violence, voulait faire rescinder les actes qui lui avaient été arrachés, en agissant non-seulement contre l'auteur de la violence, mais encore contre toute personne, même de bonne foi, qui en aurait profité. Ulpien contribue à nous faire connaître l'objet de cette action dans la loi 14, § 3, ff. *Quod metus causâ*.

Enfin l'action prenait de son côté la qualification de *præjudicialis*, toutes les fois que le magistrat soumettait au juge une question préalable sans lui permettre de condamner ou d'absoudre. La formule alors réduite à une seule partie offrait l'*intentio* sans *demonstratio* et sans *condemnatio*. — On avait recours aux *prejudicia* dans un grand nombre de procès. Gaius nous en fournit un exemple dans le § 44 de ses Institutes (*ibid.*), et Tribonien dans le § 13 *de actionibus (ibid.)* * où l'*actio præjudicialis* est *in rem*.

A côté des actions *in personam* et des actions *in rem*, ou plutôt entre ces deux actions, Tribonien place l'action *mixte ; quædam actiones* MIXTAM *causam obtinere videntur* (Justin. Institutes § 20, *de actionibus*). — Le même texte classe au

---

* *Vid.* à ce sujet une dissertation de M. le Docteur Jourdan. — *Thémis*, tome 6, pages 341 et suivantes.

nombre de ces actions l'*actio familiæ erciscundæ* , l'*actio de communi dividundo* , l'*actio finium regundorum*. — Ainsi le cohéritier qui agit contre son héritier en partage de l'hérédité , *actio familiæ erciscundæ* , le copropriétaire qui appelle en justice son copropriétaire en partage d'une chose commune, *actio de communi dividundo*, le voisin qui demande à son voisin le bornage des héritages contigus, *actio finium regundorum*, exerce une action mixte ; pourquoi ? Est-ce sous le point de vue dont parle Ulpien dans un de ses fragmens (loi 37 , § 1 , ff. *de oblig. et actionibus*) en disant au sujet des *interdits* que les actions en bornage et en partage d'une hérédité sont mixtes parce que chacun des contendans est en même temps demandeur , *uterque actor est* ? ou bien faut-il reconnaître , comme la lettre du § 20 précité semblerait l'indiquer , que ces actions sont à-la-fois réelles et personnelles ?

Aucune de ces deux interprétations ne nous paraît admissible. Si la première est évidemment proscrite par la dernière partie de ce texte , la seconde répugne à la nature opposée des actions réelles et personnelles , qui s'excluent réciproquement. Il faut donc , en recourant à d'autres fragmens, et notamment à la loi 1, ff. *finium regundorum*, admettre que ces actions sont personnelles , mais que le *judex* ayant, eu vertu de l'*adjudicatio* (Gaius Inst. , *ibid.* § 42) , le pouvoir de déclarer en procédant au partage ou au bornage que le demandeur est propriétaire de certains objets , et des restitutions de fruits ou d'autres prestations pouvant être ainsi ordonnées en sa faveur , l'action personnelle produisant dès-lors les effets d'une action réelle, ces actions, personnelles de leur nature, deviennent mixtes par les effets qu'elles entraînent (liv. 4 Inst. , *de officio judicis* , § 4) *

2e SUBDIVISION.

(Prise dans la teneur *générale* de la formule.)

Actions Vulgaires et non Vulgaires. — *Actions* in Jus ; in factum. — Ex præscriptis verbis. — Utiles.

Lorsque les termes de la formule accordée par le Préteur répondaient directement à l'action promise par les élémens du droit, elle était vulgaire , *vulgaris* **. Que si au contraire

* *Vid. Thémis* , tom. 4 , page 143. — M. Warkœnig, *Instit. juris Romani privati* , n° 886. — M. Ducaurroy, *Instit. expliq.* tome 4 , page 70 et suivantes.

** Les doctrines de cette Subdivision ne sont qu'un résumé des le Préteur se voyait obligé d'y ajouter quelques précisions résultant des circonstances du fait , elle était *non vulgaris*.

Les actions de la première catégorie se subdivisaient en actions *in jus* et en actions *in factum conceptæ* , selon que celui qui réclamait la formule appuyait ses prétentions ou sur le droit civil ou sur le droit prétorien * (Gaius § 45 et 46 , *ibid.*).

Les actions non vulgaires embrassaient 1° les actions *in factum prætoriæ* proprement dites, dans lesquelles le principe de l'action reposait tout entier sur les édits des Préteurs ; 2° les actions *ex præscriptis verbis* ou *in factum civiles*, dans lesquelles bien que le principe de l'action reposât sur le droit civil , le Préteur était obligé d'énoncer en tête de la formule certains faits particuliers que la précision des élémens du droit n'avait pu mentionner à cause de leur infinie variété , sans cependant leur refuser sa sanction.

3° Les actions *utiles* que le Préteur accordait à l'imitation du droit civil principalement , en supposant ou l'accomplissement de certains faits , ou l'existence de certaines qualités nécessaires pour la concession de la formule , suppositions dont nous parlerons bientôt.

2ᵉ DIVISION.

(Prise dans le but ou la cause finale des actions.)

Actions REI PERSECUTORIÆ , POENALES , MIXTÆ. — ACTIO AD EXHIBENDUM.

1ʳᵉ SUBDIVISION.

Actions rei persecutoriæ , pœnales , mixtæ.

Considérées sous le rapport de leur but ou de leur cause finale , les actions reçoivent d'autres subdivisions. Tantôt en effet le demandeur réclame un objet qui manque à son patri-

---

théories professées par M. Mühlenbruch (*Doctrina Pandectarum Scholarum in usum*, vol. 1, pag. 259 et suivantes). — Ces théories nous ont paru plus exactes que celles qui ont été proposées par les autres Docteurs modernes.

* Il paraît surprenant que l'on eût accordé à raison du même fait, une action *in jus* , et une action *in factum* à la fois , comme cela se vérifie dans le modèle de la double formule que Gaius nous a transmise par rapport au *dépôt* et au *commodat* (Instit. , com. 4, *ibid.* , § 47). Mais cela s'explique parce que dans la rigueur des anciens principes , certaines personnes ne pouvaient rien réclamer *ex jure quiritium* , ou plutôt exprimer *une intentio* du Droit civil, tandis qu'elles pouvaient s'appuyer sur l'équité Prétorienne qui ne

moine , *quod patrimonio abest* (selon le langage de Paul) ; tantôt il réclame une condamnation à titre de *peine* ; tantôt enfin il réclame en même temps et un objet dont il est illégalement privé et une condamnation à titre de peine , peine souvent supérieure au dommage ; *agimus autem interdum ut rem tantum consequamur , interdum ut pœnam tantum , alias ut rem et pœnam* (Gaius *ibid.*, § 6). Les paragraphes suivans sont destinés à expliquer cette proposition. — Ainsi nous agissons , *rei persequendæ causâ* , toutes les fois que nous réclamons un objet qui nous est dû en vertu d'un contrat , par exemple ; *rem persequimur velut actionibus , contractu agimus* (§ 7, *ibid.*). — Tribonien s'est exprimé d'une manière beaucoup plus large lorsqu'il a écrit : *rei persequendæ causâ comparatæ sunt omnes in rem actiones. — Earum verò actionum quæ in personam sunt, eæ quæ qui. dem ex contractu nascuntur , fere omnes....* (Just. Instit. , § 17 , *ibid.*). — Nous agissons pour obtenir contre notre adversaire une condamnation à titre de peine (*pœnam*) lorsque par exemple nous exerçons l'*actio furti manifesti, vel nec manifesti.* Le double ou le quadruple que nous réclamons selon la nature du délit est indépendante , comme on le sait , de la restitution de l'objet volé que nous pouvons réclamer du voleur par la *condictio furtiva* s'il a cessé de posséder , par la *vindicatio* ordinaire , s'il possède encore (Inst. liv. 3 , tit. 1 , § 19). — D'après les principes du droit commun , le propriétaire de l'objet volé ne pouvait avoir contre le voleur ou ses héritiers l'action personnelle ordinaire dont la formule vulgaire est celle-ci : *si paret dare oportere.* En effet le mot DARE signifie toujours *transférer la propriété* et on ne peut dès-lors accorder une action ainsi formulée qu'à celui qui n'a pas la propriété de l'objet réclamé. Néanmoins en haine des voleurs et pour les soumettre à un plus grand nombre d'actions , *odio furum , quo magis actionibus teneantur* (Gaius *ibid.* § 4. — Just. Inst. , § 14), le droit accordait par exception et par une sorte de cumul , cette action au propriétaire de l'objet volé , en dehors , comme on l'a vu , des peines du double ou du quadruple.

Enfin , par une seule et même action , nous tendons à obtenir et un objet et une peine en même temps , *rem et pœnam consequimur* , par exemple lorsque nous exerçons

---

pouvait leur défaillir dans des causes aussi justes que celles qui sont mentionnées par ce jurisconsulte. Ulpien a posé à cet égard dans un de ses fragmens le principe : *in factum actiones etiam filii familias possunt exercere* (loi 13, ff. *de obligat. et actionib.*).

contre un ravisseur l'*actio vi bonorum raptorum*, puisque dans le quadruple auquel l'auteur du délit sera condamné, se trouve comprise la revendication de l'objet, *in quadruplo rei persecutio continetur* (*ibid.* Gaius § 7, 8 et 9, — Inst. Just. § 17, 18 et 19 *ibid.*) — A la première des actions dont nous venons de parler, les textes donnent le nom d'action *rei persecutoria*, à la seconde celui d'action *pénale*, à la troisième celui d'action *mixte*, mais dans un sens bien différent de celui que nous avons donné à cette dernière locution dans la division précédente.

2° SUBDIVISION.

Actio ad exhibendum.

La qualification donnée à cette action, en dénote suffisamment l'objet, car *exhiber* c'est représenter corporellement une chose... *exhibere est præsentiam corporis præstare*, disait Gaius dans un de ses fragmens (loi 22 *de verb. significat.*). — Celui qui veut exercer une action *in rem*, lorsqu'il s'agit d'un effet mobilier, est évidemment intéressé à obtenir préalablement la représentation, l'exhibition de cet objet, soit pour s'assurer de son identité avec celui dont il est privé, soit pour obtenir la facilité d'exercer la revendication elle-même (Paul loi 2 ff *ad exhibendum*), surtout sous l'empire des *legis actiones* qui exigeaient comme on le sait, que l'objet litigieux fût apporté en totalité ou du moins en partie en présence du magistrat (Gaius Inst. *ibid* § 17). Cette action devait être d'après la nature même de son objet, d'un usage journalier... (Ulpien loi 1er, ff. *ibid.*).

Jusqu'ici nous en avons rencontré plusieurs espèces. Le texte du § 2 du titre 8 du 2e livre des Institutes, *quibus alienare licet vel non*, nous en a offert notamment un exemple bien remarquable au sujet du pupille qui ayant livré des choses fongibles à titre de *mutuum*, sans le consentement de son tuteur, est fondé à intenter cette action contre l'emprunteur de mauvaise foi.

Ce n'est pas seulement le corps lui-même que doit représenter en nature le défendeur à cette action ; il est encore obligé de le représenter *cum omni causâ*, dit Tribonien (Inst. *de officio judicis* § 3) d'après Ulpien (loi 9, § 7, ff. *ibid.*), c'est-à-dire qu'il doit placer le demandeur dans une position égale à celle où l'aurait mis une exhibition immédiate... par exemple en lui tenant compte des fruits perçus pendant le litige, et en l'indemnisant du préjudice que lui aurait occasionné l'usucapion accomplie *inter moras exhibendi* (*ibid.* § 6).

L'action *ad exhibendum* est personnelle (Ulpien loi 3 § 3, ff. *ibid.*) et se réfère exclusivement aux effets mobiliers; elle peut être exercée contre celui qui possède actuellement, et contre celui qui n'a cessé de posséder que par l'effet de son dol , suivant l'adage : *qui dolo desiit possidere, pro possessore est* (Ulpien loi 131 ff. *de diversis reg. juris antiq.*).

Si le défendeur excipe de son impossibilité de pouvoir représenter actuellement , et demande à cet effet un délai moral, le juge lui accordera ce délai , pourvu qu'il cautionne la réalisation de sa promesse. — A défaut d'une offre de cette nature , ou de la prestation d'une caution , le juge condamnera le défendeur au paiement d'une somme égale à l'intérêt qu'aurait retiré le demandeur d'une représentation faite dès l'origine *ab initio* (Inst. *ibid.* § 3), en usant à cet égard , du droit que lui confère le dernier membre du § 31 des Institutes *de actionibus*, qui classe l'*actio ad exhibendum* au nombre des actions *arbitraires*, dont nous ferons bientôt connaître les caractères.

3e DIVISION DES ACTIONS.

(Envisagées par rapport à leur origine et à la base sur laquelle elles reposent.)

Actions CIVILES. — *Actions* PRÉTORIENNES. — *Actions* DIRECTES. — *Actions* CONTRAIRES. — *Actions* UTILES. — *Actions* VALABLES PAR ELLES-MÊMES. — *Actions* VALABLES AU MOYEN DE CERTAINES FICTIONS , ou *Actions* FICTICES.

1re SUBDIVISION.

Actions civiles. — *Actions* prétoriennes.

Envisagées sous le point de vue de leur origine , c'est-à-dire de la nature spéciale des élémens du droit dont elles dérivent , les actions sont civiles ou prétoriennes.

Par actions *civiles ,* on entend celles qui reposent sur un des élémens du droit civil proprement dit , *quæ ex legitimis et civilibus causis descendunt ,* comme par exemple les lois votées par le peuple , les plébiscites ; plus tard les senatus-consultes, les constitutions impériales... et par actions *prétoriennes* , celles que les Préteurs avaient créées , en vertu de l'autorité dont ils étaient revêtus , *quas Prætor ex suâ jurisdictione comparatas habet* (Just. Inst. § 3, *ibid.*).

Les unes et les autres se subdivisent en actions personnelles, réelles et en actions mixtes.

Tribonien, laissant à l'écart les diverses actions *civiles* qui rentrent dans l'une de ces trois catégories, nous offre en retour plusieurs exemples des actions *prétoriennes* analogues à chacune de ces classifications. — Parmi les exemples d'actions prétoriennes *in personam*, il énumère 1° l'action de *constitutâ pecuniâ* dont voici l'objet:

Les promesses faites par un simple pacte ne produisaient, on le sait, aucune action juridique. — Cependant, par exception, celles qui émanaient des *argentarii*, ou des banquiers qui s'interposaient pour la conclusion des diverses négociations en général, donnèrent lieu à une action connue sous le nom d'*actio de pecuniâ receptitiâ*.... — Par une sorte d'extension de cette action spéciale à une classe d'individus, les Préteurs toujours amis de l'équité et voulant faire respecter la foi promise (Ulpien, loi 19, ff. *de constit. pecun.*) accordèrent en vertu de leur autorité une action contre toutes personnes capables de s'obliger, qui par un simple pacte s'étaient constituées débitrices de choses fongibles qu'elles promettaient de payer à un jour fixe, en confirmant ou plutôt en *réitérant* (circonstance qui plus tard rendait odieuse la résistance du débiteur), une obligation antérieure qui leur était personnelle, ou une obligation antérieurement consentie par un tiers dont ils devenaient ainsi les garants, par une sorte de cautionnement distinct de la fidéjussion ordinaire. — Cette action Prétorienne fut désignée sous le nom d'*actio de pecunia constituta*. Les deux actions dont nous venons de parler étaient différentes sous un grand nombre de rapports, et notamment, comme on le voit dans l'énoncé qui précède, par leur origine, leur objet, et les personnes auxquelles elles s'appliquaient. — Ces différences furent supprimées par Justinien qui confondit ces deux actions en une seule à laquelle il conféra le nom d'*actio de pecunia constituta* (*Ibid.* § 8 et 9).

2° L'action appelée *de peculio* par laquelle les pères de famille ou les maîtres furent tenus par des motifs d'équité et par dérogation aux principes trop rigoureux du doit civil, d'acquitter les obligations contractées par les descendans placés sous leur puissance ou par leurs esclaves jusqu'à concurrence de la valeur du pécule de ceux-ci. — Nous aurons bientôt occasion de donner plus de développement à cette espèce d'action (Just. § 10, *ibid.*).

3° L'*actio ex jurejurando* dont le texte du § 11, *ibidem*, fait suffisamment connaître les caractères.

Les exemples des actions prétoriennes réelles, *prætoriæ in rem*, sont consignées dans les § 4, 5, 6 et 7 (*ibid.*). En

8

omettant pour un instant les nomenclatures des trois premiers paragraphes qui rentreront dans une des divisions subséquentes, nous nous occuperons seulement des actions de cette nature dont parle le paragraphe 7.

Il y est fait mention de l'action servienne, SERVIANNA, et de l'action quasi-servienne, QUASI-SERVIANNA.

La première avait emprunté son nom au Préteur Servius, qui l'avait introduite ; elle conférait au propriétaire d'un héritage rustique le droit de réclamer contre tout détenteur les objets que son colon avait affectés à la sûreté du paiement des fermages de cet héritage *serviana (actione) experitur quis de rebus coloni quæ pignoris jure pro mercedibus fundi tenentur* (Institutes , § 7, *ibid.*). La seconde, connue indistinctement sous le nom d'action *quasi-serviennę* (parce qu'elle ne fut qu'une extension de la première) où sous le nom d'action *hypothécaire*, autorisait un créancier à réclamer (Just. Inst., *ibid.*) contre tout possesseur la chose que son débiteur lui avait donnée en gage ou hypothéquée : *quasi serviana est quâ creditores pignora hypothecasve experiuntur.* — Les différences les plus notables qui séparent le gage de l'hypothèque sont tracées rapidement dans le même paragraphe.

L'hypothèque se constituant par une simple convention , par un simple pacte, l'autorité du droit prétorien avait été nécessaire pour l'introduction des actions dont nous venons de parler.

Enfin, quant aux actions prétoriennes pénales, *prætoriæ pænales*, il suffit de prendre connaissance du texte du § 12 *ibid.* — Ce texte, entr'autres exemples purement démonstratifs, parle des peines introduites par la juridiction prétorienne contre ceux qui auraient corrompu son *album*, contre les affranchis et les descendans qui auraient appelé *in jus* leurs patrons ou leurs ascendans sans en avoir obtenu l'autorisation préalable du Préteur , etc. , etc.

2e SUBDIVISION.

Actions directes. — *Actions* contraires.

Toujours considérées par rapport à leur origine , mais sous un point de vue différent, les actions admettent les nouvelles subdivisions que nous venons d'énoncer.

On donne le nom d'actions *directes* à celles qui sont accordées par le texte même, par la lettre matérielle des élémens du droit ; *utiles*, celles qui n'ont été admises que postérieurement, au moyen de l'interprétation par une extension rationelle, par des motifs d'intérêt public ou privé. Ainsi en traitant dans notre précédente livraison du dommage caractérisé par la loi *Aquilia*, nous avons remarqué que l'action directe n'était accordée au propriétaire du corps détruit ou seulement lésé que dans le cas où ce dommage avait été causé par la collision de ce corps avec un corps humain, *placuit ita demùm* DIRECTAM *ex câ lege actionem esse si quis præcipue corpore suo damnum dederit* (Instit. *de lege Aquiliâ*, § 16).

Lorsque le corps a été détruit ou lésé de toute autre manière, on n'accorde au propriétaire qui a souffert que des actions *utiles : ideoque in eum qui alio modo damnum dederit*, UTILES *actiones dari solent* (*ibid.*).

Aux actions directes on oppose (mais dans un autre sens) les actions *contraires*.

L'énumération des contrats qui se forment par la tradition d'une chose nous a présenté plusieurs exemples de ces diverses actions (Inst. *quibus modis re contrahitur obligatio*). D'un autre côté le texte du § premier du titre *de obligat. quæ ex quasi contract. nascuntur*, a mis encore en présence ces deux actions en parlant de l'action directe *negotiorum gestorum* accordée à celui dont l'affaire a été gérée, contre le gérant, et de l'action contraire de celui-ci contre le propriétaire; *domino quidem rei gestæ adversus eum qui gessit* DIRECTA *competit actio, negotiorum autem gestori* CONTRARIA.

Le principe de l'action directe existe toujours *ab initio*; il prend sa racine dans la perfection du contrat elle-même, tandis que la cause de l'action directe ne doit sa naissance qu'à des circonstances ACCIDENTELLES et POSTÉRIEURES à la perfection du contrat. Cependant quelquefois l'action contraire prend naissance en même temps que l'action directe, par exemple dans la *negotiorum gestio*.

La première est l'action principale, l'action par excellence, elle est dans la nature du contrat lui-même; la seconde est pour ainsi dire accessoire, éventuelle et n'a été admise que par des considérations diverses.

3e SUBDIVISION.

Actions qui valent par elles-mêmes. — *Actions* fictices.

Cette subdivision des actions se rapporte moins, nous l'avons fait pressentir à leur origine, qu'aux bases sur lesquelles elles reposent ; elle est puisée tout entière dans les Institutes de Gaius (§ 10-33 *ibid.*). Ce jurisconsulte la traçait d'une manière assez tranchée lorsqu'il écrivait : *nec ullam adjungimus condictionis* FICTIONEM; *itaque simul intelligimus eas formulas quibus pecuniam aut rem aliquam nobis dare oportere intendimus* , SUA VI AC POTESTATE *valere* (*ibid.* § 35). Il oppose évidemment dans ce fragment des actions dont la valeur est intrinsèque , *quæ sua vi ac potestate valent* , à des actions qui n'étant pas efficaces elles-mêmes , ont besoin d'un secours étranger ; ce secours est celui des fictions (Instit. , § 10 , *ibid.*).

On n'a pas besoin d'expliquer quelles sont les actions *quæ sua vi ac potestate valent* : elles sont innombrables et Gaius se borne à citer à ce sujet les actions *commodati fiduciæ* , *negociorum gestorum.* On peut dire qu'elles sont la règle et que les actions fictices , *ficticiæ actiones* , ne sont que l'exception.

Les actions *fictices* étaient de deux sortes ; les unes imitaient les anciennes actions de la loi, *sunt actiones quæ ad legis actionem exprimuntur* , dit Gaius , qui n'en propose qu'un seul exemple (§ 32) ; elles supposaient sans doute que telle ou telle action de la loi avait été exercée.

Il n'en était pas ainsi des secondes qui ne reposaient pas sur une procédure supposée , mais bien sur la supposition d'un fait ou d'une qualité ; on les désignait sous le nom de *fictiones alterius generis.* Le Préteur qui les avait introduites * accordait donc , dans certains cas et à certaines personnes , une formule d'action ;

1° Soit parce qu'il considérait comme acquise une qualité qui n'existait cependant pas , par exemple en autorisant le *bonorum possessor* (§ 34) , le *bonorum emptor* (§ 35) à exercer des actions en qualité d'héritiers fictifs; l'étranger , à agir dans certains cas en demandant et en défendant, comme s'il était membre de la cité (§ 37) , en lui conférant ainsi une qualité qu'il n'avait jamais eue , ou bien au contraire en attribuant dans d'autres cas à d'autres personnes une qualité qu'elles avaient perdue (§ 38 *ibid.*) ;

2° Soit parce qu'il considérait , ou comme accomplis des faits qui n'étaient pas cependant consommés , en accordant par exemple à celui qui possédait de bonne foi en vertu d'une juste cause une chose non vicieuse, dont il avait été récemment

---

* Les *Actions fictices* de cette nature constituaient donc une subdivision des *Actions prétoriennes.*

évincé, le droit de la revendiquer au moyen de l'action PU-
BLICIENNE, comme s'il l'avait déjà usucapée, bien qu'en réalité
le temps prescrit pour l'usucapion ne fût pas encore échu* :
*inventa est à Prætore actio in quâ dicitis qui possessionem
amisit eam rem se usucepisse, quam non usucepit et ita
vindicat suam esse* (Just. Inst. , § 4)..... *fingitur rem usucepisse* (Gaius *ibid.* , § 36). Cette action fictive fut introduite par le Préteur *Publicius* (dont elle porta le nom), dans
le but de tempérer la rigidité du droit civil , qui laissait
dans ce cas le possesseur sans action ;

3° Enfin , parce que dans un sens et dans un objet entièrement opposés , il regardait comme n'existant pas des faits
accomplis , en permettant aux membres de la cité dont les
biens avaient été usucapés par des personnes absentes pour
des motifs d'intérêt public, de faire rescinder, dans l'année
du retour des absens , l'usucapion accomplie , *rescissa usu-
capione rem petere , id est, ita petere ut dicat possessorem
usu non cepisse et ob id suam esse* * (Just. Inst. , § 5),
et aux créanciers lésés pécuniairement par des aliénations
frauduleuses qui avaient entraîné la diminution du patrimoine de leurs débiteurs, de revendiquer ces biens comme
si l'aliénation et la tradition qui en a été la suite n'avaient
jamais eu lieu; *rescissâ traditione eam rem petere , id est
dicere eam rem traditam non esse et ob id in bonis debi-
toris mansisse* (*ibid.* § 6). Cette dernière action était connue sous le nom d'action PAULIENNE.

Fictive dès l'origine , l'action paulienne fut remplacée
plus tard par une action *in factum* sans fiction (*tot. tit.* , ff.
quæ in fraud. credit.).

L'usage des diverses fictions dont nous venons de parler
influait sur la rédaction de la formule qui servait d'enveloppe
à l'action , ainsi que le fait remarquer Gaius (*ibid.* , § 34 ,
36, 37). Il s'introduisit à la faveur des hésitations et de la
timidité des Préteurs qui n'osant pas d'abord contrarier trop
ouvertement le droit civil , crurent devoir recourir à des
fictions. Après la supression de la procédure formulaire ces
détours ne pouvaient plus présenter , du moins quant à la
forme , une grande utilité , alors surtout que depuis long-
temps les Préteurs plus hardis dans leurs innovations avaient
admis généralement des actions , dans les cas où les rapports
de droit civil étaient en défaut.

---

* On appelle cette action *quasi-publicienne* ; on devrait plutôt
l'appeler *anti-publicienne* puisqu'elle a été admise dans un but
tout-à-fait inverse au but de la première.

Aussi, Tribonien n'a pas reproduit, nous l'avons dit, cette subdivision dans ses Institutes où il n'est parlé des actions PUBLICIENNE, QUASI-PUBLICIENNE et PAULIENNE qu'à titre d'exemples, d'*actions prétoriennes* IN REM.

4ᵉ DIVISION DES ACTIONS.

(Prise dans l'étendue des pouvoirs du juge.)

Actions STRICTI JURIS. — *Actions* BONÆ FIDEI. — *Actions* ARBITRAIRES.

Les observations générales que nous avons eu plus d'une fois l'occasion de présenter sur le matérialisme dont le droit fut long-temps empreint à Rome, nous engage à penser que primitivement toutes les actions étaient de droit étroit, *stricti juris*, c'est-à-dire que le *judex* appelé à prononcer, esclave du droit civil, ne pouvait modérer sous aucun prétexte les condamnations réclamées par le demandeur. Enchaîné à la fois par le texte des élémens du droit positif, et par la lettre des conventions des parties, son ministère était aussi rigoureux, aussi inflexible qu'il était simple. — Les Décemvirs avaient consacré à ce sujet cette règle fondamentale que nous avons déjà énoncée et dans laquelle se résumait tout le génie juridique de l'époque : *uti lingua nuncupassit ita jus esto.*

Plus tard, lorsque le spiritualisme eut pénétré dans la jurisprudence, on vit surgir des actions, à l'égard desquelles les attributions du *judex* furent sensiblement étendues; on opposa ces actions que l'on appela *bonæ fidei*, à celles qui conservant toute la roideur des anciens principes, portèrent dès-lors le nom d'actions *stricti juris*.

Dans les fragmens des anciennes formules d'actions que Gaius nous a conservés, on retrouve des traces de l'action *bonæ fidei*, par l'insertion de certaines locutions qui paraissent techniques (*ibid.* § 47 — 63). Le Préteur conférait au *judex*, qui prenait alors le nom d'*arbiter*, le pouvoir de prendre en considération dans la sentence la *bonne foi* des contendans. Cette autorisation lui donnait une grande latitude, car sa religion n'était plus emprisonnée dans les liens étroits du droit civil ; il lui était permis de tempérer l'âpreté des conventions trop rigoureuses, d'écouter les inspirations de la modération et de la justice, d'être homme enfin, sans cesser d'être juge, sans craindre de faire le procès sien, et d'en assumer ainsi tous les risques sur sa tête.

Il pouvait encore déterminer d'après l'équité, les restitutions qui devaient être faites au demandeur, compenser ce qui pouvait lui être dû, avec les valeurs dont il se trouvait lui-même débiteur vis-à-vis de son adversaire ; ordonner l'exécution des pactes qui auraient été apposés aux contrats *incontinenti*; se guider enfin dans son interprétation sur les usages reçus (Ulpien loi 13 § 20 ff. *de ædilit. edict...* Gaius *ibid.* § 61).

Quelles sont les actions à l'égard desquelles l'*arbiter* jouissait de pouvoirs si étendus ? Tribonien les énumère dans le paragraphe 28 de ses Institutes (*ibid.*), où l'on trouve une nomenclature beaucoup plus étendue que celle qui nous est offerte par les textes tronqués des Institutes de Gaius (*ibid.* § 62). On doute cependant que la plus large de ces nomenclatures soit limitative.

En lisant le texte précité de Tribonien, qu'il serait oiseux de reproduire, on reconnaît facilement, 1° que les actions de bonne foi se rapportaient aux affaires ordinaires de la vie, *in quibus vitæ societas continetur*; à celles qui sont l'aliment du commerce quotidien et indispensable entre les hommes ; 2° que Justinien a eu raison de faire cesser les doutes qui s'étaient élevés avant lui, au sujet de l'action en pétition d'hérédité (*hereditatis petitio*), en classant cette action au nombre des actions *bonæ fidei*.

Une autre innovation fut opérée par ce prince, à l'égard des actions ouvertes à la femme, pour obtenir des héritiers de son mari le remboursement de sa dot. — Ce remboursement était réclamé par elle au moyen de l'action connue sous le nom de *rei uxoriæ*, et cette action était classée au nombre des actions de bonne foi. Indépendamment de l'*actio rei uxoriæ* que le droit commun lui garantissait, la femme pouvait encore exercer une action qualifiée d'*actio ex stipulatu*, dérivant en sa faveur de la stipulation qu'il lui avait été permis d'adresser à son mari, à suite de laquelle celui-ci avait promis de réaliser le remboursement.

L'*actio ex stipulatu* était de droit étroit et beaucoup plus avantageuse que l'*actio rei uxoriæ*, par des raisons multiples, et notamment parce qu'elle autorisait la femme à réclamer immédiatement sa dot, consistât-elle en choses fongibles, et parce qu'elle l'affranchissait de l'obligation dont parle le § 37, Just., Instit., *ibid.*, par rapport aux impenses faites par le mari pour la conservation de la dot.

Dans ce concours de moyens inégaux, que fait Justinien ? Il supprime l'*actio rei uxoriæ*, et accorde dans tous les cas à la femme l'*actio ex stipulatu*, qu'il dépouille de son caractère primitif d'action *stricti juris*, pour la revêtir du carac-

tère d'*actio bonæ fidei*, appartenant à l'*actio rei uxoriæ*
qu'il venait de supprimer (Inst. § 29 *ibid.*).

Cette réforme fut, on le comprend facilement, très-favo-
rable aux intérêts des épouses. Elle est un nouveau témoignage de toute la sollicitude qu'inspirait au rénovateur de
la jurisprudence la conservation de leurs dots, surtout si
l'on considère que par des privilèges exorbitants, contraires
à tous les principes reçus en matière d'hypothèques, et on
peut ajouter en droit et en équité, il accorda à la femme
mariée, personnellement, et à ses enfans qui lui succéderaient
une hypothèque *tacite* sur tous les biens du mari, hypothèque qui au moyen d'une odieuse rétroactivité obtenait la
préférence sur toutes les autres hypothèques antérieures en
date (§ 29 *ibid*).

Ainsi allait toujours se fortifiant le principe des actions de
bonne foi. — Tribonien qui a consacré les textes précédens
à nous offrir une longue nomenclature de celles qui appartiennent à cette classe, garde le silence le plus absolu sur celles
de la seconde cathégorie, c'est-à-dire sur les actions *stricti
juris.* — Toutefois en consultant divers fragmens, on reconnaît facilement que les actions dérivant du *mutuum*, de
l'obligation formée *litteris*, et généralement toutes les actions
dérivant des obligations *verbales*, sont *stricti juris.* Cette
omission de la part du compilateur est un défaut de méthode; il a suivi ses lois, lorsqu'à côté de ces actions d'une
nature si contraire il place une action d'une nouvelle espèce,
à cause de son analogie avec les actions *bonæ fidei.* Cette
nouvelle action, c'est l'action arbitraire, *actio arbitraria.*

On lui avait donné cette qualification, parce que le juge
pouvait, avant de condamner le défendeur, lui ordonner
par une espèce de sentence interlocutoire de satisfaire le
demandeur, et il ne devait le condamner en définitive, que
dans le cas où la satisfaction, dont la détermination était
confiée à son arbitrage, n'était pas réalisée. C'est en ce sens
que nous avons posé le principe généralement admis par les
Sabiniens, contesté en certaines circonstances par les Proculéiens et adopté plus tard par Justinien, que tous les jugemens étaient *absolutoires* (Gaius, com. 4, § 114).

Tribonien explique de la manière suivante le caractère
des actions arbitraires : *actiones* ARBITRARIAS, *id est ex arbitrio
judicis pendentes appellamus, in quibus nisi arbitrio judicis is cum quo agitur actori satisfaciat, condemnari
debeat.*

Par cet ordre, pour que le défendeur fût définitivement
condamné, il fallait plusieurs conditions ; 1° que le deman-

deur eût prouvé la légitimité de son *intentio*, c'est-à-dire de ses conclusions ; 2° que le défendeur n'eût pas justifié les *exceptions* qu'il avait fait insérer dans la formule ; 3° enfin qu'il n'eût pas obtempéré aux injonctions (*jussus*) que le juge lui avait faites avant de prononcer la sentence.

Il semble donc que le droit avait tout fait pour que le défendeur ne fût pas condamné, précisément parce que les suites de la condamnation étaient plus rigoureuses (*Tot. tit. de pæna tem. litigant.*).— On comprend que les satisfactions dont nous venons de parler, consistaient le plus souvent dans l'obligation de faire ou délivrer ce qui était l'objet des conclusions du demandeur.

Si toutes les actions de bonne foi étaient personnelles, il n'en était pas de même des actions arbitraires qui étaient les unes réelles, les autres personnelles. Justinien cite dans le même paragraphe (3) quelques exemples qui se réfèrent à l'une et à l'autre.

8ᵉ DIVISION.

(Des Actions considérées à cause des rapports arithmétiques qui existaient entre l'INTENTIO et la CONDEMNATIO.)

Actions IN SIMPLUM, IN DUPLUM, IN TRIPLUM, IN QUADRUPLUM.

Les formules d'actions étaient conçues de manière à faire obtenir au demandeur une condamnation, tantôt au simple, tantôt au double, au triple et tantôt au quadruple, *omnes actiones vel in simplum conceptæ sunt, vel in duplum, vel in triplum, vel in quadruplum*; *alterius autem nulla actio extenditur* (§ 21 *de action. ibid.*). — Mais où se trouve dit M. Ducaurroy le premier terme de cette progression qui s'arrête ainsi au 4ᵉ ? Le savant professeur répond à cette question de la manière suivante :

« Souvent, et par exemple à l'occasion d'un *mutuum*, la formule demande au juge si le défendeur doit une somme déterminée, *si paret... DECEM... dare oportere*, et fixe le montant de la condamnation à cette même somme, *judex... decem... condemna* (Gaius Inst. comm. 4 § 86). Si la quotité de *l'intentio* se trouve purement et simplement reproduite dans la *condemnatio*, l'action est évidemment in *simplum*. Il en est encore de même lorsqu'au lieu de poser un chiffre aussi absolu, la formule charge le juge d'évaluer l'objet à l'occasion duquel on agit (*quidquid ob eam rem... dare facere oportet*), en lui ordonnant de condamner à une somme équivalente, *id judex condemna*, ou *quanti ea res*

9

erit, *tantam pecuniam condemna* (Gaius, 4, Inst. 57, 50, 51). Mais si le chiffre que l'*intentio* pose ou laisse à l'évaluation du juge, ne doit pas être purement et simplement reproduit dans la sentence ; s'il faut le multiplier pour trouver le montant de la condamnation ; si la question *quidquid... dare facere oportet*, ou *quanti ea res erit*, ne doit se résoudre que pour fixer un multiplicande, alors l'*actio* est *in duplum*, *in triplum*, ou *in quadruplum*, suivant le taux du multiplicateur, ou suivant le rapport arithmétique qui existe entre l'*intentio* et la *condemnatio* * ».

Après cette explication la plus nette de toutes celles qui ont été proposées, nous n'avons plus qu'à parler des diverses espèces d'actions dont le multiplicande était si varié.

En principe, toutes les actions qui sont *rei persecutoriæ*, sont conçues *in simplum* ; les actions conçues *in duplum* et *quadruplum* se trouvent exclusivement parmi les actions pénales ou mixtes. — Ainsi l'action dérivant de la stipulation du *mutuum*, de la vente, du louage était conçue *in simplum*, (Inst. § 22 *ibid.*). L'action *furti nec manifesti* était conçue *in duplum*, ainsi que toutes les autres actions dont parle Tribonien (§ 23 *ibid.*). Autrefois l'*actio* était conçue *in triplum*, lorsqu'il s'agissait du *furtum conceptum* ou du *furtum oblatum* (Paul, sentences, liv. 11 tit. XXXI *de furtis*, § 14). Tribonien ne fait plus mention de cette action tombée depuis long-temps en désuétude (nous l'avons vu en parlant des délits) et à laquelle il a substitué une action nouvelle qui n'a pu naître évidemment que par l'effet des changemens qu'avait éprouvés l'organisation judiciaire, (Inst. § 24 *ibid.*). Enfin l'action au *quadruplum* était accordée, on le sait, à raison du *furtum manifestum*, et dans quelques autres cas énumérés dans le § 25 (*ibid.*).

L'ensemble des théories développées par les textes auxquels nous venons de renvoyer, démontre évidemment que cette augmentation des condamnations ou plutôt cette proportion progressive qui entre l'*intentio* et la *condemnatio*, existe tantôt en raison de la nature même de l'action, *hæ actiones omni modo dupli sunt*, et tantôt au contraire, en raison des circonstances accidentelles prises principalement dans la dénégation mensongère du débiteur ou dans la résistance que le défendeur aurait opposée de mauvaise foi, *in quibus causis inficiando lis crescit* (§ 23, 26 *ibid.*). — On trouve dans le titre 19 du livre 1 des sentences de Paul *quemadmod.*

* *Institutes expliquées*, tom. 4, pag. 74 et 75.

actiones per inficiationem duplentur, l'énumération des diverses causes dans lesquelles cette résistance frauduleuse entraîne la condamnation au double.

Tels étaient les divers termes de la progression. Le quatrième était le plus élevé , car après l'avoir énoncé, Tribonien a eu le soin d'ajouter : *ulterius autem nulla actio extenditur.*

6ᵉ DIVISION.

(Prise dans la restriction des effets de la condamnation par suite de certains rapports qui existent ou qui ont existé entre le demandeur et le défendeur.)

1ʳᵉ SUBDIVISION.

Bénéfice de compétence (beneficium competentiæ).

Nous venons de voir comment dans les actions *in duplum , in triplum conceptæ* , les condamnations deviennent quelquefois plus ou moins intenses. Dans un sens opposé (sous plusieurs rapports) , nous allons parler de certaines actions dans lesquelles les condamnations restent inférieures au montant de la créance ou de l'obligation productive de l'action. — Cette restriction dans les effets de l'action repose , comme on le verra, sur des rapports d'une nature différente qui unissent actuellement ou qui ont autrefois uni le demandeur au défendeur. — Interrogeons les textes afférens.

Celui qui trace cette division nouvelle est ainsi conçu : *sunt præterea quædam actiones, quibus non semper solidum quod nobis debetur persequimur , sed modo solidum persequimur , modo minus* (Just. Inst. , § 36 , *ibid.*). — Ainsi l'associé (sans distinguer , dumoins d'après M. Müllenbruch , les diverses espèces de sociétés) , contre lequel son associé exerce l'*actio pro socio* ; le mari poursuivi par sa femme en vertu de l'*actio de dote* ; l'ascendant ou le patron actionné par son descendant ou par son affranchi ; enfin le donateur actionné personnellement par le donataire , en exécution de la donation ne seront pas condamnés *in solidum.* — Le créancier verra diminuer le montant des condamnations qu'il aurait obtenues dans toute leur intégrité contre un débiteur ordinaire. Le juge ne prononcera ces condamnations que jusqu'à concurrence des facultés pécuniaires du défendeur; *quatenus facere potest, id est quatenus facultates ejus patiuntur* (Inst. § 37 , 38 , *ibid.*). — Il devra laisser à celui-ci une quantité de biens suffisante pour faire face aux besoins indispensables de la vie. Paul disait dans un de ses fragmens, au sujet du donateur actionné par le donataire : *imò nec totum quod habet extorquendum ei puto, sed ipsi ratio habenda est, ne egeat* (loi 19 § 1, ff. *de re judicata*). Généralisant cette proposition dans son travail sur l'Édit, le même jurisconsulte écrivait : *in condemnatione personarum, quæ in id quod facere possunt damnantur, non totum quod habent extorquendum est, sed et ipsarum ratio habenda est, ne egeant* (loi 173 *ad præm*, ff. *de div. reg. juris antiq.*).

Cette modération des condamnations, qui se justifie par de puissants motifs de sagesse et de convenance, constitue pour le défendeur un bénéfice personnel qui paraît ne s'être développé que dans le cours de la troisième période du droit. * Les interprètes le désignèrent plus tard sous le nom de bénéfice de compétence, *beneficium competentiæ*.

Le paragraphe 40 qui reproduit un fragment d'Ulpien (loi 4 *ibid.*, ff. *de cess. bon.*) nous apprend que le même bénéfice est encore accordé au débiteur qui, après avoir usé du triste secours (*flebile solatium*) que le droit lui accorde, c'est-à-dire après avoir fait cession de biens à ses créanciers, est recherché au sujet des biens qu'il peut avoir acquis postérieurement à cette cession ; ces biens, pourvu qu'ils soient de quelque importance, sont susceptibles d'être discutés par les créanciers antérieurs ou postérieurs à la cession ; mais il ne sera plus tenu désormais que jusqu'à concurrence de ses facultés pécuniaires, *in id quod facere potest*. — Les auteurs du droit avaient cru devoir, en raison de ses malheurs passés, ne pas lui refuser cette consolation ou plutôt cette faveur que l'humanité commandait........ *Inhumanum erat spoliatum fortunis suis, in solidum damnari* (*ibid.*).

En dehors de la restriction des condamnations, produite par le bénéfice de compétence, nous verrons bientôt qu'elles pouvaient rester dans d'autres cas inférieures à la totalité de la créance par d'autres causes, par exemple par l'effet de la compensation (Instit. § 28, *ibid.*), et toutes fois qu'il s'agissait de l'*actio de peculio* dont nous allons bientôt parler. — Les principes relatifs à la compensation subirent de nombreuses variations, tandis que l'action *de peculio* présente toujours le même caractère, du moins en ce qui concerne le pécule des esclaves.

* *Giraud*, loc. citat., page 322, 323. — Le bénéfice de compétence suppose un état de civilisation avancée. Il repose sur des observations trop délicates, pour qu'il ne fût pas inconciliable avec la crudité primitive de la jurisprudence.

7ᵉ DIVISION.

(Prise dans les rapports de puissance ou de propriété qui existent
entre le défendeur et le corps intelligent ou non intelligent, auteur
de l'engagement ou du fait productif de l'obligation.)

Actions QUOD JUSSU. — *Actions* EXERCITOIRE. — INSTITOIRE.
— TRIBUTOIRE. — *Actions* NOXALES. — *Actions* DE
PAUPERIE.

1ʳᵉ SUBDIVISION.

Actions quod jussu. — Exercitoire. — Institoire. —
Tributoire.

L'ascendant et le maître, nous l'avons fait plusieurs fois
remarquer, profite seul des stipulations faites par le descendant ou par l'esclave sur lequel il a droit de puissance ;
c'est là une des premières notions en matière de puissance
dominicale et de puissance paternelle.

Mais l'ascendant et le maître n'était pas, en sens inverse,
lié par les promesses que le descendant ou l'esclave aurait pu
contracter. Indépendamment des raisons du Droit civil qui
se pressent pour légitimer cette distinction, on reconnaît facilement qu'une doctrine inverse aurait abandonné la fortune des maîtres et des pères à la discrétion des esclaves ou
des fils de famille.

Toutefois si les principes de droit civil que nous pourrions
invoquer, considérés en thèse, ne paraissaient pas injustes,
ils sanctionnaient très-souvent dans l'application des iniquités
manifestes.

Il appartenait aux Préteurs, toujours amis de l'équité, de
leur faire subir de justes tempéramens et de concilier d'après
leurs tendances,les théories du droit exact avec les exigences de
cette équité. Dès-lors sous l'influence des innovations qu'introduisirent leurs édits, les ascendans et les maîtres se trouvèrent souvent obligés, par suite des engagemens souscrits
par leurs esclaves, mais seulement dans les limites tracées
avec une sagesse et une mesure éminemment remarquables.

Les précisions suivantes vont le démontrer : elles sont le
résumé des § 69 et suivans du comm. 4 des Institutes de
Gaius, et du tit. 7 du 4ᵉ livre des Institutes de Justinien,
quod cum eo qui in potestate aliena contractum est.

Parlons d'abord des effets vis-à-vis du maître, des obligations souscrites par l'esclave.

L'économie des édits prétoriens nous amène naturellement

à tracer ici une large distinction entre les obligations souscrites par l'esclave, avec l'ordre ou le consentement du
maître, de celles qu'il a souscrites avec son autorisation tacite
seulement, et à plus forte raison de celles qu'il a contractées
même sans son autorisation tacite, mais au vu et su de son
maître.

Examinons les divers termes de cette proposition.

Il est très-probable que d'après le Droit civil rigoureux
dont l'individualisme forme un des caractères saillans, chaque
père de famille devait stipuler ou s'engager personnellement.
A peine était-il permis au citoyen romain d'employer comme
instrument d'acquisition son esclave ou son fils, parce que
l'on craignait toujours d'enfreindre la maxime : *quisque
tenetur pro se lege agere*. — Mais plus tard on reconnut
que si l'intervention d'un mandataire proprement dit était
en opposition avec le droit reçu, il était possible d'harmo-
niser avec ses dispositions l'admissibilité d'un simple agent
intermédiaire de la volonté d'autrui. — De là les actions
quod jussu, dont les actions *exercitoire* et *institoire* ne sont
que des déductions.

L'action *quod jussu* était, d'après son étymologie même,
celle que le Préteur accordait au créancier qui avait contracté avec l'esclave ou le fils de famille, contre l'ascendant
ou le maître qui avait donné au débiteur l'ordre formel de
contracter.

L'action *quod jussu* était donnée *in solidum*, c'est-à-dire
que le maître était tenu de la totalité de la dette, comme
s'il avait contracté personnellement.

Le maître n'a pas donné d'*ordre* formel à son esclave ; il
ne l'a pas autorisé d'une manière explicite à traiter avec un
tiers ; mais il l'a préposé au commandement d'un de ses vais-
seaux.... *servum magistrum navi præposuit*. Il lui a confié
l'exploitation d'une branche particulière de son commerce,
d'une boutique par exemple, enfin il l'a chargé de la négociation d'une affaire particulière.

L'esclave ainsi investi de la confiance de son maître a
contracté des obligations relatives à la gestion qui lui a été
déférée ; *ejus rei nomine cujus ibi præpositus fuerit* (Ulpien
loi 1re , § 7 , ff. *de exercit. act.*). Le droit civil refusait
dans ce cas, comme dans le cas précédent, toute espèce d'action contre le maître. — Mais les mêmes raisons d'équité qui
avaient donné naissance à l'*actio quod jussu*, devaient faire
admettre ici une action analogue. N'était-il pas juste, en
effet que le maître fût encore tenu pour la totalité ? n'avait-
il pas autorisé tacitement l'esclave à s'obliger, par cela

seul qu'il l'avait ainsi préposé à la direction de son négoce ? *cum eo quoque res ex voluntate domini.... contrahi videtur*, *æquissimum Prætori visum est in solidum actionem dari* (Gaius *ibid.*). Théophile disait à ce sujet * : *qui aliquem præponit*, *clara voce dicere videtur*: *hunc ego præposui*, *qui volet*, *cum eo contrahito.*

D'un autre côté, n'était-il pas convenable que le maître qui profitait des avantages des traités faits par son esclave qu'il avait préposé, supportât les charges qui pouvaient en résulter? Paul était surtout frappé de cette considération lorsqu'il écrivait : *sicut commoda sentimus ex actu præpositi*, *ita et incommoda sentire debemus* (Sentences , *lib.* 2 , tit. 8 *de Institoribus*).

L'action promise aux créanciers, contre le maître qui avait confié à l'esclave la direction ou le commandement d'un vaisseau destiné à la navigation des mers ou seulement des fleuves (Ulpien. *l.* 1ª , § 6 , ff. *ibidem*), prit naissance dans la protection que méritait le commerce maritime , *propter navigandi necessitatem* (Ulpien *ad præm. ibid.*). Elle était accordée par une formule désignée sous le nom de formule EXERCITOIRE , parce que , dit Gaius , EXERCITOR *vocatur* , *is apud quem cottidianus navis quæstus invenitur.*

Celle qui était promise aux créanciers contre le maître dont l'esclave avait été placé à la tête d'un négoce quelconque , *tabernæ* , *aut cuilibet negotiationi* , fut introduite dans l'intérêt du commerce de terre. — Les motifs qui la firent admettre étaient justes sans doute , mais ils n'étaient pas aussi puissans que ceux qui donnèrent la vie à l'action exercitoire ; car Ulpien a écrit avec raison : *cum sit major necessitas contrahendi cum magistro navis quam cum institori* ; *quippe res patitur* , *ut de conditione quis institoris dispiciat* , *et sic contrahat* : *in navis magistro non ita* , *nam interdum locus* , *tempus non patitur plenius deliberandi* (*ibidem ad præmium*).

Cette nouvelle espèce d'action , ainsi admise d'abord dans l'intérêt du commerce seulement , et plus tard étendue à toutes sortes d'opérations , *cuilibet alii negotiationi* , était accordée par une formule qualifiée d'INSTITORIA *formula* , parce que , dit Gaius , *qui tabernæ præponitur* INSTITOR *appellatur* , et Ulpien nous apprend qu'on l'avait ainsi appelé *quod negotio gerendo* INSTET (loi 3 , ff. *de instit. action.*). — Paul propose la même étimologie dans un

---

* Paraphrases sur les Institutes , tome 2 , page 841.

de ses fragmens (loi 18 , ff. *ibid.*). Les mêmes observations ont été reproduites par Tribonien dans le § 2 de ses Institutes (*ibid.*) , sauf que par suite du changement qui s'était opéré dans la procédure , le mot *formula* employé par Gaius est ici remplacé , comme partout ailleurs , par le mot *actio.*

Que si l'esclave qui n'a reçu aucune mission expresse ni tacite de son maître se livrait néanmoins , au vu et su de celui-ci , mais pour son compte personnel , à certaines opérations mercantiles , *si sciente domino peculiari merce negocietur* , celui qui sera devenu créancier de l'esclave , à raison de son commerce , sera autorisé à considérer le fonds et le produit de ce commerce comme le gage de sa créance , *quidquid in his mercibus quodque inde recepturus erit* , avec cette précision néanmoins qu'il viendra en concours avec le maître qui pourrait être devenu aussi créancier de son esclave pour une cause quelconque. Le maître sera traité comme les autres créanciers, *ejusdem juris est dominus cujus et cæteri creditores* (Inst. § 5 , *ibid.*) , sauf qu'il aura la faculté de faire seul la distribution ou répartition du gage entre tous ses créanciers et lui , au prorata de chaque créance. — Le créancier étranger qui se croit fondé à se plaindre du dividende que le maître répartiteur a fixé , *si quis ex creditoribus queratur quasi minus ei tributum sit quam oportuerit* , est autorisé à s'adresser au Préteur qui lui accorde une action tributoire pour obtenir le redressement de la répartition injuste qui a eu lieu (Gaius *ibid.*, § 72). Cette action était appellée TRIBUTOIRE , dit Tribonien, *quia ipsi domino* DISTRIBUTIONEM *Prætor permittit* (Instit. , § 3, *ibid.*)

En nous résumant, le maître a-t-il donné l'ordre à l'esclave de contracter , et par cela même le pouvoir formel de s'obliger ? Le créancier aura l'*actio quod jussu......* Le maître n'a-t-il au contraire fait que confier à l'esclave la direction d'un vaisseau , d'une partie de ses affaires, de son commerce ? le créancier, en vertu de cette autorisation implicite , aura contre lui les actions exercitoires et institoires pour l'exécution de toutes les dettes contractées à raison de l'objet pour lequel l'esclave était investi de la confiance du maître. — Cette dernière précision est importante. Ulpien avait cru devoir la consigner d'une manière formelle dans ses travaux sur l'Édit : *Non omne quod , cum institore geritur , obligat eum qui præposuit : sed ita si quis rei gratiâ , cui præpositus fuerit contractum est , id est duntaxat ad id , ad quod eum præposuit* (loi 5 , § 11 , ff. *de*

Exer. action.). — Ces trois actions sont toutes *in solidum* , c'est-à-dire que le créancier obtient la totalité de la dette. Enfin si l'esclave , en défaut de tout ordre , de toute autorisation expresse ou implicite , a contracté , *sciente domino* , des obligations pour son propre commerce , le créancier n'a que l'*action* tributoire qui n'est plus *in solidum*.

L'usage des actions *quod jussu* , exercitoire et institoire devait être d'autant plus fréquent à Rome , à l'égard du commerce maritime comme à l'égard du commerce de terre , que la profession de commerçant étant peu honorée * , les membres de la cité se livraient presque toujours au négoce par le ministère de leurs esclaves ou par le ministère de personnes étrangères.

Utiles aux créanciers qui avaient ainsi traité avec ces préposés , ces actions étaient aussi dans l'intérêt des maîtres et des ascendans, puisqu'elles devinrent un gage de confiance et de vie pour le commerce en supprimant les entraves que la rigueur du droit primitif apportait nécessairement à la conclusion des opérations mercantiles.

Avant d'aborder le second membre de la distinction que nous avons indiquée , il convient de remarquer que si les actions *quod jussu* et l'action *tributoire* ne pouvaient dériver que des engagemens contractés par une personne *alieni juris* , il en était autrement des deux autres , c'est-à-dire de l'exercitoire et de l'institoire qui pouvaient être accordées au créancier contre celui qui aurait préposé une personne *libre* ou au commandement d'un navire , ou à la direction de tout autre négoce (Gaius , *ibid.* , § 71. — Just. , Instit. *ibid.* , § 2).

Passons maintenant aux diverses actions accordées dans certains cas aux créanciers des esclaves contre leurs maîtres , au sujet des obligations contractées en l'absence de tout ordre exprès, de toute autorisation implicite de la part de ses maîtres.

Ces actions sont au nombre de deux , l'*actio de peculio* et l'*acio de in rem verso*. Il suffit pour ainsi dire de les avoir énoncées , pour en faire connaître la nature et l'objet. Gaius s'en occupe dans les § 73 et suivans de ses Instituts , Tribonien dans le § 4 et suivans du titre précité, *quod cum. eo..*

---

* *Vid.* Heinneccius , *Antiquités Romaines* , tome 4 , de ses œuvres complètes , page 549 et suivantes — Cicéron , *de Offic.* 1-42.

(*ibid.*). — Elles ont été introduites comme celles dont nous venons de parler, par des motifs d'une équité manifeste. — En effet, le créancier de l'esclave qui n'avait contre le maître ni l'*actio quod jussu*, ni les actions exercitoires et institoires, fut admis par le Préteur à exercer contre celui-ci une action jusqu'à concurrence de la valeur des avantages pécuniaires que le patrimoine du maître avait retiré de la négociation, au sujet de laquelle l'esclave était devenu débiteur, *si quid in rem ejus (domini) versum est id totum præstare debet*; tel est l'objet de cette action.

Pouvait-il être convenablement permis au maître de s'enrichir au détriment du créancier de l'esclave ?

Que si le maître n'avait retiré aucun avantage pécuniaire de cette négociation, il en était tenu du moins vis-à-vis du créancier jusqu'à concurrence de la valeur du pécule de l'esclave ; *id catenus præstare debet quatenus peculium patitur* (Inst. *ibid.*).

L'*actio de in rem verso* était principale ; l'*actio de peculio* n'était dès-lors que subsidiaire. Elles se confondaient donc en une seule action complexe qui était accordée par une seule formule, et qui renfermait une double *condemnatio* (Gaius § 74 *ibid.*). Le *judex* saisi par le renvoi du Préteur commençait par examiner si les obligations contractées par l'esclave avaient tourné au profit du maître, et il ne passait à l'estimation de la valeur du pécule de l'esclave que dans le cas où il aurait préalablement reconnu que la condamnation ne pouvait être prononcée, du moins en totalité *de in rem verso* (*ibid.*). Tribonien reproduit les mêmes précisions applicables non plus au *judex*, mais au magistrat qui dans le Bas-Empire est saisi de la juridiction et juge en même temps. Les textes précités nous offrent d'un autre côté plusieurs exemples propres à nous faire comprendre la nature des profits que le maître doit avoir retiré des négociations de l'esclave pour qu'il soit tenu de l'*actio de in rem verso*, et la déduction que le juge est obligé de faire lorsque cette action étant insuffisante pour désintéresser le créancier, il est obligé de passer subsidiairement à la condamnation en vertu de l'*actio de peculio*.

Entre les actions *quod jussu* exercitoire et institoire et celles que nous venons d'explorer, il y a comme on le voit au premier abord cette différence essentielle que les premières sont accordées au créancier pour la totalité de la dette *in solidum*, tandis que dans les secondes les condamnations sont limitées à la valeur des profits faits par le maître, ou à la valeur du pécule de l'esclave : *si quid in rem ejus versum fuerit... sive* *quid non sit in rem ejus versum*, *id eatenus præstare debet quatenùs peculium patitur* (Iust. § 4 *ibid.*). Mais elles ont cela de commun que les actions *de peculio* et *de in rem verso* sont toujours comprises dans les actions *quod jussu*, exercitoires et institoires. — Ainsi le créancier qui serait autorisé à demander l'une de ces trois actions, pourrait à plus forte raison demander l'*actio de in rem verso* et *de peculio* * puisqu'elles sont moins larges que les autres. — Toutefois son intérêt s'y opposerait évidemment, et il y aurait folie de sa part, comme le fait remarquer Tribonien (§ 5 *ibid.*), d'après Gaius, (§ 74 *ibid.*), si pouvant obtenir la totalité de sa créance par l'exercice de l'action *quod jussu* ou de l'action *exercitoire*, il allait en optant pour l'action *de in rem verso*, par exemple, s'imposer ainsi gratuitement l'obligation souvent difficile de constater la quotité des profits qu'a procurés au patrimoine du maître la négociation de l'esclave, et cela dans le but de n'obtenir en définitive, du moins éventuellement, qu'une condamnation inférieure à sa créance.

Il n'en était pas ainsi de l'action *tributoire*, qui, d'après les justes observations du même jurisconsulte (Gaius, *ibid*, § 74) était généralement moins efficace pour le créancier que les actions *de peculio et de in rem verso*.

Nous terminerons ce rapprochement entre ces diverses actions en notant, avec le § 8 des Institutes de Justinien *ibid.*, que le créancier fondé à exercer les actions *quod jussu* et *de in rem verso* d'institution prétorienne, pouvait également agir par la *condictio* contre le maître, comme si l'engagement productif de l'obligation était personnellement émané de lui. La *condictio* était cependant, on l'a déjà vu, une action fondée sur le droit civil. — Vinnius explique cette simultanéité du concours d'actions d'origine si différente, en disant que l'interprétation des Prudens, l'un des élémens du droit civil, donna sa sanction aux actions créées par le droit honoraire. M. Ducaurroy ** propose une autre explication que nous aurons le soin de faire connaître dans notre cours oral.

Nous n'avons parlé jusqu'ici que des actions dirigées contre le maître au sujet des obligations souscrites par son esclave.

---

* Mais en sens inverse, celui qui n'a que l'*actio de peculio* et de *in rem verso* ne serait pas autorisé à réclamer les actions *quod jussu* exercitoires et institoires.

** *Institutes expliquées*, tome 4, page 122 et suivantes.

Toutes les théories que nous venons d'exposer n'en sont cependant pas moins applicables aux ascendans à l'égard des obligations émanées des descendans soumis à leur puissance. (Justin. Institutes, § 6 *ibid*.— Dans tous les textes de Gaius, l'ascendant est toujours placé sur la même ligne que le maître, le descendant sur la même ligne que l'esclave. — Si nous nous sommes bornés à parler des rapports établis par la puissance dominicale entre le maître et le créancier de l'esclave, c'est pour éviter la nomenclature d'oiseuses similitudes, *ne verbosa fieret disputatio*, pour nous servir des expressions de Tribonien dont nous avons cru devoir préférer la méthode à celle de Gaius. — Toutefois, la similitude que nous venons de constater n'est pas absolue *, car le § 7 des Institutes de Justinien mentionne les dispositions si connues du Sénatus-consulte Macédonien, qui, par des considérations on ne peut plus morales (Ulpien, loi 1re ff. *de senatusc. macedon.*), vint, dans le cours de la troisième période du droit, remédier aux plus graves abus, en prohibant tout prêt d'argent aux fils de famille sans le consentement de l'ascendant, sous la puissance duquel ils étaient placés. Cette prohibition ne s'appliquait pas aux esclaves.

2e SUBDIVISION.

Actions Noxales. — *Actions* de Pauperie.

Après avoir parlé des actions auxquelles l'ascendant et le maître se trouvaient exposés, par suite des engagemens souscrits par leurs descendans ou par leurs esclaves, il est naturel de s'occuper des actions qui dérivent encore contr'eux des *délits* que ceux-ci peuvent commettre.

Le délit commis par une personne *alieni juris* était désigné chez les Romains sous le nom de *noxa* (dérivé, sans doute, du mot *nocere*), et celui qui en était l'auteur sous le nom de *noxia*. Par une dérivation naturelle de ces locutions techniques, on donna la qualification d'actions *noxales* à celles qui étaient accordées par le droit civil et par le droit prétorien aux parties dont le délit avait lésé les intérêts, contre l'ascendant ou le maître qui avait droit de puissance sur le

* Il faut encore remarquer que lorsqu'il s'agit contre l'ascendant de *l'actio de peculio*, on entend parler seulement du pécule *profectice* qui est la propriété de cet ascendant. — Ce pécule a seul de l'analogie avec le pécule de l'esclave.

descendant ou l'esclave auteur du dommage.— Gaius traite des actions noxales dans le § 75 et suivans du commentaire 4 de ses Institutes. Tribonien leur a consacré un titre spécial, le titre 8 *de noxalib. actionib.* — L'examen des trois questions suivantes suffira pour l'exploration des sources que nous venons d'indiquer : 1° Quelle fut l'origine des actions noxales? 2° Contre qui étaient-elles accordées ? 3° Quels étaient les effets de ces actions?

Solution de la première question. — Les actions noxales dérivaient, les unes des lois, les autres du droit prétorien. — Gaius nous l'apprend dans le § 76 dont Tribonien a fait le § 4 du titre précité de ses Institutes..... *constitutæ sunt autem noxales actiones aut legibus, aut Edicto.* Ainsi de la loi des Douze Tables dérivait l'action noxale *furti.* De la loi *Aquilia* découlait une action noxale en faveur de ceux dont le patrimoine avait souffert dans les cas précisés par ce Plébiscite..... De l'édit du Préteur dérivait l'*actio injuriarum*, l'*actio vi bonorum raptorum.* En cette matière, le Préteur n'avait donc fait, par ses édits, que développer des principes posés par le droit civil.

Solution de la seconde question. — L'action noxale s'attachait au corps qui avait causé le préjudice, et le suivait dans toutes les mains où il pourrait se trouver placé. C'était là un adage reçu en cette matière : Tribonien nous le transmis (§ 5 *ibid.*), d'après Gaius (*ibid.* § 77) : *Omnis noxalis actio caput sequitur.* — Elle devait donc se donner contre l'ascendant qui avait actuellement droit de puissance sur le fils de famille, contre le maître actuel de l'esclave, ou plutôt contre l'ascendant qui avait le droit de puissance, le maître qui avait la propriété au moment où cette action était demandée au Préteur.

Gaius explique cette règle par l'exemple suivant : Votre fils ou votre esclave s'est rendu coupable d'un délit ; vous resterez placé sous le poids de l'action noxale tant qu'il restera placé sous votre puissance ; s'il devient *sui juris*, il se trouvera, par ce fait, soumis seul à une action directe, et l'action noxale s'éteint. En sens inverse, une action primitivement directe peut dégénérer en action noxale, ce qui arrivera toutes les fois que le délit a été commis par un père de famille, qui, plus tard, s'est fait adroger, ou par une personne libre qui est tombée postérieurement dans les liens de la servitude. L'action devenue noxale, par suite de ces changemens d'état, passera sur la tête de l'adrogeant ou du maître.

Solution de la troisième question. — Le défendeur à l'action noxale n'est pas tenu de payer la totalité des valeurs estimatives du préjudice qui est la base de l'action. — Le droit lui accordait une faculté précieuse qui formait le caractère distinctif de ces sortes d'actions (loi 1ʳᵉ ff. *de noxalib. actionib.*): c'était de se libérer en faisant au créancier l'abandon du corps qui avait causé le délit, s'il ne voulait payer l'intégralité de l'indemnité réclamée..... Cette option était constatée par Gaius, dans les termes suivans : *noxales actiones proditæ sunt, uti liceret patri dominove, aut litis æstimationes sufferre aut noxæ dedere* (Inst., § 75 *ibid.*). Et pour expliquer les motifs qui avaient fait introduire ce privilège dans l'intérêt des ascendans et des maîtres, il ajoute : *Erat enim iniquum nequitiam eorum (filii familias et servi) ultra ipsorum corpora parentibus dominisve damnosam esse.* — Tribonien a cru devoir conserver dans ses Institutes la formule de la *condemnatio* alternative, que le juge était appelé à prononcer dans le cas où il était saisi d'une action de cette nature. On la trouve, non dans le titre spécial consacré à ces actions, mais dans le § 1ᵉʳ du titre 17 *de officio judicis.*

Lorsqu'on se demande quels étaient les effets de l'abandon noxal, on reconnaît bientôt qu'il faut distinguer entre l'abandon d'un esclave et celui d'un fils de famille. Les personnes libres étant exclues du commerce, l'abandon fait par le père ne pouvait évidemment transférer au créancier la propriété du fils de famille qui lui était ainsi livré en paiement. Ce dernier passait sous la puissance de ce créancier à titre de *mancipium*, sorte d'état moyen entre l'esclavage et la liberté, sur lequel les documens scientifiques laissent beaucoup à désirer. Gaius l'avait très-probablement caractérisé dans le premier commentaire de ses Institutes; mais nous avons déjà regretté que les lacunes de cette partie du manuscrit nous aient privés des notions qu'il y avait consignées. Dans le § 79 du 4ᵉ commentaire, il se borne à nous entretenir d'une controverse qui s'était élevée entre les partisans des écoles opposées, au sujet du nombre des mancipations nécessaires pour constituer le fils de famille en état de *mancipium*.

Aucune difficulté ne pouvait se présenter lorsqu'il s'agissait d'un esclave dont la propriété était transférée au créancier, au moyen de l'abandon noxal, sauf le droit que conservait l'esclave, ainsi abandonné à titre de paiement, de s'adresser au Préteur pour obtenir sa liberté, lorsqu'il se procurait les moyens nécessaires pour désintéresser son nouveau maître vis-à-vis duquel il avait servi de réparation. (Just. *ibid.* § 3.)

Nul ne peut être à la fois et son créancier et son débiteur. De là cette conséquence que si l'esclave ou le fils de famille commettait un délit au préjudice de l'ascendant ou du maître, celui-ci n'en était pas moins privé de toute action, d'après le principe si souvent invoqué et reproduit ici par Gaius : *nulla inter me et cum qui in potestate meâ est obligatio nascitur* (Institutes § 78 *ibid.*). — Mais que faudrait-il penser de l'espèce toute particulière dans laquelle un esclave ou un fils de famille qui m'est étranger, auteur d'un délit dont j'ai souffert, vient à passer plus tard sous ma puissance? Mon action sera-t-elle irrévocablement éteinte par l'effet de l'impossibilité dans laquelle j'aurai été un instant placé de l'exercer; ou bien n'aura-t-elle fait que sommeiller, pour se réveiller dans le cas où, par un nouvel événement, l'esclave ou le fils de famille cesserait de m'appartenir? Cette question avait partagé les avis des deux écoles des Sabiniens et des Proculéiens. Les Sabiniens estimaient que l'action était irrévocablement éteinte, tandis que les Proculéiens soutenaient qu'elle avait été seulement assoupie (Gaius *ibid.* § 78).

Justinien embrasse, encore cette fois, l'opinion des disciples de Capiton, ainsi qu'il nous l'apprend dans le § 6 de ses Institutes, *ibid*. Mais tandis que Gaius traite cette question par rapport à l'esclave et au fils de famille indistinctement, Justinien ne l'examine, lui, que par rapport à l'esclave taxativement. Cette précision s'explique par la sage réforme qui est mentionnée dans le § 7 (*ibid.*), et par laquelle ce prince, cédant à l'influence des doctrines régénératrices du Christianisme, abolit le système des actions noxales à l'égard des fils de famille des deux sexes, en le laissant subsister seulement à l'égard des esclaves. Les considérations morales qui présidèrent à cette innovation sont trop saillantes pour qu'il soit convenable de les développer, alors surtout que l'empereur lui-même a cru devoir nous les faire connaître (*ibid.*).

Il ne faut pas déduire des théories qui précèdent que les actions noxales fussent restreintes aux cas ou l'auteur du délit placé sous la puissance d'un autre était un corps doué d'intelligence.

On voit, en effet, que des actions semblables étaient accordées contre les propriétaires des êtres animés dépourvus de raison, qui causaient un dommage à autrui. — Cette action connue sous le nom d'action noxale DE PAUPERIE, était dévolue à la partie lésée contre le propriétaire de l'animal qui avait causé le dommage (Just. Instit., liv. 4 titre 9, *si quadrupes pauperiem fecisse dicat.*). On donnait au dommage causé par l'animal le nom de *pauperies*, parce qu'il ne pouvait pas y avoir *injure* de la part d'un être dépourvu de raison ; tandis que le préjudice émané d'un être intelligent était qualifié de *damnum*, ainsi que nous l'a depuis long-temps appris le titre 3 du 4ᵉ livre, *de leg. aquiliâ*. Tribonien nous l'apprend encore d'après Ulpien (loi 1ʳᵉ. § 3, ff. *si quadrup. pauper. fecis. dicat*) , dans le *præm* précité : PAUPERIES *est damnum sine injuriâ facientis datum : nec enim potest animal injuriam fecisse dici , quia sensu caret* (*ibid.*).

Pour que cette action noxale *de pauperie* fût ouverte , il fallait 1° que l'animal qui avait nui fût au nombre des quadrupèdes ; 2° que ce quadrupède eût causé le dommage en sortant, sans y être excité par un moteur étranger , des habitudes pacifiques de son espèce : *si qua lasciviâ*, *aut pavore*, *aut ferocitate pauperiem fecerint*. Si l'animal avait causé ce dommage par un mouvement de férocité naturelle à son espèce, on n'accordait plus l'action de *pauperie*. Tribonien reproduisant les théories consacrées dans divers fragmens du titre du Digeste (*ibid.*) a écrit : *si genitalis sit feritas cessat actio.*Mais ce qu'il n'ajoute pas , c'est que , d'après le témoignage d'Ulpien , une action *utile* était accordée dans ce cas , (loi 1ʳᵉ, *ibid.*) aux parties lésées. —Cette dernière action était encore accordée lorsque l'animal qui avait causé le dommage n'était pas de la race des quadrupèdes (*ibid.*).

L'actio de *pauperie*, ouverte dans les cas que nous venons de préciser, étant *noxale*, le propriétaire de l'animal avait , comme l'ascendant (avant la réforme de Justinien *Inst. de noxal. actionib.*, § 7), comme le maître , la faculté de se libérer, en faisant l'abandon du corps qui avait nui à la partie lésée, *quæ animalia , si noxæ dantur, proficiunt reo ad liberationem* (*Instit.*, *ad præmium. Ibid.*).

Le second paragraphe du premier titre renferme quelques dispositions pénales consacrées par les édits contre les propriétaires d'animaux malfaisans, qui les laisseraient errer sur la voie publique.

8ᵉ DIVISION DES ACTIONS.

(Prise dans la durée des actions.)

Actions PERPÉTUELLES. — *Actions* TEMPORAIRES.

Sous l'empire de la procédure formulaire , toutes les actions étaient, on le sait , accordées par le Préteur , soit qu'elles lui fussent demandées en vertu de l'un des élémens du droit civil; par exemple, les lois proprement dites , les Plébiscites , etc.... ; soit qu'elles ne fussent ouvertes que par ses édits. Mais il ne confondait jamais la nature du droit en vertu duquel la délivrance de la formule lui était réclamée par le demandeur, par rapport au délai dans lequel il pouvait l'accorder. S'agissait-il, en effet, de la demande d'une formule basée sur un des élémens du droit civil? le demandeur n'était circonscrit dans aucun délai ; le Préteur pouvait la lui accorder, quel que fût l'intervalle qui s'était écoulé entre la date de l'obligation et le jour où l'action était sollicitée. S'agissait-il, au contraire, d'une action demandée au Préteur en vertu du droit qu'il avait lui-même créé? il ne l'accordait généralement que lorsqu'elle lui était demandée avant l'expiration de l'année qui suivait l'existence de l'obligation.

Gaius atteste ces principes dans le § 110 du comm. 4 de ses Institutes, (*ibid.*) : *quo loco admonendi sumus , eas quidem actiones quæ ex lege senatúsve consultis proficiscuntur, perpetuò solere Prætorem accommodare, eas verò quæ ex propriá ipsius jurisdictione pendent , plerùmque intra annum dare.* Il fait toutefois remarquer, dans le § suivant , que les actions honoraires fictices, imitant le droit civil, et l'action pénale prétorienne dérivant du *furtum manifestum*, pouvaient être accordées sans acception de délai. — Et en sens inverse, il avait déjà prouvé , dans le § 121 du comm. 3 de ses Institutes, en parlant de la loi *Furia* qui libérait les *sponsores* et les *fide-promissores* dans le délai de deux ans , que certaines actions dérivant du droit civil devaient être impétrées , sous peine de déchéance , dans un délai donné.

Par suite de ces précisions, on distinguait donc , par rapport au délai dans lequel il fallait demander une action au magistrat, des actions *perpétuelles* et des actions *temporaires. Ibid.*, § 110, 111).

Les constitutions des Empereurs de Constantinople apportèrent à ces théories de graves modifications. — Au commencement du cinquième siècle , Honorius et Théodose soumirent à la prescription trentenaire toutes les actions tant réelles que personnelles (Const. 3 , *Cod. de præscript.* 30 vel 40 *annorum*). — Anastase prorogea jusqu'à quarante ans la durée de l'action hypothécaire, dans le cas où la chose grevée de l'hypothèque ne serait pas sortie des mains du débiteur (Constit. 4 *ibid.*)

Les principes que Tribonien avait à constater étaient donc, par suite de ces changemens, bien différens de ceux que Gaius avait consignés dans ses Institutes. Cependant le compilateur de Justinien, qui se borne à nous donner, dans le titre 12 du 4ᵉ livre des Institutes, un aperçu des modifications que nous venons d'exposer, et une raison fort peu concluante *, pour justifier la durée si courte des actions prétoriennes, maintient, dans la rubrique de ce titre, l'expression d'actions perpétuelles et d'actions temporaires. Le sens de ces locutions est cependant bien altéré désormais, puisque dans le Bas-Empire on ne connaît plus des actions perpétuelles. — Il faut dès-lors entendre par actions *perpétuelles*, selon la jurisprudence en vigueur sous Justinien, celles que l'on peut exercer pendant trente ou quarante ans, à compter de l'origine de l'obligation, par opposition avec celles qui doivent être exercées dans un délai plus court, à compter de la même époque, et que l'on appelle, à cause de cela, *temporaires*.

Quelle que soit la durée de ces diverses actions, on ne les appelle (ceci doit être remarqué) perpétuelles ou temporaires, que par rapport au délai dans lequel on pouvait primitivement les demander au Préteur, et plus tard, c'est-à-dire après la suppression de l'*ordo judiciorum*, les exercer directement; car dès qu'il y a eu *litis contestatio*, toutes les actions sans distinction deviennent perpétuelles, à cause de la novation qui s'opère, novation dont nous parlerons plus tard.

Dans ses écrits sur l'édit du Préteur-Urbain, le Jurisconsulte Gaius avait formulé ce principe de la manière suivante : *Omnes actiones quæ morte aut tempore pereunt, semel inclusæ judicio, salvæ permanent* (loi 139 ff. *de divers.*, *reg. juris. antiq.*).

La *litis contestatio* exerçait encore, indépendamment des autres effets que nous avons déjà signalés, une grande influence sur la transmissibilité active et passive des actions, influence que nous allons reconnaître en traçant la dernière de nos divisions.

9ᵉ ET DERNIÈRE DIVISION.

(Prise dans la transmissibilité active et passive des actions.)

Actions INHÉRENTES A LA PERSONNE DU DEMANDEUR. — *Actions* INHÉRENTES A LA PERSONNE DU DÉFENDEUR.

La règle de droit commun d'après laquelle les héritiers

* *Vid* M. Hugo, *Histoire du Droit Romain*, tom. 1ᵉʳ, page 476, § CCLII.

prennent, d'une manière active, la place du défunt, reçoit ici des exceptions en sens divers. En effet, considérées sous le point de vue de leur transmissibilité *active*, les actions ne se donnent pas toujours aux héritiers de celui qui avait le droit de les exercer : réciproquement, considérées sous le point de vue de leur transmissibilité *passive*, les héritiers de celui qui était soumis à l'action en sont quelquefois affranchis.

Examinons sous ces aspects différens les actions, selon qu'elles dérivent d'un contrat ou d'un délit.

En thèse, les formules d'actions réservées aux contrats s'accordent aux héritiers des parties contractantes, comme aux contractans eux-mêmes. — Nous avons cependant vu, en matière de contrats verbaux, que les héritiers de *l'adstipulateur* n'avaient aucune action contre le promettant (Inst. com. 3. § 114. — Comm. 4. § 113).

Dans un sens opposé, elles sont accordées en principe contre les héritiers des contractans, sauf encore quelques exceptions, comme, par exemple, autrefois à l'égard des héritiers des *sponsores et des fidepromissores* (Gaius, comm. 3. § 120). — Sous Justinien, cette exception ne pouvait se reproduire, à cause de la suppression des diverses classes de garans. Mais Tribonien cite, dans le même objet, l'exemple du défunt qui a commis un dol sans que ses héritiers aient retiré aucun avantage de ce dol. — On a remarqué avec raison que cette proposition était beaucoup trop générale, et qu'il n'y avait, à vrai dire, qu'un cas où le dol des contractans ne donnait pas d'action contre ses héritiers, celui où il s'agissait du dépôt nécessaire (Inst. titre 6, *de actionibus* , § 17).

Quant aux formules d'actions dérivant des délits privés, tels que le vol, le *damnum* d'après la loi *Aquilia*, le rapt, le Préteur les aurait accordées aux héritiers des parties lésées par ces délits, comme à ces parties elles-mêmes. — Il n'en aurait pas été de même de l'action *injuriarum*, qui, n'ayant pour objet principal qu'une réhabilitation morale, et n'intéressant pas *directement* le patrimoine, ne passait point aux héritiers de la personne injuriée, ainsi que nous l'avons remarqué en nous occupant de ces matières (Justin. Inst. *de injuriis* § 4.).

Un principe contraire à celui que nous venons de poser était reçu en faveur des héritiers de ceux qui avaient commis un délit. — La formule ne pouvait pas être accordée contre eux, parce que l'effet de l'obligation devait être limité à l'auteur du délit. Tribonien consacre à ce sujet (Inst. *de perpet. et tempor. act.* § 1er. d'après Gaius, *ibid.* § 112) cette maxime dont la sagesse est saillante : *non omnes actiones quæ in aliquem aut in aliquem, aut ipso jure* (le droit civil) *competunt, aut à prætore dantur, aut in hæredem neque competunt, aut dari solent. Est enim certissima juris regula ex maleficiis pœnales actiones non competere.*

On peut donc résumer (en thèse) ces principes de la manière suivante :

Par rapport à la transmissibilité active, les formules que le défunt aurait pu réclamer, pourront être également demandées par ses héritiers, sans distinguer si elles sont demandées au sujet d'un contrat ou d'un délit. Et par rapport à la transmissibilité passive, les formules qui auraient pu être accordées contre le défunt, pourront être également accordées contre ses héritiers, si elles se rattachent à un contrat, tandis qu'elles seraient refusées contre les héritiers, s'il s'agissait d'un délit.

Telle est l'économie fort sage des théories des jurisconsultes romains pour tous les cas où il s'agissait d'accorder pour la première fois une formule ; car lorsqu'elle était accordée, la *litis contestatio*, qui en était la conséquence, attribuait, sans aucune distinction, tous les droits actifs et passifs du défunt à ses héritiers qui ne succédaient plus alors activement ou passivement à une obligation préexistante, mais qui agissaient ou étaient tenus, en vertu de la *litis contestatio* (Gaius Instit. comm. 3, § 180. — Inst. Justinien *de injuriis* § 12 — *de perpetuis et tempor. actionibus*, § 1 *in fine.*

La proposition que nous venons d'énoncer était généralement reçue.

Ulpien l'avait consignée dans un de ses fragmens (loi 26, § *de obligat.*), et, de son côté, Callistrate, jurisconsulte qui florissait sous Alexandre-Sévère, avait dit : *sciendum est ex omnibus causis lites contestatas, et in hæredem similesque personas transire* (loi 58, § *ibidem*).

Telles sont les diverses nomenclatures des actions, d'après l'ensemble des théories de Gaius et de Tribonien.

Il n'est pas difficile en les méditant, surtout en les rapprochant les unes des autres, de se livrer à un grand nombre d'observations philosophiques qui tendent toutes aux résultats que nous avons plus d'une fois obtenus.

Ces classifications, en effet, mettent toujours en présence l'Album du Préteur et la loi des douze Tables. Ici c'est le droit avec son rigorisme primitif et ses proportions étroites ; là c'est la jurisprudence en état de progrès, modifiée par les principes de l'équité et de l'interprétation, se dilatant par tout ce que le spiritualisme renferme de vivifiant et de généreux.

Les caractères des innovations prétoriennes viennent s'y dévoiler d'une manière toute saillante. — Ces innovations sont sagement graduées : elles portent d'abord avec elles l'empreinte de la timidité. Le magistrat n'ose pas , dès l'origine , froisser, d'une manière directe, les principes du droit civil : il se plie à ses exigences , mais en les tournant à l'aide de fictions ingénieuses. Des fictions , il passe à des essais plus tranchés , plus hardis ; et bientôt le droit civil lui-même consent à ratifier une partie de ses innovations.

La série des actions nous a montré , d'un autre côté, et l'extension du commerce, et les théories qui furent consacrées pour le protéger ; et partout nous avons admiré avec quelle circonspection, avec quel esprit de discernement les principes anciens avaient été modifiés.

A travers des cadres si monotones par eux-mêmes , nous avons reconnu encore l'action bienfaisante des progrès de la civilisation , de l'influence des mœurs plus polies, faisant taire l'austérité des principes primitifs dans tous les cas où le *bénéfice de compétence* a été admis.

Enfin , nous avons retrouvé au milieu de ces contrastes si nombreux l'autorité régénératrice du christianisme, abrogeant les actions noxales à l'égard des fils de famille, et , par une réaction inévitable , attribuant aux femmes mariées que le droit ancien avait si sévèrement traitées , des priviléges exorbitans. — Et par dessus toutes ces idées ont toujours dominé les différences sensibles qui séparent la procédure du Bas-Empire de la procédure antique, et les altérations innombrables que firent éprouver à cette branche du droit la dégénérescence romaine , les grandes révolutions politiques qui s'étaient succédées ; et pardessus tout encore surnage le principe d'unité que Justinien imprime à la jurisprudence ; témoin la fusion de l'action *de pecunia receptitia* avec l'action *de pecunia constituta* , de l'action *rei uxoriæ* , avec l'action *ex stipulatu*.....

APPENDICE

AUX THÉORIES DES ACTIONS.

Des Interdits.

Bien que les interdits (INTERDICTA), soient classés par Ulpien au nombre des actions (loi 37, § 1, ff. *de oblig. et action.*), nous ne pouvons cependant confondre ces deux choses si différentes entr'elles, sous un grand nombre de rapports, ainsi qu'il sera facile de le reconnaître. Il convenait dès lors d'en séparer l'exposé de celui des théories relatives aux actions et de les traiter dans un appendice, avec d'autant plus de raison, que dans le Digeste comme dans le Code, les compilateurs du VI° siècle de l'ère chrétienne, avaient traité ces matières sous des rubriques toutes particulières. Gaius lui-même n'avait-il pas voulu tracer une ligne de démarcation entre les actions proprement dites et les interdits, lorsqu'il avait réservé ceux-ci pour la dernière partie du commentaire 4 de ses Instututes? (§ 138, 139 et suivans).

Tribonien les a intercalés au milieu des titres communs aux actions en général (Institutes, tit. XV *de Interdictis*). — Mais on sait qu'en fait de méthode, la codification de Justinien n'est pas pour nous d'une grande autorité.

Quel ordre suivrons-nous en traitant spécialement la matière des interdits dans cet appendice?

Nous bornerons-nous avec les Institutes de Justinien à énoncer le motif vague et incomplet qui produisit les interdits? à classer les interdits et à définir leurs diverses espèces? Ce travail serait insuffisant, à notre avis, pour donner une idée exacte des théories, d'un usage si fréquent dans le droit romain, et dont les modernes abusent quelquefois, lorsqu'ils veulent en faire le rapprochement avec certaines branches de notre procédure actuelle, c'est-à-dire avec les actions possessoires.

Dès lors en maintenant ici notre méthode habituelle, nous considérerons les Interdits sur des cadres un peu plus larges en exposant les règles qui leur étaient propres dans le beau siècle de la jurisprudence, pour mieux apprécier les innovations introduites par Justinien. Le droit n'est à nos yeux qu'une série, qu'un enchaînement de modifications que les institutions ont subies. Comment les comprendre si on ne d écompose leurs divers anneaux pour les examiner un à un , et les renouer bientôt avec plus d'avantage.

§ 1er.

Caractère des Interdits. — Leur origine. — Leur but. —
Leurs classifications.

A s'en tenir aux notions générales , que nous offre Gaius , sur le caractère des interdits et sur leur but , ce sont des ordonnances formulées émanées du Préteur à Rome, des Proconsuls dans les provinces, et obligatoires entre les deux coutendans seulement. — INTERDICTUM. — DICTUM INTER DUOS (selon l'étymologie la plus vraisemblable , d'après nous), par opposition à l'*Edictum* , que le Préteur publiait pour servir de règle générale à tous les membres de la cité. *

D'après le même jurisconsulte , les *interdits* avaient lieu principalement dans les contestations relatives à la possession des choses corporelles et à la quasi-possession des choses incorporelles. — Le besoin de terminer promptement certaines controverses , d'empêcher des rixes , des voies de fait , des collisions, les avaient fait admettre ; *certis ex causis prætor aut proconsul principaliter auctoritatem suam* FINIENDIS CONTROVERSIS *præponit (ibid.* § 139).

A quel sujet les parties eurent-elles d'abord recours ainsi à l'autorité du magistrat ? Ici Gaius se tait et les autres jurisconsultes ne fournissent que des documens fort vagues. Il importe cependant de s'expliquer.

A Rome , l'*ager publicus* ne se confondait ni avec l'*ager romanus* ni avec l'*ager privatus.* Nous l'avons dit plus d'une fois, l'*ager romanus* était ce territoire symbolique et sacré de Rome primitive, à la possession duquel était attachée la communication des auspices , et par cela même l'exercice de tous les droits de la cité. L'*ager privatus* faisait partie du domaine du père de famille ; enfin l'*ager publicus* n'était autre chose que ces terres conquises par le peuple , et dont les Patriciens s'étaient arbitrairement emparés. Les usurpations auxquelles ceux-ci se livrèrent , donnèrent lieu plusieurs fois à de vives récriminations , et provoquèrent à plusieurs reprises ces lois agraires qui, sous le tribunat des

* *Vid.* , sur cette étymologie, Théophile (paraphrase sur les Instituts , édition de Reitz , tome 2, note des pages 888 et 891) dont M. Ducaurroy reproduit la version, *Institutes expliquées* , tom. 4 , pag. 183.

Gracches notamment , soulevèrent les plus violents orages.*
— Malgré les usurpations dont nous venons de parler , l'état
conserva toujours la propriété romaine de ces terres, et
les droits des copartagés , ou plutôt des usurpateurs , se
bornèrent dès-lors à une possession d'une espèce toute spéciale.
Lorsqu'un d'étenteur d'un champ de cette nature en était
évincé par un particulier, pouvait-il exercer la revendication
ordinaire contre celui-ci ? Evidemment non , car il ne
pouvait prétendre , comme les propriétaires de l'*ager privatus* qu'il avait le domaine romain , que le droit civil devait venir à son secours , pour le réintégrer ; il ne pouvait en d'autres termes formuler l'*intentio* ordinaire des demandeurs en revendication et dire : *aio hanc rem meam esse
ex jure Quiritium.* (Gaius Inst. comm. 4 , § 16 , 34 , 93).
Il fallait cependant protéger sa possession contre des actes d'une
spoliation arbitraire , et ne pas les laisser sans action à l'en-
contre des voies de fait dont il pouvait plus d'une fois devenir la victime ; dans ce but on créa les interdits pour leur
fournir le moyen de recouvrer la possession de fait qu'il
avait perdue , possession , qui n'avait dans ce cas comme
on le voit , rien de commun avec la propriété. — C'est
de là qu'est venu sans doute l'adage : *nihil commune habet
proprietas cum possessione* (loi 12 , § 1 , ff. *de acquir. vel
amittend. posses.*) , adage, qui survécut aux causes qui
l'avaient fait naître.

L'utilité de ces interdits se fit bientôt sentir dans plusieurs autres cas et pour la défense de certains droits, qui
n'offraient pas toujours un caractère nettement déterminé ,
dont la définition n'était pas toujours facile , et pour faire
respecter des prérogatives qui ne reposaient souvent sur
aucun texte précis mais dont l'exercice n'en méritait pas
moins , quelquefois dans l'intérêt de la police même , du
maintien du bon ordre , de la paix publique , une protection
actuelle et immédiate.

Les ordonnances que le magistrat rendait à ce sujet , ne
furent d'abord délibérées qu'en connaissance de cause, *causá
cognitá*, c'est-à-dire qu'après une appréciation particulière
des circonstances du fait ou du droit individuel , qui donnait lieu à l'interdit. Plus tard, lorsque la pratique eut
permis aux Préteurs de synthétiser les espèces particulières
qui leur avaient été soumises , et de formuler un corps de

* *Vid.* M. Michelet, *Histoire de la République Romaine* , tom.
1 , pag. 168 et suiv. ; tom. 2 , pag. 164 et suiv.

— 89 —

doctrine composé de l'ensemble des décisions qui avaient été successivement rendues et dont l'expérience avait constaté le mérite, ils précisèrent d'une manière générale dans leurs édits, les causes pour lesquelles ils accorderaient des interdits (ff. Liv. XLIII , Tit. 1er et suiv.).

Telle fut l'élaboration du droit spécial à cette matière, élaboration en harmonie avec la marche naturelle de l'esprit humain, gradation indispensable pour la perfection des lois comme pour la perfection de toutes les autres institutions.

On comprend comment sous l'influence de cette espèce d'alluvion juridique, de cette lente floraison du droit qui forme un des caractères principaux de la législation romaine, les interdits avaient reçu dans le bel âge de la jurisprudence de grands développemens. — Aussi les jurisconsultes qui consacrèrent d'une manière plus particulière leurs travaux à l'exploration des édits prétoriens, et notamment Paul et Ulpien, classifièrent avec soin les divers interdits, en déterminant et leurs caractères particuliers et les règles qui leur étaient propres. — Leurs fragmens devenus les lois 1re et 2e au digeste *de interdictis*, etc., renferment les plus larges de ces classifications. On y voit que les interdits avaient été accordés tantôt relativement à des choses qui étaient de droit divin, tantôt à des choses qui étaient de droit humain. Ainsi l'interdit qui défendait tout acte profane dans un lieu sacré, *ne quid in loco sacro fiat*, celui qui protégeait le droit d'inhumation, *de mortuo inferendo*, et consacrait le respect dû aux lieux voués à la religion des tombeaux, *vel de sepulchro deposito*, appartenaient à la première catégorie.

Parmi ceux qui appartenaient à la seconde, on subdivisait ceux qui se référaient au maintien de la protection des droits qui appartiennent au public (et qui constituaient par cela même *res publica*) et ceux-ci des droits qui faisaient partie du patrimoine de chaque père de famille. — Ainsi l'interdit accordé *ut via publica uti liceat et flumine publico*, *ne quid fiat in via publica* appartenaient au premier membre de cette subdivision. L'interdit *de itinere actuque privato*, appartenait au second membre. — On distinguait enfin les interdits, *vel sui juris tuendi causâ, vel rei officiendi tuendi causâ* dont on trouve des exemples dans le fragment de Paul, loi 2, § 1er, ff. *ibid.*

Il est facile maintenant de comprendre l'objet des interdits, et le but des ordonnances formulées que rendaient les Préteurs. Tantôt, en effet, le magistrat ordonnait à l'une des parties de faire, de restituer ou d'exhiber quelque chose, ou

12

bien, au contraire, il leur défendait de faire quelque chose.— De là cette division principale des interdits, en interdits prohibitoires, exhibitoires et restitutoires, *principalis divisio in eo est, quod aut* PROHIBITORIA *sint interdicta, aut* RESTITUTORIA, *aut* EXHIBITORIA (Gaius , *ibid.* , § 142).

On appelait *prohibitoires* (l'étymologie naturelle de ce mot pourrait ici seule nous servir de guide), ceux par lesquels le magistrat défendait de faire quelque chose ; par exemple , de faire violence à celui qui avait en sa faveur une possession non vicieuse , *cum præcipue ne sine vitio possidenti vis fiat, neve in loco sacro aliquid fiat...* (*ibid.*, § 140); 2° *restitutoires*, ceux qui enjoignaient , par exemple , la restitution d'un objet dont le possesseur avait été spolié à l'aide de la violence , *ut restituatur ei possessio qui vi dejectus est*, et plus généralement , de rétablir les choses dans l'état où elles se trouvaient avant le fait qui donnait lieu à l'interdit ; car Ulpien , le plus avancé de tous les jurisconsultes dans la connaissance de ces matières, écrivait dans un de ses fragmens : *restituere videtur qui in pristinum statum reducit.* (Loi 2 , § 43 , ff. , *ne quid in loco publico...*) Enfin , on appelait *exhibitoires*, ceux qui ordonnaient l'exhibition ou la représentation actuelle d'un corps, par exemple , l'exhibition, de la part de celui qui se prétendait le patron d'un autre , qui réclamait certains droits attachés à cette qualité , de la personne qu'il disait avoir affranchie. (Gaius , *ibid.*, § 162).

La seconde division admise , distinguait les interdits établis, les uns pour acquérir la possession, ADIPISCENDÆ *possessionis* ; les autres pour la conserver, RETINENDÆ *possessionis* ; les autres enfin pour la recouvrer, RECUPERANDÆ *possessionis*.

1° L'interdit, *adipiscendæ possessionis*, était accordé dans l'intérêt de celui qui n'ayant pas la possession voulait l'acquérir pour la première fois, *ei qui nunc primum conatur adipisci rei possessionem....... eis qui ante non sunt nancti possessionem* (Paul, loi 2 , § 3 , ff. *de interdictis*); par exemple, l'interdit, *quorum bonorum* *, accordé 1° au *bonorum possessor*, qui voulait entrer en possession des biens héréditaires, détenus par un autre *pro hærede aut pro possessore*, et au *bonorum emptor* qui agissait quelquefois en qualité d'héritier fictif (*ibid.* , § 133—145) ; 2° à celui qui avait acheté *bona publica*.— Cet interdit prenait le nom

* Cet interdit était ainsi appelé parce que tels étaient les premiers mots de la formule (Gaius , *ibid.* , § 144).

de *sectorium*, parce que, dit Gaius, *sectores vocantur qui pubica bona mercantur* (*ibid.*) ; 3° au propriétaire d'un fonds rural, pour se faire mettre en possession des objets affectés par le colon au paiement des fermages ; cet interdit était connu sous le nom de Salvieu (*Salvianum*), qu'il avait emprunté à son auteur *.

2° Le Préteur accordait l'interdit *retinendæ possessionis*, *en dehors de tout procés*, dans plusieurs cas différens, et principalement lorsque le possesseur actuel avait été troublé ou dans la possession de son droit, sans être cependant évincé, ou lorsqu'il avait un motif plausible de craindre un trouble imminent ; *incidemment à un procès* ayant trait à la propriété d'une chose, lorsque les contendans n'étaient pas d'accord sur la possession provisoire de l'objet litigieux, et par cela même sur le point de savoir, auquel des deux incombait le rôle du demandeur ; question préjudicielle fort importante et le plus souvent décisive, puisque la difficulté n'est jamais de savoir si le défendeur qui possède est ou n'est pas propriétaire, mais uniquement si le demandeur justifie son *intentio*, s'il prouve sa propriété ou plus généralement la légitimité de ses prétentions (Marcien, loi 21, ff. *de probat. et præsumpt.*, Ulpien, loi 25, ff. *de jure fisc.*). Tribonien fait ressortir lui-même l'avantage qui s'attache alors à la possession et au rôle de défendeur, lorsqu'en résumant l'esprit de divers fragmens et notamment de Gaius (Loi 24, ff. *de rei vindicat.; de Paul, sentent.* 1, § 13) ; il a écrit : *commodum autem possidendi in eo est, quod etiamsi ejus res non sit qui possidet, si modo actor non potuerit suam esse probare, remanet in suo loco possessio; propter quam causam, cum obscura sint utriusque jura contra petitorem judicari solet* (Inst. Just., *de interdict.*, § 4).

La dénomination de l'interdit ouvert pour la conservation de la possession, *retinendæ possessionis*, variait selon la nature de l'objet litigieux. En effet, était-il question d'un immeuble ? l'interdit prenait la qualification de UTI POSSIDETIS, sans doute parce que tels étaient les premiers mots de la formule dont se servait le Préteur, et parce que d'un autre côté la possession était accordée à celui des contendans qui,

* On voit que, si les Interdits, relatifs à la possession, avaient tous la possession pour *objet*, ils ne l'avaient pas tous pour *fondement*. — M. Hugo énumère (*Histoire du Droit Romain*, tome 2, page 483), un grand nombre d'autres interdits qui également n'avaient pas la possession pour base, et notamment les interdits QUOD LEGATORUM, DE GLANDE LEGENDA, et., etc.

au moment de l'interdit était saisi d'une possession valide (*nec vi, nec clam, nec precario*), non d'une manière absolue, mais seulement d'une manière relative vis-à-vis de son adversaire. La formule était celle-ci : UTI NUNC POSSIDETIS, QUOMINUS ITA POSSIDEATIS VIM FIERI VETO (Gaius , *ibid.*, § 160). — Cet interdit ne pouvait plus être obtenu dès qu'une année s'était écoulée depuis le trouble apporté à la possession.

S'agissait-il , au contraire, d'un objet mobilier ? l'interdit était connu sous le nom d'UTRUBI , et la possession était accordée de préférence à celui qui avait eu la possession la plus longue pendant le cours de l'année antérieure au litige (*anno retro replicato... annus retrorsus numeratur.* Gaius , *ibid.*, § 152), pourvu que cette possession fût encore exempte de tout vice par rapport à l'adversaire (Gaius , *ibid.*, § 150). — La formule était celle-ci : UTRUBI HIC HOMO DE QUO AGITUR , APUD QUEM MAJORE PARTE HUJUS ANNI FUIT , QUOMINUS , IS EUM DUCAT, VIM FIERI VETO (*ibid.*, § 160.)

Ces deux interdits, dont le nom était dérivé , comme on le voit , des premiers mots des formules usitées , et dont l'objet était le même (empêcher qu'on ne fît violence au possesseur , loi 1 , § 4 , ff. *uti possidetis*), différaient donc entr'eux , sous le rapport de la *durée* de la possession , tandis qu'ils étaient encore régis par des principes analogues , sous le rapport des *caractères* de cette possession. Pour apprécier ces caractères , il ne fallait pas les considérer , nous venons de l'énoncer , d'une manière *absolue* , mais spécialement d'une manière *relative* au défendeur à l'interdit. Ainsi , bien que ma possession fût le fruit de la violence ou de la clandestinité , ou le résultat d'un titre précaire , j'obtiendrai l'interdit si ces vices n'ont rien de personnel à mon adversaire , s'il ne peut se plaindre , lui personnellement , ni de violence , ni de clandestinité pratiquée à son égard ; *quamquam enim ego vel maximè alii vim faciens fundum possideo , aut clam ab alio nactus sum, aut alium exorans in possessionem veni , si tamen nihil hujus modi à me commissum est adversus te, vinco te certamine hujus interdicti* [*]. — Ulpien précisait cette distinction importante, lorsqu'il disait : *Quod ait prætor in interdicto , nec vi , nec clam , nec precario , alter ab altero possidetis , hoc eo pertinet : ut si quis possidet vi , aut clam , aut precario; si quidem ab* ALIO, *prosit ei possessio;*

[*] Théophile , paraphrase grecque *ibid.* , page 897.

si vero ab ADVERSARIO SUO, *non debeat eum propter hoc quod ab eo possidet, vincere. Has enim possessiones non debere proficere palam est* (Loi 1 , § *ult.*, ff. *ibid.*).

A ce sujet Gaius examine dans ses institutes les doctrines sur la possession, le caractère des personnes par le ministère desquelles on peut posséder ; enfin, la manière dont la possession s'acquiert pour la première fois, se conserve et se perd (Inst. , § 153 et suiv., *ibid*).

Les théories que nous avons proposées à ce sujet , en parlant de l'usucapion, nous dispensent d'analyser les observations de ce jurisconsulte, qui n'ajouteraient rien à nos développemens antérieurs.

3° Enfin , l'interdit *recuperandæ possessionis* était réservé à celui qui venait d'être expulsé , dépouillé, dépossédé matériellement par violence, *si quis* VI DEJECTUS EST. Les Préteurs pouvaient-ils en effet tolérer les actes de violence, en sanctionner les résultats ? *æquissimum fuit vi dejecto subvenire ,* disait Ulpien , dont l'autorité se reproduit dans toutes ces théories (Loi 1 , ff. *de vi et de vi armat.*).— Les lois *Julia* et plus tard les constitutions impériales avaient , il est vrai, sévi contre les auteurs de la violence; mais indépendamment des peines prononcées par ces élémens du droit civil, le Préteur avait cru devoir offrir une prompte réintégration aux parties dépossédées (§ 2, *ibid.*). — Cet interdit était connu sous le nom UNDE VI, par abréviation de ces mots qui formaient dans ce cas le commencement de la formule : UNDE TU ILLUM VI DEJECISTI (Loi 12 , *ibid.*, *ad præm.*) Il ne s'appliquait, du moins à l'époque où Gaius et Ulpien écrivaient, qu'aux *immeubles.* — La possession des choses mobilières était protégée principalement par l'action *vi bonorum raptorum* dont nous avons parlé dans notre livraison précédente et par l'action *ad exhibendum* (*Ibid.*, § 5.)

Pour obtenir l'interdit UNDE VI , le demandeur devait reprocher à son adversaire une *violence grave et atroce ,* exercée par ce dernier personnellement ou par ses ordres. — Il importait de distinguer les caractères de cette violence, car si elle avait été pratiquée à main armée , *vis armata ,* toute espèce de possession servait de fondement à l'interdit *, tandis que si elle ne constituait qu'une violence

---

* Il était sans difficulté permis à un possesseur de repousser la force par la force; c'est là un principe de droit naturel que les jurisconsultes ont cru devoir formuler par une sorte de luxe ou d'exubérance de doctrine (loi 1, § 27 , ff. *de vi et vi armat.*) ; mais dès que la violence était consommée, il n'était plus loisible à celui

ordinaire , pratiquée sans armes (*vis privata*), la possession
devait être comme dans les interdits *uti possidetis et utrubi,
nec vi , nec clam , nec precario* , vis-à-vis de l'adversaire
(Gaius , *ibid.*, § 153 , 154 , *ibid.*).

Passons maintenant à la troisième classification des inter-
dits , qui les distinguait en interdits simples , *interdicta*
SIMPLICIA et en interdits doubles , *interdicta* DUPLICIA
(Gaius , *ibid.* , § 156).

Les interdits étaient simples , lorsque entre les deux contendans , l'un était exclusivement demandeur , l'autre
exclusivement défendeur , *in quibus alter actor , alter reus
est.* — De ce nombre sont tous les interdits restitutoires ou
exhibitoires; les interdits étaient doubles lorsque les contendans pouvaient être considérés alternativement comme demandeurs et comme défendeurs , ce qui arrivait dans les
interdits , *uti possidetis et utrubi* , pour le cas où chaque
partie réclamait la possession pendant le litige : *Ideo duplicia vocantur , quia par utriusque litigatoris , in his
conditio inest ; nec quisquam præcipue reus vel actor
intelligitur , sed unusquisque tam rei quam actoris partes
sustinet (ibid. , § 157, 158 , 159).*

§ 2.

De la Procédure à laquelle donnaient lieu les Interdits.

Avant même la découverte des Institutes de Gaius , les
interprêtes des derniers siècles étaient d'accord entr'eux sur
ce point que le Préteur qui rendait l'ordonnance formulée
appelée interdit , n'avait pas terminé le litige par la concession de cette ordonnance , que les parties étaient renvoyées
devant un juge. Mais cet interprêtes étaient dans l'erreur
sur le caractère de ce juge , car on voit que par une fausse
interprétation de ce mot *judex* , que l'on retrouve dans un
grand nombre de fragmens du Digeste , et spécialement en
matière d'interdits dans un fragment de Pomponius, (loi 21 ,
ad præmium ibidem) , d'Ulpien (loi 15 , § 7 *ibid.*) ils
traduisaient * ce *judex* par le juge Pédané, dont l'institution

---

qui en avait été la victime de renouveler le combat , de r'ouvrir
la lutte. Il devait s'adresser au Préteur pour reconquérir sa possession.
— Si d'autres théories eussent prévalu , la société n'aurait-elle pas
été convertie en une arène sanglante où toutes les passions seraient
descendues pour vider leurs différens ?

* Voyez les autorités invoquées à ce sujet dans les annotations
de la paraphrase grecque de Théophile, tom. 2, pag. 190 et suiv.

ne prit à Rome quelque consistance que sous le règne de Dioclétien.

Depuis que la science s'est enrichie du manuscrit de Vérone, les idées ont dû changer à cet égard. En effet, ce manuscrit en confirmant cette théorie que l'interdit ne terminait par le procès, que les contendans étaient renvoyés par le Préteur devant un juge, nous apprend que ce juge était tantôt le *judex*, et tantôt les *recuperatores*, dont nous avons parlé en traitant des actions ; *ad judicem recuperatoresve itur... editis formulis* (Inst. *ibid.*, com. 4, § 141).

Quel pouvait être l'objet de ce renvoi devant le *judex* ou les *recuperatores* ?

Si le défendeur à l'interdit avait reconnu la justice de l'ordonnance émanée du magistrat, en y acquiesçant, tout renvoi eût été inutile, *statim peractum erat negotium*. Mais, lorsqu'au contraire, ce défendeur formait une sorte d'opposition à cette ordonnance, en contestant ou l'existence ou le caractère des faits qui lui servaient de fondement, et refusait de l'exécuter ; dans ces divers cas, la mission du *judex* ou des *recuperatores* était de décider si le demandeur avait été bien fondé à solliciter l'interdit qu'il avait obtenu ; si le défendeur était dans le cas de l'interdit, s'il avait satisfait ou non aux obligations qu'il lui imposait [*] ; enfin, si des dommages étaient dûs par suite de l'infraction de l'ordonnance du Préteur.

Le plaidoyer de Cicéron [**] pour Cœcina contre Æbutius, nous fournit un exemple remarquable d'un renvoi de la nature de ceux dont nous venons de parler.

C'était en l'année 684 de la fondation de Rome. Cœcina institué héritier par Cæsennia, son épouse, voulait entrer en possession d'une terre dépendante de l'hérédité, lorsque Æbutius se présenta comme propriétaire de cette terre, et à l'aide d'une violence à main armée, s'opposa à sa mise en possession. — Cœcina obtint du Préteur Dolabella un interdit qui ordonnait sa réintégration sur le lieu d'où il avait été chassé, *ut unde vi dejecisset restitueret...* Æbutius de son côté soutenait qu'il n'avait pas expulsé Cœcina,

[*] Cette doctrine qui repose d'ailleurs dumoins en grande partie sur les textes de Gaius, *ibid.*, § 141-162 et suivans, est extraite de l'analyse que M. Warkœnig nous a donnée du traité de M. de Savigny sur la possession (*Vid.* Thémis, tom. 5, pag. 345-468).

[**] La lecture de ce plaidoyer nous a paru très-propre à donner des idées exactes sur la matière des interdits qui formait l'objet unique de la contestation.

et qu'il s'était borné à l'empêcher de prendre possession de
l'héritage , *non dejeci sed obstiti* , que dès lors l'interdit
rendu ne lui était pas applicable. |— La contestation fut
renvoyée par le Préteur devant les *recuperatores* ; Cicéron
plaida pour Cœcina et C. Pison pour Æbutius. — L'histoire
ne nous fait pas connaître le résultat du procès.

Le mode de procéder devant le *judex* ou les *recuperato-*
res , n'était pas d'ailleurs toujours identique , ainsi que le
prouve le § 141 , 162 et suiv. du comm. 4 précité des
Institutes de Gaius.

§ 3.

Des Interdits sous Justinien.

Tels étaient les principes généraux admis en matière d'interdits, pendant le beau siècle de la jurisprudence.

Dans la dernière phase de la législation le droit a éprouvé
encore à ce sujet de notables changemens qu'il est facile
d'apprécier, lorsqu'on rapproche les Institutes de Gaius de
celles de Justinien.

L'analyse de tous les textes du titre XV du 4e livre des
Institutes de ce prince , *de Interdictis* , donne lieu aux observations suivantes :

1° Les différences qui existaient entre l'interdit *uti possi-*
detis et l'interdit *utrubi* , quant à la *durée* de la possession ,
sont supprimées. Dans ces deux interdits , la possession est
désormais accordée de préférence, dans tous les cas, à celui
des contendans qui se trouvera en possession au moment de
la *litis contestatio* ; *utriusque interdicti potestas , quan-*
tum ad possessionem pertinet, exæquata est , uti ille vin-
cat , et in re soli et in re mobili , qui possessionem nec vi ,
nec clam, nec precariò ab adversario litis contestatæ tem-
pore detinet. (Inst. , Just. § 4 , *in fine* , ibid.)

2e L'interdit *unde vi* est maintenant accordé à l'égard de
l'enlèvement des objets *mobiliers* , comme à l'égard de l'enlèvement des choses immobilières. — Ce fut là une conséquence de la constitution de Valentinien Ier, ordonnant que
celui qui aurait employé la violence pour s'emparer d'un
objet , soit meuble , soit immeuble , devrait le restituer et en
perdre la propriété, ou en payer la valeur (Loi 7, *Cod. unde*
vi. — Inst. *Just. de interd.* , § 6 , *in fine.*)

3° En matière d'interdits *unde vi* , on ne distingue plus
la nature de la violence qui a entraîné l'expulsion du possesseur en ce sens, que quelle que soit cette violence armée ou

non-armée, elle donne lieu à l'interdit, même dans le cas où celui qui a été expulsé n'aurait eu qu'une possession violente, clandestine ou précaire à l'égard de l'adversaire.

4° La procédure formulaire ayant été supprimée et les *judicia* étant toujours *extraordinaria*, les interdits se confondent dans le Bas-Empire avec les actions que l'on pouvait exercer à ce sujet; aussi, Tribonien a-t-il écrit dans le *præmium* de ce titre : *sequitur ut dispiciamus de interdictis seu de actionibus quæ pro his exercentur.* — La même précision fut faite par les compilateurs du Digeste, dans la rubrique du titre spécial à cette matière, *de interdictis et extraordin. action. quæ pro his exercentur.*

Le magistrat étant toujours appelé à prononcer *in judicio*, n'avait plus besoin de rendre des ordonnances analogues à celles qui constituaient autrefois les interdits, *perindè judicatur sine interdictis, ac si utilis actio ex causâ interdicti reddita fuisset* (Inst., *ad præm., ibid.*)

Par suite, tous les principes relatifs à l'*ordo* et à l'*exitus* des interdits, matière que Gaius avait traitée avec assez de développement (Inst., comm. 4, § 161 et suivans), et le renvoi qui s'opérait devant un *judex* ou des *recuperatores* étaient depuis la même époque devenus sans objet, circonstance qui explique le silence de Tribonien à cet égard. (Inst., § 8, *ibid.*).

A ces dérogations près, Tribonien a conservé dans ses cadres tous les autres principes exposés par Gaius. Il a emprunté littéralement à son devancier la plus grande partie de ses textes; d'autres n'ont subi sous sa main que de très-légères modifications. L'objet principal des interdits (Inst., *ad præm. ibid.*), leur triple classification et les définitions de chacun d'eux, (§ 1 et suiv.), ont été maintenus sans aucune altération ; il n'est pas jusqu'à la méthode adoptée par Gaius, d'exposer à ce sujet les théories générales de la possession, qui n'ait été reproduite par le compilateur de Justinien. (Inst., § 5, *ibid.*).

TROISIÈME PARTIE.

DE L'EXTINCTION DES OBLIGATIONS.

Nous avons vu jusqu'ici comment se forment les obligations, c'est-à-dire quelles sont leurs sources ou leurs causes
efficientes ; nous avons vu encore quelles actions elles
produisent ; nous devons maintenant, pour arriver au
dernier échelon de notre gradation, examiner comment
elles s'éteignent.

Avant d'aborder les textes afférens, nous proposerons
plusieurs observations préliminaires, qui se déduisent la
plupart des doctrines précédemment exposées.

1° Il existait des modes d'extinction communs à toutes
sortes d'obligations en général, et des modes spéciaux à
certaines obligations en particulier.

2° Ces modes ont suivi nécessairement une progression
corrélative à la manière dont les obligations se sont formées ;
car il y a connexité intime entre la manière dont le
lien se forme et la manière dont il se brise.

3° Certaines obligations étaient éteintes aux yeux du droit
civil *ipso jure*, en ce sens que l'extinction pouvait être
toujours invoquée devant le *judex*, parce qu'elle rentrait
dans les moyens ordinaires de défense employés pour faire
proscrire l'action du demandeur. — D'autres pouvaient seulement être paralysées à l'aide de l'exception accordée par le
magistrat dans la formule organique de l'action, elles subsistaient encore aux yeux du droit civil, mais leur exécution
étant contraire dans certains cas à l'équité, le droit prétorien fournissait au débiteur un moyen de s'opposer à cette
exécution.

Ces trois observations générales vont devenir le pivot
principal sur lequel roulera toute l'économie de nos
doctrines. — Nous continuerons à nous placer, pour leur
examen, au point de vue historique, en considérant sommairement la destinée de chacun de ces modes d'extinction
des obligations, jusqu'au beau siècle de la jurisprudence,
et cela, d'après les fragmens analogues aux titres II et suivans
du livre XLVI du Digeste, et des § 168 et suivans du
commentaire de Gaius, sauf à examiner en dernière analyse les changemens que cette partie du droit avait éprouvés
au siècle de Justinien. Les contrastes qui sont établis entre
les diverses périodes de la jurisprudence ne constituent-

ils pas le moyen le plus sûr de faire ressortir les caractères propres à chacune de ces périodes ?

Cette *troisième partie* de la seconde subdivision de notre Cours sera dès-lors subivisée elle-même en plusieurs paragraphes.

§ 1ᵉʳ.

Des modes d'Extinction spéciaux *à certaines Obligations.*

C'est une maxime avouée par la raison, et conforme à la nature même des choses, que les obligations doivent se dissoudre de la manière dont elles se forment. Tous les jurisconsultes exprimèrent successivement cette vérité en des termes, si non identiques, du moins équipollens. Ainsi Ulpien disait : *nihil tam naturale est quàm eo genere quidquid dissolvere quo colligatum est* (l. 35, ff. *de diversis reg. juris antiqui*). A son tour, Paul écrivit : *ferè quibuscumque modis obligamur, iisdem in contrarium actis liberamur* (loi 153, *ibid*). — Ces jurisconsultes qui, comme on le sait, florissaient dans l'âge d'or de la jurisprudence, résumaient par ces propositions générales la destinée des institutions et l'histoire juridique dont nous allons nous occuper.

On n'a pas oublié à ce sujet le développement progressif des causes efficientes ou des sources des obligations. Les Romains ne connurent très-probablement, dès l'origine la plus reculée, que des contrats parfaits par la tradition d'une chose (Inst. liv. 3, tit. 15 *quibus modis re contrah. obligat.*). — Quelle pouvait être alors la cause de l'extinction de ces obligations, si ce n'est leur exécution accomplie avec ce matérialisme qui formait la base du droit national ?

Après les contrats parfaits par la tradition d'une chose, viennent les contrats parfaits par l'articulation de paroles consacrées, c'est-à-dire les obligations verbales ou les stipulations (Inst. tit. 16, *de verbor. obligat.*). Leur avénement dans la jurisprudence rendit nécessaire la création d'un moyen de dissolution de ces contrats, analogue à leurs caractères esssentiels. Ce moyen que la raison elle-même indiquait, consista dans un tissu de locutions contraires à celles qui avaient servi à former le nœud obligatoire.

Le débiteur qui s'était lié par une promesse faite en réponse à une stipulation qui lui avait été adressée, s'adressant à son tour au stipulant disposé à lui faire la remise de la dette, lui disait : *quod ego tibi promisi habesne acceptum?* Le créancier répondait : *habeo.* — L'obligation était aussitôt dissoute. (Gaius Institut., comm. 3, § 169).

On donna à ce mode de paiement analogue à un paiement fictif le nom d'*acceptilation*, dérivé des locutions employées pour arriver à ce but (*ibid.*). Modestinus définissait l'acceptilation : *liberatio per mutuam interrogationem, qua utriusque contingit ab eodem nexu absolutio.* Les règles de l'acceptilation sont tracées dans un titre spécial du Digeste, *de acceptilatione.* — On y voit notamment, d'après Pomponius (loi 4), que l'acceptilation ne pouvait avoir lieu ni sous condition, ni à terme (Ulpien, loi 5, *ibid.*), et d'après Paul, que nul ne pouvait ni libérer ni être libéré de cette manière par procureur, sans mandat (loi 3 ff. *ibid.*); que l'acceptilation devait correspondre avec la stipulation qu'elle était destinée à éteindre (loi 14 *ibid.*). Gaius de son côté nous a fait part (Institut. *ibid*, § 171, 172) de quelques règles propres à ce mode de paiement que tous les textes assimilent à un paiement simulé : *acceptilatio est veluti imaginaria solutio* (Gaius *ibid*, § 169).

L'acceptilation née, d'après ce que nous avons dit, postérieurement aux obligations verbales, ne pouvait, dès son origine, procurer l'extinction que des obligations de cette espèce taxativement, *quo genere tantùm exsolvuntur obligationes quæ ex verbis consistunt, non etiam cæteræ* (*ibid.*, § 170). — Mais vers la fin de la deuxième période du droit, un jurisconsulte d'un grand crédit (*Pomponius*, loi 2 ff. *de orig. et progr. juris*), Aquilius-Gallus qui fut le disciple de Mucius, le maître de Servius, et dont Cicéron, son contemporain et son collègue dans la préture, fit un éloge si délicat dans son plaidoyer pour Cæcina contre Æbutius, trouva un moyen de généraliser l'efficacité de l'acceptilation, au moyen d'une stipulation collective. La formule de cette stipulation assez longue nous a été conservée par Florentin (loi 18, ff. *de acceptil.*), et, d'après lui, par Tribonien (Institut., *ibid*, *quibus modis tollitur obligatio*, § 2).

Ce moyen était fort simple.

Lorsque les obligations étaient autres que des obligations verbales, le créancier et le débiteur (qu'il faut toujours supposer d'accord entr'eux sur le point de la libération) leur imprimaient ce caractère au moyen des formules de la stipulation; après quoi, les obligations ainsi transformées en obligations verbales, étaient toutes dissoutes en même

temps, par une seule stipulation nouvelle, l'inverse de
la première, puisque l'interrogation émanait cette fois du
débiteur qui demandait à être libéré, et la réponse, du
créancier qui consentait à accorder la libération (*remittere*).
On donna à cette stipulation nouvelle, complexe de sa nature,
et dont la formule se trouve dans les sources déjà indiquées, la qualification de *stipulation Aquilienne* (*stipulatio
aquiliana*), du nom de son auteur, le jurisconsulte Aquilius-Gallus (Institutes *quibus modis tollitur oblig.* — *ibid.*,
§ 2 *). Inutile, lorsqu'il n'y avait qu'une seule obligation à
éteindre (car dans ce cas l'acceptilation ordinaire suffisait)**
la stipulation Aquilienne n'offrait des avantages que lorsqu'il s'agissait d'obtenir par une seule opération l'extinction
d'obligations multiples.

Enfin après les obligations parfaites par les *paroles*,
surgirent (nous l'avons aussi expliqué), dans le cours de
la deuxième période de l'histoire du droit, les obligations
parfaites par le seul consentement (*solo consensu*), la
vente, le louage, etc., etc. Dès-lors, par une suite naturelle
de la corrélation dont nous avons parlé, il fut permis,
lorsque les choses étaient encore entières (*re nondùm
secuta*, Iustit. Justin. *ibid*, § 4), de dissoudre par le
seul dissentiment, c'est-à-dire par un consentement diamé-
tralement contraire à celui qui les avaient formées, les
obligations qui avaient été ainsi formées *solo consensu*.
Pomponius, après avoir consacré l'adage généralement reçu :
PROUT QUIDQUID CONTRACTUM EST ITA DISSOLVI DEBET, ajoutait, par une application naturelle des dernières théories
que nous venons de proposer : *æquè cùm emptio vel venditio, vel locatio contracta est, quoniam consensu nudo
contrahi potest, etiam dissensu contrario dissolvi potest*
(loi 80, ff. *de solut. et liberat.*).

Gaius n'a pas parlé, du moins dans ses Institutes (*ibid.*)
de ce mode d'extinction spécial aux contrats consensuels,
sans doute parce qu'il le considérait comme une déduction
forcée des principes généraux de la matière. — Mais en

---

* A compter de cette époque la dissolution des Obligations au
moyen des paroles, *verbis*, devint une cause d'extinction *commune*
à toutes les obligations en général.

** En effet cette obligation était-elle verbale? L'acceptilation pouvait avoir lieu immédiatement. S'agissait-il d'une obligation autre
qu'une obligation verbale? les parties lui imprimaient ce caractère
par une novation (dont nous parlerons bientôt) opérée au moyen
d'une stipulation; après quoi elles passaient à l'acceptilation.

retour il mentionne seul une autre manière d'éteindre les obligations qui s'opérait *per æs et libram*, et qui était spécial aussi à une classe déterminée d'obligations. — On peut se former une idée sommaire de cette cause d'extinction consistant, comme l'acceptilation, dans une espèce de paiement fictif, lorsqu'on médite les § 173, 174 et 175 de ses Institutes (*ibid.*), dont le sens peut être cette fois facilement saisi au milieu des mutilations qu'offre encore cette partie du manuscrit de Vérone.

En nous résumant sur cette première division, l'acceptilation, le paiement *per æs et libram* et le dissentiment des parties, devinrent successivement, et par une marche parallèle à celle du développement des contrats, un mode d'extinction de diverses obligations.

Examinons maintenant les modes d'extinction communs à toutes les obligations en général.

§ II.

Des modes d'extinction communs à toutes les obligations en général.

En conservant la marche adoptée dans le paragraphe précédent, nous aurons encore égard à la méthode historique relativement aux nomenclatures que nous allons proposer.

Au premier rang des modes que nous avons mentionnés sous cette rubrique doit figurer naturellement *l'exécution parfaite des obligations*; exécution qui est, on le comprend, multiforme comme les obligations elles-mêmes.

Les textes ont donné à cette exécution la dénomination de SOLUTIO, locution générique dont le sens le plus large s'entendrait plutôt de l'effet que de la cause : *rupture, dissolution* du lien de droit formé par l'obligation, *solvere, solutio* (Paul loi 54, ff. *de solut. et liberat.*); mais qui signifie, dans une acception moins étendue, exécution de la promesse faite, de l'obligation contractée; *vera præstatio ejus quod debetur.* Quelquefois même, et dans un sens tout-à-fait spécial, le mot *solutio* ne s'entend taxativement que de l'accomplissement des obligations qui ont pour objet le transport de la propriété d'une chose.... DARE....

Toute espèce d'exécution des obligations ou plutôt toute sorte de paiements, n'est pas susceptible d'entraîner l'extinction de l'obligation; l'analyse des textes prouve au contraire que le concours de plusieurs conditions est nécessaire pour que le paiement produise ce résultat. Il importe de le préciser d'une manière rapide.

Il faut 1° que le paiement soit fait au créancier lui-même ou à ceux qu'il s'est adjoint dans ce but, c'est-à-dire aux adstipulateurs (Gaius, § 110), ou à ceux à qui le droit conférait cette faculté, par exemple *aux tuteurs* (Inst., *quibus alienare licet, vel non*, § 2). — Si le paiement est fait au créancier lui-même, celui-ci doit être maître de ses droits (Inst., § *ibid.*).

2° La chose livrée en paiement doit être quant à sa forme, quant à son espèce, et quant aux quantités, celle qui a été promise. Ainsi le créancier n'est pas tenu de recevoir une chose pour une autre, *aliud pro alio* (Paul loi 21 ff., loi 99 *ibid.*, *de solut. et liberat.*), ou seulement une partie de ce qui lui est dû (loi 45 § 1, *de usur.*). On s'était fait, du temps de Gaius, une question du point de savoir si l'obligation était éteinte de plein droit, ou seulement paralysée au moyen d'une exception, dans le cas où le stipulant avait consenti à recevoir une chose pour une autre.

Peu importe d'ailleurs que le paiement soit fait par le débiteur lui-même, par ses fidéjusseurs ou par une personne entièrement étrangère. Les principes étaient si favorables à la libération qu'un tiers pouvait toujours acquitter la dette d'autrui, même contrairement à la volonté du débiteur. — La libération n'en était pas moins acquise à ce dernier, pourvu toutefois que le créancier ne courût aucun risque d'être évincé de la chose qu'il avait reçue en paiement ; *solvere pro ignorante et invito cuique licet.*, disait Gaius dans un de ses fragmens (loi 53, ff. *de solut. et liberat.*) ; et après lui Paul, précisant d'une manière peut-être encore plus complète cette maxime, écrivait : *In perpetuum, quotiens id quod tibi debeam ad te pervenit et nihil absit, nec quod solutum est repeti possit, competit liberatio* (loi 61, § *ibid.*). — La libération du débiteur principal entraînait, comme on le sait, celle de tous ceux qui avaient accédé à la dette. Ulpien nous a transmis cette vérité qui n'avait pas besoin d'être formulée par des textes : *In omnibus speciebus liberationum, etiam accessiones liberantur, putà adpromissores, hypothecæ, pignora* (loi 43, *ibid.*).

Après le *paiement*, ou plutôt à côté du paiement qui est nécessairement le mode le plus ancien de libération, se présente dans l'ordre historique et on peut le dire, philosophique, la *perte du corps certain et déterminé* qui fait l'objet de l'obligation, toutes les fois que cette perte est le résultat d'un événement dont le débiteur n'a pas à répondre d'après les règles que nous avons posées. Toute la théorie du droit est renfermée à ce sujet dans la maxime : *debitores certi corporis interitu rei liberantur... impossibilium nulla obligatio...* Nous en avons trouvé plus d'une fois l'application au sujet de l'examen des obligations.

Dès que les auteurs du droit eurent fixé d'une manière positive les rapports qui existent entre l'héritier et le défunt et notamment les conséquences de l'adition de l'hérédité, la *confusion* devint aussitôt une nouvelle cause d'extinction des obligations. — Modestinus écrivait à cet égard, dans le troisième livre de ses règles de droit : *Sicut acceptilatio in eum diem præcedentes peremit actiones, ita et confusio : nam si debitor, hæres creditori extiterit, confusio hæreditatis peremit petitionis actionem* (loi 75 , ff. *de solut. et liberat.*). La confusion est donc le résultat de la réunion sur la même tête de qualités qui s'excluent ou se paralysent les unes les autres.

Parmi les autres modes d'extinction communs à toutes les obligations les textes nous parlent avec diffusion de la *novation* (*novatio*) , matière qui est devenue le sujet d'un titre spécial au digeste *de novationibus et delegationibus* , que Gaius a traitée d'une manière privilégiée dans ses Institutes (comm. 3 *ibid.* , § 176 et suivans) , et à laquelle Tribonien n'a consacré qu'un seul paragraphe (§ 3) dans le titre de ses Institutes *quibus modis toll. obligat.*

Ulpien définit la novation : *Prioris debiti in aliam obligationem vel civilem vel naturalem transfusio atque translatio ; hoc est cum ex præcedenti causâ ita nova constituatur ut prior perimatur* ; et pour nous faire connaître l'étymologie de cette locution , il ajoute aussitôt : NOVATIO *enim à* NOVO *nomen accepit et à* NOVA *obligatione* (loi 1re , ff. *de novat. et delegat.*).

La novation n'est donc autre chose que la substitution d'une obligation nouvelle à l'obligation primitive qui est éteinte et par rapport au principal et par rapport à ses accessoires (Ulpien loi 18 , ff. *de novat. et solut.*) ; *nova nascitur obligatio et prima tollitur translata in posteriorem* (Gaius , *ibid.* , § 176).

Cette substitution , ou plutôt , pour nous servir du langage d'Ulpien , cette *transfusion* , s'opère de trois manières différentes ; 1° par la substitution d'un nouveau débiteur à l'ancien qui est désormais libéré.

Cette espèce de novation se réalise au moyen d'une stipulation intervenue entre le créancier primitif et le nouveau débiteur , soit à l'insu et contre le gré de ce débiteur , soit parce que celui-ci aura délégué à son créancier le nouveau débiteur qui prend sa place , DELEGARE est vice suâ alium reum dare creditori (Ulpien , loi 11 , au Digeste de novat. et deleg.); 2° par la substitution d'un nouveau créancier à l'ancien , ce qui a lieu lorsque le créancier primitif délègue son débiteur qui s'oblige par stipulation en faveur d'un tiers ; 3° enfin entre le même créancier et le même débiteur, sans l'intervention d'une personne nouvelle, sine interventu novæ personæ , par les changemens , les altérations qu'entraîne dans l'obligation originaire une stipulation nouvelle , si quid in posteriore stipulatione NOVI sit (Gaius ibid. , § 197); par exemple , lorsqu'une obligation pure et simple est convertie en une obligation conditionnelle, et réciproquement. Donc si la stipulation postérieure n'avait pour objet que d'imprimer plus de force , plus d'efficacité à la première obligation, il n'y aurait pas de novation (Ulp. loi 9, ff. de rebus creditis). — Les Sabiniens admettaient cependant que l'adjonction ou la suppression d'un sponsor constituaient la novation ; mais les Proculéiens combattaient avec raison, selon nous, cette doctrine (Gaius § 177 et 178, ibid.).

Il fallait dans tous les cas rechercher l'intention des parties et n'admettre la novation que lorsque cette intention réciproque était constatée. Aussi remarquons-nous dans tous les fragmens , à l'appui de cette vérité , ces locutions familières aux jurisconsultes.... si novandi causâ... si novandi animo Ulpien (loi 14) , Paul (loi 23) , Pomponius (loi 24 ibid.).

Il n'est pas également nécessaire pour l'existence de la novation que la seconde obligation soit valable , qu'elle produise une action efficace, pourvu que celui qui l'a contractée soit autre qu'un esclave destitué de toute espèce de capacité aux yeux du droit civil pour s'obliger en son propre nom. Ainsi l'engagement souscrit par une femme ou par un pupille sans le consentement du tuteur (que la première reçoit à cause de son sexe, le second, à cause de la faiblesse de son âge) entraîne la novation , bien qu'il soit stérile. Il en serait de même , le second engagement ne fût-il que conditionnel , nous l'avons déjà dit , en ce sens toutefois que la novation ne serait parfaite qu'après l'événement de la condition. — Le sort de la novation reste donc en suspens jusqu'à cet accomplissement ; dès-lors le créancier pouvait bien en droit rigoureux agir en vertu de l'obligation primitive ; mais on voit que d'après les usages en vigueur du temps de Gaius, malgré les controverses qui s'étaient élevées (Inst. § 179 , ibid.) , le débiteur aurait pu paralyser cette action par l'exception du dol

14

tant qu'il était permis d'espérer la réalisation de la condition.

Si toutes les obligations étaient susceptibles d'être éteintes par la novation (Ulpien loi 2 , ff. *ibid.*), toutes personnes ne pouvaient également consentir à la novation. Ce droit, d'après les résultats même qu'entraînait la novation, n'était accordé qu'à ceux qui avaient la capacité d'aliéner, à moins que la novation n'améliorât leur condition (Pomponius loi 3 , *ibid.* — Paul loi 20, *ibid.*), et qu'ils fussent d'ailleurs capables d'articuler et de comprendre *les paroles de la stipulation.*

Cette dernière précision est la conséquence de ce principe incontesté que les formes de la stipulation sont toujours indispensables pour la novation.

Cependant , en dehors de ces formes créatrices de la novation conventionnelle , le droit admettait encore la novation au moyen des *nomina transcriptitia* dont nous avons parlé d'après Gaius (*ibid.*, comm. 3 , § 128 et suiv.), au sujet des contrats parfaits par l'écriture (*litteris*).

Enfin la novation était encore le résultat de la *litis contestatio.*

On le sait , il y avait *litis contestatio* sous la procédure formulaire , lorsque le *judicium* avait été organisé, lorsque le Préteur avait remis au demandeur la formule organique de son action , et sous la procédure des *judicia extraordinaria* , lorsque le demandeur avait exposé sa cause devant le magistrat , contradictoirement avec le défendeur.

Le procès était dès-lors définitivement lié entre les deux adversaires ; une sorte de contrat judiciaire s'était formée sous l'autorité du magistrat. Ce fait accompli faisait éprouver aux droits du demandeur un changement presque toujours favorable. — L'obligation en vertu de laquelle il avait obtenu la formule était éteinte , il est vrai , vis-à-vis du défendeur (seulement)[*]; mais elle était remplacée par une obligation nouvelle dont le défendeur était désormais tenu *ex litis contestatione*, et lorsque la condamnation avait été prononcée , le principe des obligations du défendeur se transformait encore ; celui-ci était tenu non plus *ex contesta-*

---

[*] Cette précision est indispensable , car à la différence de la novation *conventionnelle* la novation *judiciaire* laisse subsister toutes les accessions , les *sponsiones* , les *fidejussiones* de l'obligation primitive; ce qui vérifie la maxime de Paul : *Nemo in persequendo deteriorem causam, sed meliorem facit* (loi 87, ff. *de diversis reg. jur. antiq*)

tione, mais bien *ex causâ judicati*. De là cette maxime fort ancienne chez les jurisconsultes Romains, formulée par une série de propositions techniques destinées à exprimer la gradation de ces diverses métamorphoses, *ante litem contestatam dare debitorem oportere*, *post litem contestatam condemnari oportere*, *post condemnationem judicatum facere oportere* (Gaius, comm. 3, *ibid.*, § 180).

Il importe toutefois de remarquer que par ces novations judiciaires, résultant tantôt de la *litis contestatio*, tantôt de la chose jugée, l'obligation n'était pas éteinte de la même manière. Le droit établissait une différence sensible à ce sujet, entre les *judicia legitima* *, et les *judicia quæ in imperio continentur*. Les premiers procuraient aux yeux du droit civil, l'extinction de l'obligation primitive, dans les cas seulement où il était question d'une action IN PERSONAM *eâ formulâ quæ juris civilis habebat intentionem*. — Le défendeur recherché une seconde fois en vertu de l'obligation originaire n'avait pas besoin de demander l'insertion dans la formule d'une exception résultant de la *litis contestatio* ou de la chose jugée, *exceptionem rei judicatæ*, *vel in judicium deductæ*. Les seconds, au contraire, laissaient subsister l'obligation primitive, *nihilominus obligatio durat*; celui en faveur duquel cette obligation existait pouvait agir une seconde fois, mais le défendeur puisait dans la *litis contestatio* ou dans le jugement antérieur, les exceptions dont nous avons parlé, pour repousser cette action (Gaius, *ibid.*). — Il en était de même lorsqu'on avait exercé *in legitimo judicio*, une action *in rem* ou une action *in factum* (Gaius, comm. 4, § 106 et 107).

On distinguait donc, à compter de la procédure formulaire sous l'empire de laquelle les exceptions prirent naissance (*ibid.*, § 108), les actions qui exercées une fois étaient éteintes définitivement aux yeux du droit civil, de celles dont l'exercice n'avait pas épuisé les droits du demandeur, que celui-ci pouvait dès-lors exercer encore, puisqu'elles subsistaient toujours, mais dont l'effet était paralysé **, au

---

* Pour connaître ce qu'on entendait par les *judicia legitima*, opposés aux *judicia quæ in imperio continentur*, il suffit de consulter le § 103 et suiv. du commentaire 4 des Institutes de Gaius.

** Ainsi les interprètes ont employé un langage fort inexact, selon nous, lorsqu'ils ont dit que certaines obligations s'éteignaient *ipso jure*, d'autres *exceptionis ope*. — Quand l'exception est invoquée, l'obligation n'est pas éteinte, son principe subsiste encore, *obligatio durat...* (Gaius, ibid., § 181), *debitor adhuc obligatus remanet*

moyen d'une exception que le Préteur accordait au défendeur.

La même distinction se représentait le plus souvent en
matière de *compensation*, qui était considérée comme un
mode d'extinction totale ou partielle de toutes les obligations
en général, sauf celles qui résultaient du dépôt.—(Sentences
de Paul, *de deposito*, § 12).

La compensation, dont les phases sont si multiples, était
définie par le jurisconsulte Modestinus dans un de ses fragmens extrait du 6ᵉ livre des Pandectes : *debiti ac crediti
inter se contributio* (loi 1, ff. *de compensat.*). Admise sous
l'influence de cette considération plus ou moins plausible,
*quia interest nostra potius non solvere quam solutum re-
petere* (*Pomponius*, loi 2, *ibid.*), cette imputation, cette
balance de la créance sur la dette ne fut pas toujours régie
par les mêmes principes.

Dès l'origine, lorsque toutes les actions étaient *stricti juris*, le *judex*, dont la mission était si étroite, ne pouvait
accueillir, de la part du défendeur, que les moyens qui combattaient directement l'*intentio*. — Or, loin d'offrir ces caractères, la compensation présupposait, au contraire, le fondement de cette *intentio*. — Mais les actions *bonæ fidei*
prennent naissance ; avec elles surgit la compensation, car
dans ces sortes d'actions le *judex* ou plutôt l'*arbiter*, libre de
prendre en considération les inspirations de l'équité, devait
naturellement établir la balance entre les créances et les
dettes respectives des parties, et ne prononcer en définitive
des condamnations contre le défendeur, que déduction préalablement faite de ce qu'il devait lui-même au demandeur,
et cela sans que la formule lui eût conféré aucune attribution
à ce sujet (Gaius, Inst., comm 4, § 63. — Just., Inst.
de actionib., § 30-39).

Dans les actions de droit strict, il en était autrement ; la
compensation ne pouvait être invoquée utilement devant le
judex, qu'à l'égard des obligations synallagmatiques résultant du même contrat, *ex eâdem causâ*, c'est-à-dire au sujet
des contrats bilatéraux (lorsqu'il y avait eu stipulation).

Plus tard elle fut admise aussi dans les contrats unilaté-
raux et à l'égard des obligations qui ne dérivaient pas *ex*

(Justinien, Inst. § 4, *de exceptionibus*). Seulement l'action exercée
en vertu de l'obligation subsistante est susceptible d'être paralysée ;
ce qui est bien différent, car les textes mettent toujours en opposition
ces deux choses : *obligatio* DISSOLVITUR, *obligatio* DURAT (ibid.).

eâdem causâ, en vertu d'un rescrit de l'empereur Marc-Aurèle, au moyen d'une exception de dol dont le défendeur pouvait demander l'insertion dans la formule, lorsque le demandeur était à son tour débiteur (*ibid.*, § 30). Il faut même remarquer avec Gaïus que par des principes exceptionnels, les banquiers (*argentarii*) qui exerçaient une action, ne devaient pas attendre que le défendeur opposât à leur *intentio* l'exception de la compensation ; ils devaient eux-mêmes, sous peine d'encourir les suites de la plus-pétition, opérer d'avance cette compensation pour ne réclamer dans l'*intentio* que ce qui leur restait dû d'après le résultat de cette imputation ; c'était là ce qu'on appelait, *cum compensatione agere* (Gaïus *ibid.*, § 64). D'un autre côté, certains demandeurs, par exemple, les *bonorum emptores* devaient agir *cum deductione*, ainsi que nous l'apprend Gaïus, (§ 65). — Le droit en vigueur à cette époque ne confondait pas ces deux choses *agere cum deductione et agere cum compensatione* ; elles étaient séparées par de nombreuses différences exposées par le même jurisconsulte (§ 66 et suiv., *ibid.*).

Nous retrouvons enfin la précision que nous avons établie entre les causes d'extinction, *ipso jure*, et les causes qui donnent seulement lieu à une exception,

Soit au sujet des *offres* que faisait le débiteur au créancier de l'objet de la dette, soit dans les obligations *in diem*, dont nous avons déjà parlé.

Le jurisconsulte Marcellus, l'un des contemporains du règne d'Adrien et d'Antonin-le-Pieux, écrivait au sujet de ces offres : *qui decem debet, si ea obtulerit creditori et ille sine justâ causâ accipere recusavit, deinde debitor ea sine culpâ perdiderit, doli mali poterit se exceptione tueri.* (Loi 72, *de solut.*). D'un autre côté nous avons depuis long-temps reconnu que le *laps* du temps, c'est-à-dire l'échéance du terme fixé pour la durée d'une obligation ne se trouvait pas au nombre des causes d'extinction des obligations, que seulement le débiteur recherché après l'échéance du terme, au mépris de la convention limitative de ses obligations, pouvait repousser l'action par l'exception du dol (Inst. *de verborum obligation.*, § 5).

Tels étaient en résumé, d'après les théories des Pandectes, les principes généraux du droit par rapport aux causes d'extinction des obligations, les unes spéciales, comme on le voit, à certaines obligations seulement, les autres communes à toutes les obligations en général, celles-ci produisant l'extinction aux yeux du droit civil, celles-là ne procurant qu'une exception pour rendre inefficace l'exercice d'une action dérivant d'une obligation non éteinte.

Quels sont les changemens que nous offre à ce sujet le droit en vigueur dans la dernière phase de la jurisprudence ?

En rapprochant les sources que nous venons d'explorer des lois du Code et principalement du titre des Institutes de Justinien *quibus modis tollitur obligatio*, nous reconnaîtrons que ces changemens sont multiples.

Voici les plus notables :

Sous le règne de ce prince on respecte sans doute encore l'adage : *nihil tam naturale est quam eo genere quidquid dissolvere quo colligatum est* , puisqu'il était immuable , comme la raison elle-même sur laquelle il était assis (Just. Inst., tol. titul. *ibid.*). Dès-lors l'acceptilation et le simple dissentiment sont toujours considérés comme des causes d'extinction spéciales, l'acceptilation à l'égard des obligations verbales (§1, *ibid.*) , le dissentiment à l'égard des obligations parfaites *solo consensu* (§ 4 , *ibid.*). Seulement on retrouve dans le langage articulé dont les parties peuvent se servir pour l'acceptilation simple et pour la stipulation Aquilienne toujours en vigueur, une latitude (à l'égard des idiômes) que n'aurait pas admise, du moins indistinctement, la sévérité de l'ancien droit constatée par Gaius (Inst., comm. 3 , § 93 et suiv.).

Si l'acceptilation, mode de paiement fictif, a survécu (§ 1ᵉʳ, *ibid.* 1), il n'en est pas de même du paiement *per æs et libram* qui est depuis long-temps tombé en désuétude.

Parmi les modes d'extinction communs à toutes les obligations , la novation a vu diminuer le nombre de ses espèces primitives ; celle qui s'opérait par les *nomina transcriptitia* est , comme on l'a déjà vu , depuis long-temps vouée à l'oubli (*Inst. de litter. oblig.*). — La *litis contestatio* dont le caractère a changé et la *judicati causa*, novent bien encore sous plusieurs rapports les droits et les obligations des contendans ; mais on ne distingue plus les *judicia legitima* de ceux *quæ in imperio continentur*. La différence qui existait aussi au sujet de la *litis contestatio* et de la *res judicata*, entre les actions *in rem et in personam* est également supprimée. (Just. Inst. liv. 4 , tit. 13 , *de exception.* , § 5). Ces distinctions sont tombées avec les modifications qu'a subies dans le Bas-Empire , l'organisation judiciaire. Quant à la novation *conventionnelle* résultant de la stipulation, ses principes sont toujours les mêmes , sauf que depuis Justinien l'interprétation n'est plus reçue pour constater l'intention des parties ; la novation doit être désormais *expresse* (§ 3 , *ib.*). Le principe que dans les novations conditionnelles , l'obligation primitive n'est éteinte qu'après l'événement de la condition s'est tout-à-fait dégagé de toutes les controverses dont il était devenu le

sujet d'après Gaius (comm. 3 , § 179. — Just. Inst. *Ibid.*) Si
cette opinion de Justinien est conforme aux vrais principes il
n'en est pas de même , lorsqu'en adoptant les théories des
Sabiniens, il déclare que l'addition ou le retranchement d'un
fidejussor (mot substitué au *sponsor* de Gaius) , suffira pour
constituer la novation * (*ibid.* § 3.) — Quel changement ,
quelle altération entraîne en effet dans les élémens de
l'obligation originaire, l'addition ou le retranchement d'une
chose purement accessoire , la fidéjussion ?

Les actions *cum deductione , et cum compensatione ,* des
bonorum emptores et des *argentarii* , sont surannées; la compensation ordinaire est conservée, mais elle n'est plus admise
que lorsqu'elle repose sur un droit évident , *aperto jure ,* et
à l'égard des choses liquides. En retour elle éteint entièrement ou restreint dans certains cas l'obligation du défendeur sans qu'il ait besoin de recourir à aucune exception.
Cette dernière observation s'applique à toutes les espèces où ,
sous l'ancien droit , l'action dérivant de l'obligation était paralysée au moyen d'une exception.

Les *exceptions* proprement dites ayant disparu avec la procédure formulaire , on n'a presque plus d'intérêt à discerner les
modes d'extinction d'après le droit civil des moyens qui servent seulement à combattre l'action. Ainsi les dissentimens qui
s'étaient élevés à ce sujet par rapport à l'effet que produi-
rait le paiement d'une chose pour une autre avec le consentement du créancier (Gaius comm. 3 , § 168), sont devenus
oiseux sous Justinien. — Il est vrai que dans le titre 13 ,
liv. 4 , *de exceptionibus ,* § 5 , Tribonien semble maintenir
quelques-unes des théories du droit antérieur vis-à-vis de la
chose jugée , en décidant que malgré le jugement , le demandeur peut agir encore au sujet du même droit , sauf au défendeur qui reste obligé à repousser l'action par l'exception de la chose jugée. Mais ce paragraphe a été très-vraisemblablement calqué sur le dernier membre du § 107 du
comm. 4 , des Instituts de Gaius , et n'offre plus qu'une

---

* M. Ducaurroy (*Institutes expliquées ,* tom. 3 , *note de la
page* 235) estime qu'il ne s'agit pas précisément dans cette proposition de la *fidéjussion* même , mais de la clause ajoutée au nouveau contrat, soit pour astreindre le débiteur à fournir telle ou telle
sûreté , soit , au contraire pour l'en dispenser. — Si nous n'avions
sous les yeux que le texte de Tribonien, nous pourrions bien
adopter cette interprétation; mais lorsque nous rapprochons ce texte
des §§ 77 et 78 du Commentaire 3 de Gaius, où se trouve mentionnée
la controverse qui avait divisé les partisans des deux écoles , nous ne
saurions avoir des doutes sur les intentions de Justinien.

précision très peu importante par suite des règles de la procédure nouvelle.

Les théories relatives à la *perte du corps certain* et déterminé, à la *confusion* et aux *offres* de la chose due paraissent n'avoir, pour ainsi dire, éprouvé aucune altération. — Nous remarquerons toutefois que l'introduction du bénéfice d'inventaire vint tarir la source la plus abondante de la confusion, et par rapport aux offres faites par le débiteur, qu'elles éteignirent de plein droit l'obligation lorsque le débiteur passait à la consignation. (Loi 19, Cod. *de usuris.* — Loi 9, *ibid. de solut.*)

DERNIÈRES OBSERVATIONS.

En constatant le dernier état du droit par rapport à l'*extinction des obligations*, nous avons épuisé la dernière partie de notre plan et touché, par cela même, au terme de notre Programme.

Ainsi en quelques pages se trouve résumée la substance des Institutes de Justinien, de ce livre élémentaire, où sont inscrits tant de principes féconds, enregistrés tant de souvenirs précieux, tant de combats divers, de cette compilation qui composée depuis plus de quatorze siècles pour la jeunesse des Écoles de droit de Rome, de Beryte et de Constantinople, est encore, par un rare privilége, offerte aux méditations de tous ceux qui entrent dans la carrière de la jurisprudence.

Lorsque associés naguère encore par les suffrages de nos maîtres à un enseignement auquel ils se consacrent avec autant de persévérance que de succès, nous songeâmes pour la première fois à présenter quelques aperçus sur l'ensemble de l'œuvre de Tribonien, nous ne fumes préoccupés que d'une seule pensée: remédier à l'insuffisance de l'enseignement oral dont les impressions sont si fugitives, tracer des cadres assez complets pour servir de base à des travaux plus approfondis et assez peu développés pour que les jeunes légistes ne pussent se dispenser d'assister aux cours périodiques de la Faculté.

La réalisation de cette pensée nous imposait naturellement l'obligation de faire, en matière de méthodes, notre profession de foi juridique.

A ce sujet deux écoles étaient pour nous en présence, l'école exégétique et l'école historique et philosophique.

La première, ne considérant que les textes et leur interprétation fait consister tout le mérite du légiste dans une sorte
d'anatomie des divers fragmens du droit. — Dédaignant assez
généralement les classifications et tout ce qui rend le travail
plus facile et plus agréable, elle n'attache pas un grand prix
au secours des ornemens étrangers ; elle aime la science dans
toute sa nudité ; sa marche est toujours celle de la codification elle croirait faillir si elle s'éloignait un seul instant des
cadres tracés par les auteurs des recueils soumis à son examen.

La seconde est également amie de l'érudition et de tous
les travaux sérieux ; mais ce qui la distingue de sa rivale,
ce sont ses sympathies pour tout ce qui colore et vivifie
l'étude du droit, pour tout ce qui le place dans cette sphère
élevée où la synthèse prédomine, et prédomine exclusivement.
Comptant pour peu les détails minutieux de l'analyse, les
oppositions plus ou moins inconciliables des fragmens émanés
des autorités diverses, elle s'attache presque toujours
à l'ensemble et aux points culminans de chaque doctrine.
Indépendante dans ses classifications, on la voit renverser le
plus souvent l'édifice de la codification, pour reconstruire
bientôt après, sur des proportions plus larges, mieux en-
chaînées et par cela même plus rationnelles.

C'est l'école dont nous avons cherché à nous montrer les dis
ciples. Nous ne lui appartenons sans doute que par nos sympathies, car nous n'avons encore d'autre gage à lui offrir que
nos convictions ; mais nous avions à cœur de la proposer
pour modèle à tous ceux dont nous sommes appelés à
diriger les premiers travaux.

Notre Programme n'est donc qu'un acte d'adhésion à l'é-
cole historique et philosophique, qu'une tendance vers un
enseignement dont les avantages sont à notre avis inappréciables.

C'est qu'en effet aux yeux de cette école toutes les idées
sont grandes et généreuses, tous les résultats dignes de la plus
noble ambition.

Bornez-vous à parcourir avec la méthode exégétique les
quatre livres des Institutes. — Quels seront vos résultats ? —
Des notions exactes, il est vrai, sur l'esprit des textes, sur la
puissance dominicale, paternelle et tutélaire des Romains,
sur la division des choses, sur les manières d'en acquérir la
propriété, d'après le droit des gens ou d'après le droit civil,
enfin sur les obligations et sur les actions.

Mais votre esprit sera loin d'être toujours satisfait, et plus

15

d'une fois lassé de ce travail monotone, il se demandera quel
peut être enfin l'intérêt et le prix de méditations toujours
longues et laborieuses? Recourez aux préceptes de l'histoire
et de la philosophie. Aussitôt tout se colore, tout s'anime et
chaque texte revêt l'empreinte des mœurs dont il est l'expression. Partout, au milieu des pages que vous parcourez,
vous retrouvez des traces de la destinée de la civilisation.
Oui, dans les Instituts de Justinien, expliquées toutefois à
l'aide des fragmens du droit antérieur, se trouve renfermée
(nous nous proposons de le démontrer un jour), la substance
de ce qu'il importe le plus à l'homme de connaître. Là est
en effet la lutte du symbole et de la réalité, de la lettre et
de l'esprit, de la résistance et du progrès ! Là sont déposés les
monumens de ces collisions terribles dont le dénoûment fit
naître à la vie civile, par un long et douloureux enfantement,
la classe la plus nombreuse des habitans de Rome, classe si
long-temps proscrite, si long-temps avilie. Là les souvenirs
de toutes les gloires et de toutes les vicissitudes romaines ; là
enfin domine l'influence des plus beaux systèmes philosophiques, le Stoïcisme avec ses idées austères, le Christianisme
avec ses préceptes sublimes et ses doctrines restauratrices
d'un monde vieilli, corrompu !

En considérant, de ce point de vue élevé, les phases de
la jurisprudence, on s'aperçoit bientôt que si Rome fut la
ville de la guerre elle fut aussi la ville du droit ; la guerre
et le droit, voilà les deux causes qui rendirent éternelles les
destinées de cette cité. Par la guerre, Rome mit le monde
entier à ses pieds ; par son droit, elle eut la gloire plus
pure et plus durable de le civiliser. — Le commerce,
elle le dédaigna ; les lettres, l'industrie, les beaux-arts ne
furent pour elle qu'une affaire d'imitation.

Pourquoi cette double supériorité ? Sans m'expliquer ici
sur les causes de ses conquêtes, je dirai que son génie fut un
génie éminemment juridique, à cause de la trempe même du
caractère Romain.

Ce caractère est grave, réfléchi, penseur : c'est un caractère d'observation et qu'est-ce que le Droit si ce n'est le
résultat d'observations profondes et persévérantes ?

A Rome, la mission du jurisconsulte n'est pas seulement
une profession, elle est élevée à la dignité d'un sacerdoce,
et ceux qui s'y consacrent sont à toutes les époques les per-
sonnages les plus éminens de la cité ; ils ont pour eux (du
moins le plus souvent) la naissance, la fortune et tous les
avantages qui s'attachent à ces deux conditions. A Rome

d'ailleurs les travaux des jurisconsultes sont puissamment en-
couragés, ils deviennent un titre à tous les honneurs, la voie
qui conduit à toutes les charges publiques.

A quelle époque ces jurisconsultes ont-ils écrit leurs ouvrages les plus remarquables ? ils ont attendu que Rome se soit
enfin lassée de conquêtes, qu'elle ait compris le besoin du
repos après s'être ébranlée et s'être déchirée si souvent elle-
même et en sens si divers ; ils ont attendu surtout que toutes
les passions se fussent montrées au grand jour, que le cœur
humain eût laissé voir tout ce qu'il renferme de noble et
d'élevé, et en même temps d'infirme et d'abject ; enfin que
l'humanité eût posé dans ses momens les plus difficiles et les
plus solennels, pour lui dicter des lois, pour la saisir dans
toutes ses formes, pour la réfléchir dans toutes ses proportions. — Ajoutez maintenant que tous les systèmes conçus
sous l'influence de ces observations, sont épurés par l'éclec-
tisme de la science ; qu'à côté des théories extrêmes se
forment bientôt des théories moins exclusives qui savent
concilier la roideur des principes avec les exigences de
l'équité ; que ces théories sont formulées dans un langage
qui par sa précision et son exactitude est devenu le type
du langage du droit ; que l'idiôme latin incliné déjà
vers sa décadence, sentit plus d'une fois revivre sous la plume
des jurisconsultes toute sa beauté, toute son énergie, et
vous aurez une idée de l'excellence des doctrines du droit
Romain, parvenu à la période de sa virilité !

Ce droit devait donc être plus que partout ailleurs l'expression de la civilisation nationale, et chose remarquable, dans
cette civilisation nationale, dans sa marche, dans ses trans-
formations, se retrouve, nous l'avons déjà dit, la rotation du
mouvement général de l'humanité tout entière. La forme
s'est sans doute sensiblement modifiée depuis que le monde
Romain est descendu dans son large tombeau ; elle se modi-
fiera encore à l'infini ; mais les élémens substantiels seront
toujours les mêmes.

Est-il, je le demande, une étude plus élevée que celle du
droit envisagé sous les points de vue que nous venons
d'énoncer ?

Puisse notre modeste travail, que nous confions aux méditations de la jeunesse de nos écoles, que nous plaçons sous
le puissant patronage de nos savans confrères, servir,
non pas de base, nous ne saurions l'espérer, mais au moins
d'indicateur lointain à des élucubrations plus approfondies.
— Il est urgent, j'éprouve le besoin de le dire encore, de

rompre avec le passé, de céder à l'entraînement des idées nouvelles, de faire refleurir les traditions de l'école de Vico ; il est temps surtout pour nous, qui foulons sous nos pieds la terre classique de la jurisprudence, le sol fortuné sur lequel reposa le berceau de Cujas, de prouver que le germe des inspirations historiques n'est pas tout à fait éteint, et qu'il suffit d'avoir conservé une étincelle précieuse du feu sacré pour rendre bientôt la vie à tous les travaux scientifiques !

FIN DE LA 5ᵉ LIVRAISON ET DU PROGRAMME.

ERRATA.

Page 60, ligne 9, *au lieu de* : qui n'était pas efficaces elles-mêmes, *lisez* : qui n'étant pas efficaces par elles-mêmes, etc.

Page 56, ligne 8, *au lieu de* : son impossibilité de pouvoir représenter, *lisez* : son impossibilité de représenter, etc.

Page 74, ligne 9, *au lieu de* : tel est l'objet de cette action, *lisez* : tel est l'objet de la première de ces actions, etc.

Page 76, *in fine*, *au lieu de* : ces parties dont le délit avait lésé les intérêts, *lisez* : aux parties dont les intérêts avait été lésés par ce délit, etc.

Page 98, *au lieu de* : ces modes d'extinction des obligations, *lisez* : de chacune de ces manières d'éteindre, ou seulement de rendre inefficaces certaines obligations.

Toulouse, Imprimerie de Fr. MONTAUBIN.

www.ingramcontent.com/pod-product-compliance
Lightning Source LLC
Chambersburg PA
CBHW071652200326
41519CB00012BA/2492